NEW

NEW: Understanding Our Need For Novelty and Change
Copyright ⓒ Winifred Gallagher, 2011
All rights reserved including the right of reproduction in whole or in part in any form.
This edition published by arrangement with The Penguin Press, a member of Penguin Group(USA) Inc.
Korean translation copyright ⓒ 2012 by Today's Book Publishing Company
Korean translation rights arranged with The Penguin Press, a member of Penguin Group(USA) Inc.
through EYA(Eric Yang Agency).

이 책의 한국어판 저작권은 EYA(Eric Yang Agency)를 통해 The Penguin Press, a member of Penguin Group(USA) Inc.와 독점계약한 '오늘의책'에 있습니다.
저작권법에 의하여 한국 내에서 보호를 받는 저작물이므로 무단전재와 무단복제를 금합니다.

NEW

1판 1쇄 인쇄 2012년 7월 2일
1판 1쇄 발행 2012년 7월 16일

지은이 위니프레드 갤러거　**옮긴이** 이한이　**펴낸이** 박영철　**펴낸곳** 오늘의책
기획편집 엄영희　**마케팅** 정복순　**관리** 안상희
표지디자인 想 company　**본문디자인** 김진양
출판등록 제10-1293호(1996년 5월 25일)
주소 (우121-839) 서울시 마포구 서교동 377-26번지 1층
전화 02-322-4595~6　**팩스** 02-322-4597
이메일 tobooks@naver.com

책값은 뒤표지에 있습니다.
ISBN 978-89-7718-332-2 03300

이 책 내용의 일부 또는 전부를 재사용하려면
반드시 저작권자 및 오늘의책의 동의를 얻어야 합니다.

잘못 만들어진 책은 구입하신 서점에서 바꿔드립니다.

NEW

위니프레드 갤러거 지음 / 이한이 옮김

돌도끼에서 스마트폰까지
새로움을 향한 인류 본능의 탐구

오늘책

아프리카를 벗어난 인류에게 모든 것은 새로울 뿐이었다.

― 대大 플리니우스, 《박물지Natural History》

차례

들어가는 글 _ 7

1부 창밖 세계를 향한 동경

- 1장 ● 무엇이 우리를 우리이게 하는가 _ 21
- 2장 ● 놀라움 탐지기 _ 35
- 3장 ● 부딪치거나 피하거나 지켜보거나 _ 50

2부 호모 사피엔스와 새로움에의 탐닉

- 4장 ● 21세기 호모 사피엔스의 특징 _ 67
- 5장 ● 뇌에서 벌어지는 일들 _ 91
- 6장 ● 유전자와 인생경험 _ 114
- 7장 ● 호기심과 권태의 문화사 _ 135
- 8장 ● 끝없이 새로운 경계 _ 147

3부 새로운 것은 좋은 것인가

- 9장 ● 스마트, 스마트, 스마트 _ 169
- 10장 ● 은혜로운 기기들의 정체 _ 188
- 11장 ● 지금도 우리는 생각하는 인간인가 _ 207
- 12장 ● 주인과 손님의 위치 바로잡기 _ 227

참고문헌 _ 254

들어가는 글

우리는 '새로운 것'에 끌리게 되어 있다

　우리는 '새로운' 대상에 심취하는 본능을 가졌다. 즉 우리는 변화를 추구하는 고도로 발달된 존재이다.

　새롭고 색다른 대상에 반응하는 재능은 우리를 다른 생명체들과 차별화시키고 멸종에서 살아남게 했으며, 수렵·채집 사회에서 농경 사회, 그리고 산업 사회를 거쳐 정보화 사회에 이르기까지 시대적 진보를 이끄는 동력이 되어 왔다. 그러나 지금 우리는 지나치리만큼 많은 새로운 대상들에 둘러싸여 있다. 상품부터 아이디어, 엄청난 양의 자료 더미에 이르기까지 그 어느 때보다 수많은 것들이 우리에게 달려들고, 이 속도는 점점 빨라지고 있다.

　새로운 것들은 우리에게 말한다. 새로움에 끌리는 진화적 본능에 솔직해지거나 혹은 새로운 것들을 우호적으로 받아들인다면, 좌절보다 보상이 더 많이 주어질 거라고. 새로움에 탐닉하는 본능은 우리가 새롭고도 중요한 대상에 적응하고, 그것을 습득하고 창조할 수 있게 하며, 그 밖의 중요치 않은 일들은 무시할 수 있게 해준다.

새로움은 수많은 형태로 끝없이 밀려들고 있다. 때맞춰 나타나는 이 새로운 것들을 다루기 위해서는 두뇌의 능력을 활용해야 한다. 두뇌는 그 자체로 '혁신애호 기질neophiliac'이 이룩한 영광스런 업적이다.

오전 9시 덴버행 비행기가 연착하는 바람에 공항에서 대기할 때를 생각해 보자. 대기실은 즉각적으로 위성 연구실로, 각종 정보 기술이 탑재된 전자기기들에 기반한 새로운 라이프스타일의 실험장으로 변모할 것이다.

고등학교 교사인 샬럿과 아홉 살 난 아들 잭은 이 짜증나는 상황에 대처가 빠른 편이다. 샬럿은 노트북 컴퓨터로 웹사이트를 통해 뉴스의 헤드라인을 훑어보고 학회에서 발표할 자료를 수정한다. 일에 집중하려고 샬럿은 휴대전화는 음성사서함으로 돌려놓고 이메일은 한 시간에 한 번 정도 확인한다. 잭은 휴일을 더 즐겁게 보내고자 숙제는 한 켠으로 치워두고 새로 생긴 태블릿 컴퓨터를 꺼내 든다. 태블릿 컴퓨터는 이미 잭의 일부분이나 다름없다. 먼저 잭은 며칠 뒤에 있는 스페인 어 시험을 대비해 단어를 공부하고 난 다음 〈오레건 트레일〉(Oregan Trail, 스마트폰 앱 게임으로 서부 개척자가 되어 마을을 건설하는 게임-옮긴이) 게임을 잠시 즐긴다. 얼마 후 잭은 친구들과 이메일을 주고받고, 엄마를 설득해 체스 게임을 한다. 잭은 그 전에 미리 모바일 앱으로 리틀 체스 게임을 배워두었다.

세 시간 후 두 모자가 비행기에 탑승할 무렵 샬럿은 마음이 뿌듯하다. 짜증스러울 뻔한 대기 시간을 생산적인 아침으로 바꾸어놓았고, 이에 대한 보상으로 전자책으로 추리소설까지 읽었기 때문이다. 잭은 집에서 고양이와 함께 즐겼던 컴퓨터 게임을 엄마에게 보여준다. 붉은 쥐가 잽싸게 요리조리 빠져나가면, 손가락(혹은 앞발)을 움직여 잡는 게임이다. 이 모자는 전형적인 혁신선호가neophile로, 신제품을 받아들이는 데는 긍정적이지만 한편으로는 균형적인 태도를 유지한다. 이들은 새로운 대상(여기에서는 특히 새로운 전자기기)을 선별적으로 받아들인다. 이런 기기들은 무언가를 배우거나 업무 처리를 할 때 도움을 준다. 또한 합당한 수준에서 취미 생활에 활용하고, 갑작스런 차질이 빚어질 때와 같은 변화에 순조롭게 적응하고, 나아가 그 시간을 활용할 수 있게 한다.

인터넷 신생업체의 청년 이사인 테드는 비행기 연착이라는 예기치 않은 변화에 먼저 짜증을 낸다. 그리고 회의를 놓치게 된 데 대한 변명들을 블랙베리로 보내고, 본사에 전화를 걸어 부하직원들에게 소리지르기를 교대로 반복한다. 얼마 후 그는 간단히 아침식사를 하고 블러디 메리까지 마시며 완벽한 마무리를 한다. 몇 가지 흥미진진한 일을 하고 지칠 무렵 그는 울트라북을 열어 수시로 이메일을 체크하면서 〈콜 오브 듀티〉(Call of Duty, 컴퓨터용 FPS(1인칭 총격 전투 게임) 게임—옮긴이)를 하고, 동시에 날카로운 마케팅 아이디어까지 생각해낸다.

테드는 창조적 사고력을 지니고 있고 경쟁에 능숙하며, 인간적 매력 또한 가진 인물이다. 그러나 비행기가 활주를 시작할 때까지 계속 문자를 보내어 옆자리 승객의 화를 불러일으키는 인물이기도 하다. 그의 아침은 이렇듯 사뭇 다른 두 풍경으로 그려진다. 그는 어느 부분에서는 자신의 일을 제대로 해내며 전율을 느끼지만, 한편으로는 다른 사람들의 짜증을 유발하고 산만하게 자신의 시간을 낭비했다. 이런 혁신애호가neophiliac 혹은 극단적인 혁신추구자들은 자신이 원하는 자극을 주는 새로운 변화에 빨리 반응한다. 이들은 아이디어를 도출하고, 옆자리에 앉은 여성 승객에게 강한 매력을 발휘하고, 전자기기들에 매료된다.

중년의 회계사인 앨런은 늘 일이 계획한 대로 진행되길 바란다. 비행기가 연착된 상황에서 그가 하는 일은 조용히 담배를 피우거나 그 상황이 불러올 혼란을 우려하는 것뿐이다. 평상심을 되찾기 위해 그는 아침마다 습관적으로 보는 〈월스트리트 저널〉과 〈뉴욕 타임스〉를 꺼내 한 번 더 읽고 고객의 세무 기록을 다시 검토한다. 그는 출장 중에는 개인 휴대전화를 받지 않으며, 전자기기에는 흥미도 없다. 동료들은 그가 새로운 소프트웨어 프로그램이나 절차를 배우려 하지 않을 때마다 화를 내지만, 세심하게 위험을 관리하고 조심스럽게 움직이는 그의 태도에 대해서는 고객들만큼이나 높은 점수를 준다. 새로운 것, 예기치 않은 상황을 위험으로 여기고 불안해하는 이 혁신회피자neophobe 역시 비행기가 이륙할 때 그날 아침을 이상적으로 잘 보냈다고 만족해한다. 앞의 사람들과 마찬가지로 말이다.

대부분의 행위와 마찬가지로 혁신애호 기질 역시 하나의 스펙트럼으로 표현할 수 있다. 테드와 앨런은 스펙트럼의 양 끝에 존재한다. 샬럿과 잭은 일반 대중을 대표하며, 스펙트럼의 가장 넓은, 중간 범주에 속한다. 이렇듯 새로움과 변화에 대한 각기 다른 반응은 각자 인생의 대명제가 다르기 때문이다. 즉 위험 회피 욕망과 보상 추구 욕망이 충돌할 때 인간은 살아남고 번식하기 위해 그 사이에서 균형을 유지하는 데, 그 방식이 개인마다 다른 것이다.

잠재적 위협과 자원에 대한 필수적인 정보는 기존의 익숙한 대상보다 새롭거나 익숙지 않은 대상에서 얻을 가능성이 크다. 이런 것들은 생존에 영향을 미치며, 살아 있는 생명체들은 모두 본능적으로 새로운 것과 변화에 반응하기 때문이다. 우리는 고속도로에서 차가 방향을 바꾼다든지, 콜레스테롤 수치가 급격히 올라간다든지, 주가가 하락하는 등의 일에 주목하고 신경을 곤두세운다. 그럼으로써 재난에서 살아남을 수 있도록 스스로를 준비시키는 것이다. 그런 한편 주식 시장에 신규 진입한 전도유망한 회사, 흥미로운 구직 제안, 혁신적인 인테리어 같은 것들도 우리의 관심을 끌고, 무언가를 배우고자 하는 욕망을 느끼게 하며, 삶의 질에 대한 욕구를 증가시킨다.

위험 회피와 보상 추구는 둘 다 유용한 감각이 될 수 있는데, 이때 개개인의 선천적·후천적 다양성으로 인해 인생의 우선순위가 달라진다. 약 10퍼센트에서 15퍼센트가 앨런과 같은 혁신회피자로, 이들은 안전한 상태를 유지하는 데 큰 가치를 둔다. 테드와 같은 혁신애호가들은 보상을 추구하는 방향으로 움직이며, 혁신회피자와 비슷한 비율이다. 나머지 70퍼센트에서 80퍼센트는 샬럿과 잭처럼 (정도는 다르지만) 혁신에 대해 중간자적 입장이다. 이들은 지나친 혁신이나 변화를 꺼려하지만, 지나치게 익숙한 것들에 대해서도 관심이 없다. 이들은 인간관계나 업무 처리 등에 있어 지적·창조적·오락적으로 새롭고 색다른 대상을 추구하기는 하지만 기존의 것과 어느 정도 유사성을 지닌, 익숙한 수준에서만 허용한다. 즉 시인 알렉산더 포프의 말을 충실히 따르는 사람들인 것이다. "새로운 것을 처음으로 시도하는 사람이 되지도 말고, 낡은 것을 집어치우는 마지막 사람이 되지도 마라."

언뜻 보기에 혁신애호가들은 집단의 성공에 중요해 보이지는 않는다. 테드와 같은 모험가적 혁신애호가들은 지나치게 빨리 달린 나머지 일찍 죽을 수도 있지만, 이들은 생산적인 방향으로 나머지 집단을 위해 세계를 탐험하고 실험하며 한계를 뛰어넘는다. 월스트리트의 증권중개인인 앨런 같이 조심스러운 위험회피자들은 잔걱정에 시달리지만, 매우 조심스럽게 나아가며 우리가 불황과 같은 재난을 피할 수 있게 해준다. 그러나 스펙트럼의 어느 쪽에 있든 우리는 새로운 것과 변화에 더욱 기술적으로 대응하는 법을 배울 수 있다.

'혁신애호'라는 단어는 약 한 세기 전에는 (생물학, 사회비판론, 정보화 기술을 포함하는) 다른 분야에서 다른 의미로 사용되었다.* 여기에서 나는 이 용어를 학술적 의미가 아니라 '새로움과 색다름에 대한 인간 고유의 친화성'을 설명하는 관점에서 사용할 것이다. 이런 범주에서 이 용어는 호기심이나 흥미 같은 일시적 감정, '대담함'이나 '소극적' 등의 성격적 특징, 새로운 자극을 추구하는 모험가적 기질, 창조성 등의 특징을 포괄적으로 아우른다. 루이스와 클라크의 탐사(미국은 독립선언 당시 13개의 주에 불과했으나, 프랑스로부터 루이지애나를 헐값에 사들인 후 서북쪽을

---

* 19세기 후반 이 단어가 등장한 이래로, '혁신애호'와 '혁신회피'는 다른 상황들에서 다른 대상들을 의미했다. 생물학자들은 이 용어를 단순히 새로운 대상에 끌리거나 회피하는 동물의 경향성을 언급할 때 사용했다. 영국의 저널리스트이자 사회비평가인 크리스토퍼 부커Christopher Booker는 1969년에 출간된 《혁신애호가들The Neophiliacs》에서 1950년대와 60년대의 사회적 실패들을 혁신추구자들의 탓으로 돌렸다. 더 최근에는 해커, SF광, 미래학자, 로버트 안톤 윌슨Robert Anton Wilson 같이 반체제적 작가들이 근대성과 진보의 필수불가결한 요소로 혁신애호가를 내세웠다.

탐사하기 위해 루이스와 클라크 원정대를 보냈다. 이들의 탐사로 미국은 북으로 5대호 지역, 남으로는 뉴올리언스와 스페인령 플로리다로 경계선을 확장하고, 애팔래치아 산맥을 넘어 서쪽으로 미시시피 강에 이르는 서북 영지 전 지역을 포괄하는 광활한 대륙 국가로 거듭났다.－옮긴이)와 미지의 세계를 향한 스티븐 호킹의 여정은 형태는 다를지라도 새로운 것을 추구함으로써 인류의 생존능력과 삶을 향상시키고, 근본적인 시작점이 되었다는 점에서 공통적으로 우리에게 중요한 기능을 했다.

1부에서는 혁신애호가의 기원과 기본적인 정신－신체 역학을 알아볼 것이다. 우리는 아프리카라는 요람의 엄청난 환경 대격변 속에서 진화했다. 우리와 가까운 유인원을 비롯해 수많은 종들이 재앙과도 같은 대변동에 적응하지 못하고 죽었다. 그러나 호모 사피엔스는 열대우림, 사막, 평야, 산에서 살아가는 법을 찾아내는 능력을 계발했다. 또한 이 고대인들은 새로운 정신적 영역을 탐구했다. 이들의 혁신애호 기질은 상징적 단어, 숫자, 그림으로 세계를 해석하고 (인간만이 지닌) 자기인식 등으로 발현되었다. 무엇보다 이들은 '개인'이라는 우주를 가지고 있었다. 우리가 물려받은 뇌는 커다란 '놀라움 탐지기'로, 우리를 발전적 방향으로 이끌고 가치 없는 대상들을 걸러낼 수 있게 하며, (한 가지 혹은 또 다른 방식으로) 중요하다고 여겨지는 대상에 접근하거나, 회피하거나, 숙고하도록 자극한다.

2부에서는 보통 사람이 지닌 혁신선호 기질이 개인적으로 어떻게 표출되는지를 (일시적인) 정신생물학적 조건이나 상태, (지속적인) 개인의 기질이나 성격 등 다양한 방식으로 살펴볼 것이다. 당신이 대담하기 그지없는 시어도어 루스벨트 같은 사람이든, 은둔자 에밀리 디킨슨 같은 사람이든, 새로운 대상에 어떻게 반응하느냐만큼 당신의 특성을 명확하고 직접적으로 알려주는 것은 없다. 소개팅, 태풍, 낯선 도시는 우리 모두를 자극한다. 그러나 인생경험을 비롯해 개인의 유전적·신경화학적·두뇌 구조적 차이는 개인들이 그 자극에 각기 다르게 반응하도록 만든다. 샬럿, 테드, 앨런과 같이 말이다.

3부에서는 정신적·신체적 배경이 새로움과 변화에 대한 태도를 어떻게 형성하는지 살펴볼 것이다. 개인뿐만 아니라 사회 역시 자극과 탐험이 요구되는 번식 욕구와 안정성과 안전을 우선시하는 생존 욕구 사이에서 균형을 맞추기 위해 투쟁한다. 이런 줄다리기는 역사적으로 문화적 변화로 향했는데, 이 경우도 종의 분화와 마찬가지로 점진적인 진전이 아니라 불규칙하고 예측할 수 없는 발작처럼 갑자기 일어났다. (과학자들은 이를 중단평형설(punctuated equilibrium, 종의 진화는 장기적 안정기를 겪다 갑자기 두드러진 종 분화를 겪으며 형태 변화가 이루어진다는 가설-옮긴이)로 설명한다.) 기후 변화, 쟁기나 컴퓨터 같은 주요 도구의 등장, 정치적 대변동, 시대적 혁신의 촉발 등 새로운 것들은 사회를 다음 단계로 진입시킨다. 팍스 로마나Pax Romana라는 오랜 안정기 끝에 암흑시대(중세)라는 위축기가 도래했지만, 이후 르네상스라는 또 다른 약진이 이어진 것처럼 말이다.

13세기 역동적인 이슬람 세계의 내부 선회는, 사회가 시대적·지역적 위기상황에서 새롭고 색다른 것에 대한 보수적·방어적 태도로 웅크리고, 정체와 혁신회피라는 주문籒文에 걸려든 적절한 실례라 할 수 있다. 이슬람 세계는 최근에서야 이 주문에서 깨어나려 하고 있다. 반대로 서구는 18세기 이래 산업혁명이라는 기술과 계몽주의라는 사상에 집중하면서 혁신이 촉발되는 역사적 패턴을 뒤집었다. 그리고 새로운 것들이 수없이 탄생하고 변화가 엄청난 속도로 가속화되었다.

문화적 영향뿐만 아니라 생물학적 영향도 특정 집단에서 다른 집단보다 새로운 것에 더욱 열광하게 만들 수 있다. 예컨대 혁신애호 기질의 강화와 관련된 특정 유전자의 출현 빈도는 세계적으로 엄청난 차이가 있다. 서구 유럽인의 후손들이 이런 유전자를 25퍼센트나 지니고 있는 반면, 전통적으로 보수적인 중국에서는 매우 드물다.

오늘날 초광속 정보화 사회에서 더 나은 삶을 살기 위해서는 혁신애호 기질에 휘둘리지 않도록 이를 잘 관리해야 한다. 이메일, 트위터, 검색엔진, 음악, 동영상, 전통 미디어 등 30년 전에 비해 4배나 증가한 정보들이 우리를 압사시키고 있다. 그리고 이런 정보 폭주 사태는 완화될 기미가 보이지 않는다. 전무후무할 만큼 수많은 새로운 자극들에 에워싸인 상황에서 앞으로 나아가려면 단순히 새로움을 추구해서만은 안 된다. 이들을 전문적으로 감정하는 식별안을 키워야 한다.

디지털 혁명은 전 세계에 산재한 정보에 접근할 수 있게 하고 극도의 효율성을 달성시키며, 집과 회사, 예술가와 관객의 경계를 없애고 새로운 종류의 유대관계를 창출하며, 대중문화를 폭발적으로 만개(滿開)시키는 등 막대한 이득을 안겨주었다. 그러나 일군의 심리학자들이 실행한 대규모 실험에서 볼 수 있듯, 새로움에 대한 우리의 태생적 흥미가 대규모로 증가하게 되면 정신적 혼란이 촉발될 수 있다. 개인은 물론 사회적으로도, 새로움이 주는 사소하고 즉물적인 쾌락에 휩싸이게 되면 주의력이 떨어지고, 그로 인해 우리를 배우게 하고 창의적으로 만들어 주고 변화하는 세계에 적응하게 하는 능력, 즉 중요한 대상에 선택적으로 집중하는 능력을 잃게 된다. 혁신을 추구하는 가장 큰 목적을 망각하게 되는 것이다.

 혁신애호 기질을 이해하고 적절하게 이용하려면 통제 불능의 소비지상주의, 주의력 결핍 장애 문제, 전자기기 중독과 같은 부차적인 일들 그 너머를 바라보고, 인간 행위의 기저에 깔린 대전제를 통찰해야 한다. 이 책 《NEW》에는 신경과학자, 심리학자, 인류학자, 정신의학자, 미디어 이론가, 마케터를 비롯해 빠르게 변화하는 문화적 파동을 가까이에서 관찰하고 있는 사람들의 다양한 도발적인 시각이 담겨 있다. 이 책이 우리가 사는 이 시대를 올바로 진단하고 나아갈 방향을 모색하는 기회가 되었으면 하는 바람이다.

 앨버트 아인슈타인에 관한 작지만 멋진 일화를 소개하며 이 장을 마치려 한다. 다섯 살 난 아인슈타인은 말이 너무 더뎌 부모의 걱정을 샀다. 영리한 구석이라고는 전혀 없는 소년이었다. 그러나 그는 우리에게 혁신애호 기질이 어떻게 작동하고 무엇을 위한 것인지를 보여준다. 어느 날 아인슈타인이 몸이 아파 종일 침대에 누워 있게 되었다. 부모는 그에게 침대에서 가지고 놀라고 나침반을 하나 주었다. 새로운 장난감을 만지작대면서 소년은 자기장의 원리를 궁금해하게 되었고, 이는 그를 물리학의 세계로 이끌었다. 그 이후에 일어난 일은 우리 모두가 아는 바와 같다.

 우리들 대부분은 아인슈타인으로 태어난다. 모두가 그와 같이 새로운 것에 호기심을 갖는 능력을 가지고 있다. 호기심은 배움의 욕구를 촉발하고 흥미를 지속시켜 크고 작은 성과를 이끌어낸다.

제1부

창밖 세계를 향한 동경

무엇이 우리를 우리이게 하는가

혁신애호가들이 인류를 영광스런 업적으로 이끈다는 증거를 찾고 싶다면 미 국립항공우주박물관을 주의 깊게 살펴봐야 한다. 웅장한 입구에 들어서면 당신은 머리 위에서 찰스 린드버그의 스피릿 오브 세인트 루이스 호(Spirit of St. Louis, 찰스 린드버그가 1927년 최초의 대서양 횡단 단독 비행을 성공시킬 때 탑승했던 비행기-옮긴이)를 비롯한 전설적인 항공기들이 떠 있는 모습을 보게 될 것이다. 위층으로 올라가면 세계 최초의 비행기 1903 라이트 플라이어the 1903 Wright Flyer의 전시관이 있다. 이곳에서는 라이트 형제가 노예제 폐지, 여성참정권 운동 같은 새로운 사회적 대의를 발전시켰음을 알게 될 것이다. 비록 혁신의 종류는 다를지라도 말이다.

탐험과 발명에 관한 우리의 특별한 재능이 이룩한 가장 멋진 증거는 유인항공우주선이라 할 수 있다. 미 항공업계의 개척자 제임스 S. 맥도넬James S. McDonnell은 "미국은 이제 항공우주 국가에 진입했다. 수백만 년을 이어나갈, 미래의 경계에 선 것이다. 이는 콜럼부스의 신대륙 발견에 비견할 만한 유일한 순간이다."라고 말했다. 이 우주선들은 영화 〈스타트렉〉이나 드라마 〈베틀스타 갤럭티카〉에 등장하는 번쩍이는 우주선에 비해 턱없이 작고, 칙칙하고, 허술한 외형을 지니고 있다. 실제로 많은 부분들이 차고에서 우연히 만들어낸 기계부품들처럼 보이는데, 왜 만들었는지 용도를 짐작조차 할 수 없는 적재함 같은 것들은 가슴 아플 정도로 허술해 보인다.

워싱턴 내셔널몰 기념공원에서부터 스미소니언 협회의 자연사박물관을 둘러보다 새로 건립된 인류의 기원관으로 들어가면, 그 유명한 〈2001 스페이스 오딧세이〉의 도입부가 생각날 것이다. 수심어린 표정의 유인원 한 마리가 하늘로 뼛조각 하나를 던져 올리면 그 뼛조각이 하강하는 우주선으로 바뀌는 장면 말이다. 손으로 만질 수 있는 화석에서부터 비디오로 만들어진 모닥불에 이르기까지 이곳의 전시품들은 고인류학자 리처드 포트Richard Potts에 의해 세심하게 고안된 것들이다. 포트는 인류의 기원관의 전체 설계자로, 이 전시관은 변이 선택적 variability selection 관점에서 만들어져 있다. 전시관 입구에는 눈에 띄는 표지판이 붙어 있다. 거기에는 진화에 관한 최신 관점이 깔끔하게 요약되어 있다. "인류는 변화하는 세상에 대응하며 진화해왔다."

혁신애호가가 어떻게 '우리가 누구인지'를 결정하는 필수불가결한 요소가 되는지 이해하려면, 우리가 진화해온 환경, 즉 시시때때로 변화하는 시간적·공간적 배경을 알아야 한다. 일본의 쓰나미, 타히티의 지진, 아이슬란드의 화산 폭발 같은 엄청난 자연재해나 이상기후 현상에도 불구하고, 도시화된 탈산업화 사회에서 온도 조절장치를 끼고 사는 우리들은 너무나 쉽게 자신이 예측 불가능한 환경 속에서 살아왔다는 것을 망각하곤 한다. 우리들은 재채기 한 번을 하거나 약간의 추위에 몸이 움츠러들기만 해도 과거 그 어느 때보다 더욱 민감하게 반응하며 계획을 수정하고, 때로 자신의 입지가 흔들리는 듯한 충격을 받는다.

6백만 년 전 아프리카에서 우리의 선조라 할 수 있는 고인류들은 자연의 공격에 대응할 만한 능력을 갖춰 나갔다. 짧은 다리로 곧게 서는 능력을 발달시키고, 생존의 주요 자산인 식량을 더 잘 찾아내고 추적할 수 있게 되었다. 전시된 모형 중에는 에티오피아에서 발견된 320만 년 전의 인류 화석 '루시'도 있다. 루시는 직립보행을 하고, 숲 사이를 헤쳐 나가고, 장거리 이동을 할 수 있는 전지형만능차ATV 같은 영장류 종이다.

250만 년 전 호모 하빌리스는 도구를 만들고 고단백질을 섭취하기 위해 큰 동물을 잡아 저장해 먹을 줄 알았다. 약 200만 년 전 호모 에렉투스는 완전한 직립보행으로 성큼성큼 걸었다. 그로 인해 장거리 이동이 훨씬 용이해졌으며, 먹이에 대한 접근성도 높아졌고, 도구나 아기를 들고 이동하는 능력도 강화되었다. 또한 얼굴 표정으로 의사소통을 하고, 네 발 달린 포식자를 위협하는 법도 알았다. (이 간편한 이족보행으로 인해 우리는 큰 둔부를 지니게 되었고, 아직까지 평발, 관절통, 요통과 같은 대가를 지불하고 있다. 이 선조들로부터 골반 근육이 재배치된 결과이다.) 50만 년 전 고인류의 두뇌 크기는 현대인의 3배에 달했는데, 이는 그들에게 정보를 더욱 빠르게 처리하고, 더 나은 생존 전략을 고안할 수 있게 해주었다.

지질학적·기후학적 증거들은 우리가 급격한 환경 변화를 겪으며 종의 분화를 통해 서서히 진화해왔음을 보여준다. 80만 년에서 20만 년 전 사이에 아프리카는 가뭄과 긴 우기, 빙하의 팽창, 화산 폭발 등으로 황폐해졌다. 급격한 환경 변화 속에서 살아남기 위해 유기체들이 할 수 있는 선택은 두 가지였다. 기존의 환경과 유사한 곳을 찾아 떠나거나 새로운 환경에 적응하는 것이다.

호모 사피엔스는 19만 5천 년 전 이런 격렬하게 들끓는 환경의 가마솥에서 탄생했다. 기존의 초기 인류들과 뚜렷한 차이를 지닌 이 인류는 천성적으로 새로운 것을 추구했다. 이 인류들은 탐험가적 자질과 위험 감수 능력을 갖추고 있었고, 이는 그들이 직면한 도전적인 환경에 필요한 삶의 방식을 깨우치고 새로 만들어낼 수 있게 해주었다. 가장 중요한 것은 이들이 상대적으로 신체 크기에 비해 뇌가 가장 큰 종이었다는 점이다. 방대한 양의 정보를 빠르게 처리하는 신경학적 컴퓨터는 새로운 환경에서 엄청난 장점이 되었다. (그러나 세상에는 공짜 점심이란 없다. 엄청난 양의 회백질은 전체 신체 에너지의 20퍼센트를 사용하며, 이를 보호하는 두개골로 인해 인간은 출산의 위험과 고통을 안게 되었다.) 융통성이 없던 탓에 멸종되어 버린 사촌들과 달리, 이들은 뛰어난 적응력으로 변화하는 환경에 기술적으로 행동을 꿰어 맞추었다. 리처드 포트는 "그들은 살아남기 위해 자신이 무엇을 해야 할지 이해하고 있었고, 새로운 환경에 뛰어들어 자신을 맞추려고 했다."라고 말한다.

특히 혁신애호가 선조들은 도파민 통제와 관련된 현대적인 신경계의 복잡한 네트워크의 영향을 받았다. 도파민은 세계에 대한 감정적 반응을 중재하는 뇌의 주요 화학 전달물질 중 하나로, 새로운 것과 보상을 추구하고 처리하는 데 특히 중요하다. 실제로 도파민 차이는 왜 누구는 새로운 지평을 확장하는 모험에 이끌리고, 누구는 그와 관련된 위험에만 주목하는지를 설명해 줄 수 있다.

우리의 사촌격인 초기 인류들 중 한 무리가 거칠고 야만적인 환경 속에서 무엇이 최고의 생존 전략일지를 생각하며 분투하는 모습을 상상해보라. 혁신애호가들이 건너편에 더 나은 재화가 있을 것이라고 주장하며 거칠고 넓은 강을 건너자고 설득한다. 급류를 건너는 일이 자신들에게 얼마나 짜릿한 흥분을 안겨주는지에 대해서는 말하지 않는다. 혁신회피자들은 반대한다. 그들은 자신들의 근거지에 닥쳐온 위험에 대해 이야기하면서 이곳에서 최선의 일을 하자고 주장한다. 집단의 대부분은 중립자들로, 이런 주장들을 귀 기울여 듣고, 위험에 대한 두려움과 강 건너의 보상에 대한 희망을 저울질한다. 그리고 최선의 계획을 찾는다. 이 세 부류는 서로에 대한 약간의 치장과 조정 과정을 필요로 했을 것이고 이 점에 있어서는 지금 우리들 역시 변하지 않았다. 비즈니스 컨퍼런스, 학부모회의, 정치적 컨벤션, 가족식사 같은 여타의 모임을 생각해보면 쉽게 이해할 수 있다.

과학자들은 오늘날 행동에 미치는 선천적·후천적 영향, 즉 생물학적 요인과 환경적(경험적) 요인을 엄밀히 구분하는 것을 반대하고 있다. 고고학적 기록들은 혁신애호가가 생리적 발달 과정과 문화적 차이의 상호작용에 따라 나타난다는 것을 분명히 보여준다. 우리가 새로운 것들을 습득하고, 창조하고, 특히 후대에 전하는 기술을 증진시킬수록 이런 현상은 더욱 두드러진다.

　순수한 생존 그 이상의 것을 이루게 되면, 새로움을 추구하는 우리의 기질은 더 높은 차원으로 향한다. 약 11만 년 전부터 만들어지기 시작한 인공물들은 선조들의 사회적·지적·창조적 능력이 성장했다는 강력한 증거이다. 7만 년 전까지 선조들은 살아남고, 배우고, 혁신을 이루어냈을 뿐만 아니라 문명 창출이라는 위대한 특질을 이룩했다.

　8만 년 전에서 7만 년 전, 혁신애호가들은 신체적·문화적으로 뛰어난 적응력과 창의력을 지니고 있었고, 이는 호모 사피엔스를 멸종의 위기에서 구해냈다. 13만 5천 년 전부터 아프리카 대륙은 몇 차례의 환경적 대격변으로 소용돌이쳤다. 포트를 비롯한 일군의 학자들은 호수의 중심부에서 파낸 지질학적 표본들을 통해 아프리카 대륙에서 수십 혹은 수세기 동안 몇 차례에 걸쳐 긴 가뭄이 일어나 수심이 깊은 호수마저 완전히 메말라 버렸고, 결국 이곳에 사는 인간들이 대량으로 사망하기에 이르렀다는 결론을 내렸다. 살아남은 몇몇 성인들이 자손을 증식했으나, 그 수는 1만에서 2천 정도, 혹은 겨우 6백 명 정도에 불과했으리라고 과학자들은 추정한다. 오늘날 지구상을 걸어다니는 우리들은 모두 이 소규모 집단에서 유래되었는데, 이때의 병목현상으로 인해 유전적 다양성이 제한되면서 우리는 강한 유전적 동질성을 띠게 되었다. (그러나 최근 서구의 네안데르탈인과 동아시아의 데니소바인이라는 독특한 화석, 또 다른 인류의 조상이 발견되었다.)

　새로운, 변화하는 환경에 대응하는 능력 덕분에 나머지 소규모 집단들은 자신들이 처한 환경에 적응하는 방식을 찾아냄으로써 혼란스럽기 그지없는 변화의 소용돌이에서 살아남았다. 고인류학자 포트는 이렇게 말한다. "어느 모로 보아도 인류라는 종족은 위험에 빠져 있었다. 인류는 대기 중의 먼지와 같다. 그토록 어려운 시기가 계속되었음에도 인류가 그에 대한 적응력을 진화시켜왔다는 것은 놀랍기 그지없다."

● ○ ● ○ ●

인류학자들은 '진화'라는 대하 서사시에는 몇 가지 주요한 도약 지점들이 있었다는 데 기본적으로 동의한다. 호모 사피엔스는 생리적인 면뿐만 아니라 행위적인 면에서도 완전히 현대인과 유사하다. 우리들처럼 이들은 단단한 유대관계를 갖춘 집단을 형성하고, 집이라는 안전한 터전에 근거를 두고 아이들을 기르고 교육했다. 그들은 안정적이고, 상당한 규모의 사회 집단을 이루고 살았으며, 다른 무리들, 더 큰 세계와 교류했다. 이런 관계 덕분에 이들은 다양한 것들을 발명하고 지식을 공유할 수 있었다. 그러나 5만 년 전에서 4만 년 전, 이들의 안정된 생활은 탐사와 발명으로 흔들리기 시작했다.

많은 집단이 아프리카를 떠나 유럽과 아시아 지역으로 흩어졌다. (후발 주자들은 2만 년 전에서 1만 5천 년 전 사이에 북미 지역에 도착했고, 1만 5천 년 전에서 1만 2천 년 전 사이에 남미 지역에 도달했다.) 이스라엘과 중국에서 발견된 인류의 화석들은 우리가 13만 년 전에서 10만 년 전 사이에 새로운 환경을 찾아 원거리를 이동하는 기술을 가지고 있었음을 입증한다. 또 한 가지 흥미로운 점은 호모 사피엔스가 4만 년 전의 '창조성 폭발'을 점화시켰다는 것이다. 선사 시대의 산업혁명과 르네상스의 결합이라 불릴 만한 이 시기에 인류는 훨씬 더 복잡한 도구를 만들어내고, 예술을 창조했다.(그 정점은 3만 2천 년 전에서 1만 8천 년 전 사이에 그려진 그 유명한 프랑스의 라스코 동굴 벽화와 스페인의 알타미라 동굴 벽화에서 확인할 수 있다.)

대이동과 창조성 폭발이 인류의 혁신애호 기질을 점점 더 지적으로 발전시켰다는 데는 반론의 여지가 없다. 그러나 그 근원은 여전히 논쟁거리이다. 행동 진화론behavioral evolution은 '최근의 갑작스러운 변화'설과 '초기의 점진적인 발전'설로 나뉜다. 최근의 갑작스러운 변화설의 지지자들은 생물학적 변화에 의구심을 품는다. 이들은 5만 년 전에서 4만 년 전 사이에, 우리가 알 수 없는 또 다른 대혼란이 있었다고 주장한다. 이들은 극심한 건기, 혹은 정착에 성공한 이들(혹은 그동안 축적된 것들)에 대한 어떤 자극, 특정 돌연변이 같은 것들이 나타났으리라고 생각한다. 이런 유전적 변이는 일반적으로 인간의 행위를 현대화시켰는데, 특히 이주와 발명에 탁월한 재능을 지닌 이들에게서는 혁신 추구 기질로 발현되었다.

포트를 비롯한 초기 점진설의 지지자들은 인류의 성공과 성장이 환경 변화에 대한 적응력 덕분이라고 본다. 특히 생물학적이 아니라 문화적인 측면에서 탐구적·예술적 기질의 발달, 그중에서도 지식을 공유하고 구축하는 능력이 결정적이었다고 주장한다. 이들은 새로움을 추구하는 행위 혹은 단일 유전자에 국한된 창조성과 같은 복잡한 행위가 인류 진보의 원동력이라고 생각하지 않는다. 단, 이런 변종들이 특정 시점에서 우리의 혁신선호 능력을 강화했으리라는 가능성을 배제하지는 않는다. 이들의 시나리오에 따르면 우리 선조들은 30만 년 전에서 25만 년 전 사이에 삶의 기본 방식에 대한 길고 점진적인 이행기에 돌입했고, 이는 최소 7만 년 전부터 6만 년 전 사이에 비로소 자리를 잡았다. 이런 관점에서 보면, 대이동과 정교한 예술품들은 우리가 자유의지를 지니고 아프리카라는 보금자리를 떠나 이동하는 데 필요한 기술들을 계발시켜 왔으며, 그 결과 유용하면서도 의미 있고 아름다운 것들을 만들어냈다는 증거라 할 수 있다.

초기 점진설의 지지자들은 진화에 있어서 '환경 역학'의 중요성을 강조한다. 이들은 유럽 각지의 동굴 벽화에서 드러나는 예술적 기교는 밀려드는 빙하에 쫓겨 유럽 대륙으로 이주한 이들이 발전시킨 것이라고 여긴다. 이 집단이 증가하면서 명민한 아이디어들이 도출되어 전파되고 정교하게 다듬어져 "시간이 흐른 후 축적되어" 혁신의 기회를 증가시켰다. 포트는 "이런 축적이 창조성 폭발의 핵심이자 인류가 다른 종과 문화적으로 뚜렷한 차이를 갖게 된 주요 요인이다."라고 말한다.

뉴욕시 미국자연사박물관의 고인류학자 이안 태터샐Ian Tattersall은 또 다른 가설을 제시한다. 그는 우리가 종種으로서 출현한 이래 행동 진화론상 주요 도약은 생물학적이라기보다 환경에 대한 문화적 반응으로 촉발되어왔다는 것은 인정하지만, 그럼에도 이런 돌파구들은 점진적이라기보다 산발적으로 발생해왔다고 주장한다. 그는 "새조차 깃털을 가지게 된 후로도 수백만 년이나 이것을 나는 데 사용하지 못했다."라고 비유한다. 이와 유사하게 우리의 먼 조상들은 80만 년 전 최초로 불을 가사家事에 사용하기 시작했지만, 40만 년 전이 되어서야 그것을 정기적으로 이용하기 시작했다. "모든 것은 누군가가 그것을 사용하려고 집어들 때까지 그저 묵혀져 있을 뿐이다."라고 태터샐은 말한다. "우리의 행동 양식은 기술적 도약과 실제 도약이 이루어지는 사이에는 아무 변화도 없다가, 오랜 시간이 지나 어느 순간 갑자기 다음 단계로 이어지는 급진적인 아이디어가 생겨나는 방식으로 이어져왔다."

태터샐은 뒤늦게 발견된 우리의 재능, 즉 '상징적 사고'는 대이동과 창조성이 폭발하는 과정에서 나타나는 탐험 및 발명 행위로 설명할 수 있다고 한다. 뇌용적이 큰 호모 사피엔스는 19만 5천 년 전 처음 출현했을 때부터 쓰기, 지형지물 파악하기, 이야기 만들기와 같은 추상적인 방식으로 외부 세계를 인식할 줄 알았는데, 이를 위해서는 신경학적인 수단이 필요했다. 그러나 이 잠재력을 활용하게 된 것은 훨씬 후의 일이다. 태터샐에 따르면 7만 5천 년 전 무렵이 되어서야 "인류는 자신의 인지적 잠재력을 발견하고, 새로운 방식으로 외부 세계에 대한 정보를 다루기 시작한 징후를 보였다."

위대한 아이디어는 한 사람의 외로운 천재가 아니라 대부분 자주적인 혁신애호가들로부터 발현되었다는 사실을 인류학자들이 깨닫기 시작한 것은 비교적 최근의 일이다. 따라서 태터샐은 10만 년 전 이후 어느 시점에서 한 사람 혹은 몇몇 사람에게서부터 자연스럽게 언어라는 것이 시작되었고, 그것이 다른 집단으로 급속히 퍼져나가면서 상징적 사고와 관계된 잠재력이 발현되기 시작했다고 생각한다. "상징적 인지 능력은 이미 그곳에 있었다."라고 태터샐은 강조한다. "그러나 언어가 그런 형태로 표출되기 전까지 행위는 없었다. 하나의 발명은 종종 다음의 발명으로 이어지는데, 언어에 관한 뉴런망이 조직되었다면, 얼마 후 창조적 사고에 도달하게 될 것이라는 추측을 할 수 있다."

1과 0이라는 일련의 숫자로 연령 정보를 파악하는 능력은 우리가 최근에 갖추게 된 능력으로, 이는 상징적 사고 능력이 묘사할 수 있는 가장 최종 단계이다. 그러나 이것이 내포하는 위대한 징후(그리고 혁신애호의 최종 형태)는 개인적 내면세계의 창조이다. "이것이 바로 우리를 다른 유기체들과 구별하게 해주는 특질이다."라고 태터샐은 말한다. "인간 외 다른 유기체들은 거의 주어진 천성대로 살아간다. 제각각 다양한 수준으로 세계에 대해 반응하기는 하지만 그들은 자기 머릿속에 있는 세계에는 주목하지 않는다. 상징적 능력은 우리가 세계를 있는 그대로, 그리고 앞으로 어떻게 될지를 상상할 수 있게 한다. 즉 미래에 대한 의문을 품고, 가정할 수 있게 해주는 것이다."

그러나 태터샐은 상징적 사고가 언어로부터 나왔다고 해도, 혁신애호 기질이 상징적 사고에서 나왔다는 점에는 의문을 표한다. "나는 새로움을 추구하는 우리의 능력이 (인과적으로) 그 여파이지 원인은 아니라고 생각한다. 우리가 머릿속에 새로운 세계를 창조할 수 있다는 사실, 그것의 부산물이라는 것이다. 그 보편적인 능력, 거기에서부터 모든 것이 시작되었다."

● ○ ● ○ ●

인류학자들은 선천적 특질과 후천적 특질이 우리에게 어느 정도 영향을 미치는지에 대해서는 각기 다른 주장을 내세우지만, 초기 선조들이 새롭고 색다른 대상에 관계하는 기술이 어느 정도였는지에 관해서는 언급하지 않는다. 약 3만 년 전 우리가 무엇을 하고 있었는지 보자. 그때는 네안데르탈인이 지구상에서 사라진 무렵인데, 이들의 멸종은 시사하는 바가 크다. 데니소바인들처럼 이들 역시 영리하고 건장한 체격을 지니고 있었다. 네안데르탈인은 약 50만 년 전 아프리카에서 분화된 종으로, 데니소바인이 아시아로 이동한 반면, 이들은 유럽과 근동 지역에 정착했다.

네안데르탈인은 많은 측면에서 우리와 유사한 점이 많았다. 그들은 우리보다 골격이 강건했고, 유아들보다 얼굴이 컸지만 뇌용적이 컸고, 도구를 만들었으며, 상징적인 작품들을 만들어내고, 인근에서 나는 자원들을 능숙하게 이용했다. 그러나 그들과 우리를 가르는 가장 중요한 차이점이 있다. 그들이 특정한 환경에서 살아가기를 고집한 데 비해 우리는 융통성을 지니고 있었다는 점이다.

초기 아프리카 인류들은 숲이나 사막 같은 자신이 살던 터전에만 특화되어 있었기에, 생태계가 변화하자 멸종을 맞이했다. 포트에 따르면 "네안데르탈인은 인류 계보도에서 한랭 기후에 특화되어 적응한 종으로 분류된다." 네안데르탈인은 혁신회피자였다고 할 수 있다. 그들은 호모 사피엔스와 달리 50마일 이상 이동하지 않았으며, 집단 간에 충분한 의사소통도 이루어지지 않았다. 빙하기 이후 그들이 북유럽으로 고개를 돌리자 놀라운 일이 그들을 기다리고 있었다. 4만 년 전, 보수적이고 배타적이던 네안데르탈인과 달리 진취적이고 사교적인 일부 호모 사피엔스들은 5킬로미터 바깥의 다른 집단과 재화를 교환하고, 동맹관계를 구축했으며, 유럽 대륙의 가장자리로 향했다. 1만 년쯤 후에 호모 사피엔스들은 네안데르탈인의 북쪽 근거지에 침투했고 그들과 경쟁하여 결국 멸종에 이르게 했을 것이다.

키가 크고 체격이 빈약하며, 얼굴이 크고 태양을 숭배했던 호모 사피엔스가 혹한의 바위투성이 대륙에 살던, 한랭 기후에 특화된 네안데르탈인을 정복했다는 것은, 새롭고 색다른 것에 적응하는 우리의 재능을 입증한다. 이 지적 기술은 우리가 한랭 기후든 열대 기후든 어느 곳에서나 번창할 수 있게 해주었다. 포트는 "우리는 네안데르탈인에게 적합했던 환경을 접했을 때 이미 문화적 완충 시스템을 갖추고 있었고, 이것이 힘든 시기를 견뎌낼 수 있게 해주었다."라고 설명한다.

● ○ ● ○ ●

 모두 멸종했지만 초기 인류 여섯 종 중 최소 세 종은 지능을 가지고 있었고, 우리와 동시대에 존재했던 적이 있다. 1만 7천 년 전에 멸종한 네안데르탈인, 호모 에렉투스, 호모 플로레시엔시스가 바로 그들이다. 이들의 얼굴은 아직 우리와 달랐다. 그러나 영국의 시인이자 극작가인 존 드라이든John Dryden의 말은 우리에게 하나의 깨달음을 준다. "과거는 그 자체로 힘을 가지지 못한다. 그러나 과거에 있었던 일은 오늘날까지 이어지며, 나의 시간 역시 마찬가지다."
 인류의 기원관 안에 있는 그들을 보고 있자면, 이제 당신은 다음에는 무엇이 도래할지 궁금해질 것이다. 수렵·채취 시대부터 농경 사회, 산업사회, 정보화 시대를 거쳐오면서 혁신애호 기질은 우리를 변화시키고 발달시켜왔다. 태터샐은 "현대인이 얼마만큼 새로운 상황에 대응하여 새로운 것을 추구하고 새로운 기술을 창조해내는지는 지금 우리의 일상생활 속에서 발견할 수 있다."라고 말했다.
 18세기 이래 서구에서 새로운 것과 혁신애호가가 급증하는 요인 중 하나는 우리들 대부분이 더 이상 생존 수준에서 살고 있지 않다는 점이다. 우리의 창의력은 더 이상 안전, 음식, 의복, 거주지에 초점을 맞출 필요가 없어졌다. 포트는 "우리는 그 어느 때보다 충분한 여가시간을 누리고 있다. 나는 이런 사실이 인지 구조와 사회 구조적 측면에서 혁신애호 기질에 얼마나 영향을 미치는지 궁금하다."

진화가 미래를 예측하게 해주지는 않는다. 그러나 한 가지는 명백하다. 살아남고 번식하기 위해 호모 사피엔스는 끊임없이 변화하는 세계에 적응해야만 한다는 것이다. 그러나 예측 불가능한 일들이 폭발적으로 증가함에 따라 새로운 것을 다루는 우리의 능력은 시험대에 오르고 있다. 지금의 시대는 지나치게 많은 것들이 생산되고 있다. 우리는 이런 지나친 풍요에 당황해하고 있다. 우리의 두뇌가 새로운 것에 반응하는 방식과 그 원인에 대한 기초 지식을 안다면, 이런 상황에 대한 대응 방식을 찾아내기가 훨씬 쉬워질 것이다.

놀라움 탐지기 02

　　　　　　　기어 다니는 갓난아기의 주변에 잠시만 있어보라. 그러면 곧 우리가 본질적으로 새롭거나 색다른 대상을 탐색하도록 타고났다는 것을 알게 될 것이다. 이는 처음부터 우리에게 주어진 권리이기도 하다. 왜 그럴까? 왜 에베레스트 산에 오르냐는 질문에 대한 산악인 조지 말로리Georgy Mallory의 말이 적절한 대답이 될듯하다. "거기에 산이 있으니까."

　한 창조적 실험은 새로운 대상이 우리를 사로잡는 강력한 힘을 지니고 있음을 과학적으로 증명했다. '무기집중효과'라는 초기 연구는 범죄현장에 있는 총의 존재(고도로 강렬한 자극)가 목격자에게 지나치게 강하게 각인된 나머지, 전체 상황에 대한 기억을 왜곡하고 결과적으로 목격자들의 증언을 과장되게 하여 신뢰도를 떨어뜨린다는 것이다. 이후 몇몇 재기발랄한 심리학자들은 동일한 상황에서 총을 단순히 샐러리로만 교체해도 총 만큼이나 강력하게 사람들의 주의를 끌 수 있음을 밝혀냈다. 즉 "그곳에서 그 채소가 무슨 일을 했나?"는 "앗! 총!"만큼 이나 당신의 주목을 끌어낸다는 것이다. 이는 세계에 대한 우리의 인식이 현실의 객관적인 복제품이라기보다는 새롭거나 예기치 못한 상황에 집중한 결과 다소 수정되어 있는 것임을 알려준다.

새롭거나 놀라움을 주는 대상에 끌리는 주요 이유는 그것들이 안전하고 예측 가능한 지금의 상태와 그에 기반한 계획들을 흐트러뜨리며, 때로는 생존마저 위협하기 때문이다. 변화를 알아채는 능력은 삶과 죽음을 가르는 문제가 될 수도 있다. 초기 아프리카 인류가 갓 익은 과일이나 멀리서 다가오는 포식자에 주목하지 못했다면 지금 우리는 여기에 존재하지 못할 것이다. 평소와 다른, 조금이라도 독특한 일 혹은 그럴 것이라고 여겨지는 부분에 민감하게 반응하는 능력은 전쟁터의 군인이나 군중들 속에 잠입한 스파이들에게 매우 중요하다. 평범한 일상을 사는 우리 또한 마찬가지다. 흔히 차 앞으로 갑자기 지나가는 무단횡단자에 적절히 대응하지 못해 생기는 불상사를 떠올려보라.

뇌는 종종 젖어 있는 컴퓨터, 혹은 정보 처리 기관으로 묘사되곤 한다. 이에 대한 한 흥미로운 연구는 뇌를 '놀라움 탐지기'라고 지칭한다. 매우 멋진 묘사이다. 컴퓨터 연계 신경과학을 연구하는 서던 캘리포니아 대학의 로랑 이티Laurent Itti와 캘리포니아 대학의 피에르 발디Pierre Baldi는 다음에 무엇을 보아야 할지를 결정할 때 영향을 미치는 요인을 살펴보는 실험을 했다. 이들은 피험자들에게 영상 하나를 보여주고, 시표추적장치eye tracking로 변화를 관찰했다. 특정 장소에서 갑작스런 변화나 예기치 못한 사건이 일어난다는 사실은 사전에 공지되지 않았다. 피험자들은 대부분 새로운 것이나 예기치 못한 것이 제공되는 장소에 주목했다.

현 세대 컴퓨터들은 정보 이론상 데이터에 대한 양적, 목적적인 접근 방식에 기반하고 있다. 만약 뇌가 놀랍거나 새로운 것에 편향된, 질적 접근을 하는 것이 사실이라면 (이티의 연구결과가 보여주듯) "정보를 수량적으로 다루는 것은 인간의 사고 과정과 정신 작동 방식에 적절하지 않다." 이티는 "정보에 대한 수량적 관점은 감각기관으로부터 들어오는 내용들, 즉 지나치게 많은 이메일 첨부파일 같은 정보가 지겹고, 쓸모없고, 나와 관계없는 것이라는 사실을 간과한다."라고 덧붙였다. (로봇이 차를 운전하지 못하는 이유는 이들이 새로움을 좇는 뇌의 능력만큼 급격하게 변화하는 교통 상황에 주목하고 반응하지 못하기 때문이다. 주요 작동 법칙으로 놀라움을 이용하는 새로운 형태의 컴퓨터는 매일의 전자 정보 홍수 속에서 신선하고 흥미로운 대상들을 걸러낼 수 있다.)

뇌는 공정하게 데이터를 분류할 뿐만 아니라, 우리가 가장 흥미로운 최신 정보에 선별적으로 집중할 수 있게 함으로써 세계를 더욱 잘 이해하게 하는 혁신애호 장치이기도 하다. 이티는 이에 대해 간결한 철학적 위트로 정리했다. "그래서 우리가 좇아야 할 게 또 뭐가 있지?"

● ● ● ○ ●

우리는 새롭거나 색다른 것에 자극받게 되어 있다. 그러나 효율성과 생산성을 높이려면, 유한한 정신 에너지와 주의력을 보다 중요하고 새로운 장면, 소리, 사고, 감각에 집중시키고, 그렇지 않은 대상은 차단해야 한다. 새로운 것에 대한 경각심과 지향성을 갖추게 되면, 적응이라는 상호보완적 과정은 그리 중요치 않은 것들을 걸러낼 수 있게 해줄 것이다.

새로운 대상에 흥미를 느끼지만 곧 그것에 익숙해지는 이중 역학에서 탄생한 혁신애호 기질은 당신을 자유롭게 하고 심지어 다음의 자극을 추구하도록 자극한다. 대학의 심리학 기초 과정에는 살아 있는 생명체가 지루함이 아닌 자극을 선호한다는 것을 보여주는 고전 실험이 포함되어 있다. 그중 한 가지는 우리에 갇힌 원숭이 실험이다. 몇 시간 동안 단순히 자물쇠를 비틀게 한 후 무언가 새로운 일을 시키면, 원숭이들은 더할 나위 없는 기쁨을 느꼈다. 또 다른 실험에서 원숭이들은 창문을 여는 레버를 눌러 다른 원숭이들의 우리를 들여다보거나 칙칙폭폭 소리를 내며 트랙 위를 달리는 장난감 기차를 바라보았다. 우리 인간들 역시 익숙해져 무감각해진 일보다 새로운 일이라는 이유만으로도 흥미를 느끼고 일한다. 이는 세계지도 작성에서 교향곡 작곡에 이르기까지 인류가 이룩한 성과의 원동력이 되었다.

주의 과실 attentional blink 실험은 자극과 적응이 일상에서의 주의집중과 경험에 어떻게 영향을 끼치는지를 보여준다. 당신이 한 실험의 피험자가 되었다고 하자. 나는 당신에게 연속적으로 글자를 몇 개 보여주고 그에 대한 반응을 측정할 것이다. 일련의 상황에서 갑자기 변칙적인 그림이나 단어가 등장하게 되면 당신은 그것에 시선을 고정하고(자극받고), 예상치 못한 신호(경고 신호가 울리고, 인지 과정이 활발해질 것이다)에 집중한 결과 다음에 이어지는 다른 글자들을 놓치게 된다.

그러나 이 실험을 한 번 더 반복하면, 그 그림이 앞서보다는 그리 놀랍지 않은 것이 되고, 당신은 간신히 그것을 포착하게 될 것이다. 세 번째 반복하면 당신은 그 그림에 적응하여 더는 시간과 집중력을 낭비하지 않고, 그것에 전혀 반응하지 않게 될 것이다.

새로운 것에 대한 자극과 적응은 생존의 필수요소다. 태어난 지 채 하루도 지나지 않은 신생아도 새로운 시각적 대상이 등장하면 약 41초 동안 그것을 응시하고, 반복적으로 노출되면 그것을 지루해하며 지나친다. 작은 시각뉴런 혹은 신경세포조차도 이와 같은 과정을 보인다. 상상해보라. 사무실에서 일하는 동안 바깥이 어두워지기 시작하면 당신은 전등을 켤 것이다. 커피잔 옆에 놓인 맥킨토시의 전원 표시등이 갑자기 붉게 빛나면 시각 영역을 담당하는 뉴런들이 자극을 받고 활성화된다. 사무실의 조도가 한동안 변함없이 유지된다면, 신경세포들은 다음의 변화가 생길 때까지 그에 적응하고 평정을 유지할 것이다. 이런 작은 드라마 속에서 일어나는 뉴런의 활성화는 좀 더 광범위한 규모에서도 마찬가지로 일어난다. 특정 영역에서 중요한 혁신이 이루어졌다 해도, 곧 그 상태가 유지되어 단조롭게 여겨지면 우리는 다음에 일어날 일에 반응할 준비를 갖추게 된다.

직장에서도 당신은 매일 새로운 것에 자극받고 이내 적응하는 과정을 반복할 것이다. 먼저 톡 쏘는 향의 소스, 담배 연기 혹은 이메일 도착음에 흥미를 느꼈다고 하자. 당신은 그 새로운 정보에 자극받고, 거기에 시선을 돌리고, 그것과 기억 속에 저장된 지식을 대응해볼 것이다. 이 새로운 자극이 앞으로의 업무에 가치가 있다고 결정되면, 당신은 맛을 보거나, 불씨를 점검하거나, 메시지를 읽을 것이다. 반면 그 신호가 중요하지 않다고 판단되면 당신은 그것에 적응하고, 그를 주변 배경 속으로 함몰시키고, 하던 일에 집중하게 될 것이다.

이렇게 새로운 것에 흥미를 느끼고 곧 익숙해지는 일련의 과정은 '호기심 효과Novelty effect'라고 일컬어지는 현상과 관계가 있다. 이 현상의 기저에는 유쾌 혹은 불쾌한 경험이 깔려 있다. 스트레스를 연구하는 심리학자들은 우리가 부정적인 사건에 직면하면 먼저 최고조의 자극을 받지만, 시간이 흐르면 유사한 상황에 대해서도 자극이 감소한다는 것으로 이 역학을 설명한다. 즉 엄청난 요금이 부과된 공공요금 고지서를 받거나 수학 과목에서 D학점을 받으면 처음에는 엄청난 충격을 받지만, 시간이 흐르면 높은 공공요금 고지서나 형편없는 수학점수에 무뎌지는 것이다. 이와 유사한 현상으로 생물학에는 '쿨리지 효과Coolidge effect'가 있다. 포유류는 새로운 교미 상대에게 강하게 끌리지만 곧 적응하고 권태를 느낀다는 것이다. 전하는 바에 따르면 미국의 제30대 대통령 캘빈 쿨리지와 영부인이 한 농장을 방문했을 때의 일이라고 한다. 부부는 농장을 주의 깊게 살펴보았다. 영부인이 수탉의 수가 몇 마리 되지 않는데도 엄청난 수의 달걀이 생산되는 모습에 놀라자, 농부는 자기 농장의 수탉들이 매우 강건해 매일 수차례씩 짝짓기를 한다고 설명했다. 영부인이 "그 사실을 대통령께도 전해줬으면 해요."라고 농부에게 말하자, 대통령은 농부에게 수탉들이 같은 암탉을 상대로 몇 번이나 교미하는지 물었다. 그러자 농부가 수탉들은 여러 암탉과 돌아가며 교미한다고 대답했다. 대통령은 "그 대답을 영부인께 전해줬으면 하는군."이라고 말했다.

한편으로 호기심 효과는 혁신에 매우 중요한 역할을 한다. (실제로 새로운 아이디어 없이 창조성이 발현되기는 불가능하며, 겉껍질을 한 꺼풀 벗겨보면 그 아래에는 최초의 유용한 아이디어 도출만이 남게 된다.) 사무실에 최신형 전자제품 같은 새로운 무언가를 도입하는 것만으로도 직원들의 성과는 개선될 수 있다. 단, 그것이 주는 흥분이 가라앉을 때까지는 그렇다. 이와 마찬가지로 수많은 창조적 돌파구들은 신선한 자극이 주는 흥분이 빚어낸 결과이다. 아인슈타인은 직장에서 퇴근하여 전동차에 올랐을 때 특수상대성 이론의 영감을 얻었다. 전동차가 베른의 명소인 시계탑을 지날 때 그는 시계 초침이 우리가 움직이는 속도에 따라 각기 다른 비율로 째깍이고 있음을 깨달았다. 아이작 뉴턴이 익숙한 캠브리지 대학 교정을 떠나 고향집이라는 낯선 환경에 가지 않았다면, 사과가 땅으로 떨어지는 모습을 운명적으로 조우하여 만유인력의 법칙을 생각해내는 일도 없었을 것이다.

캘리포니아 대학에서 창조성을 연구하는 심리학자 딘 사이먼턴Dean Simonton은 새로운 환경 신호가 자극원의 역할을 한다고 강조한다. 그는 아르키메데스가 자신의 책상을 떠나 욕조에 몸을 담그고 물이 넘치는 모습을 목격하지 않았다면 '유레카'적 순간도 없었을 것이라고 말한다. "부력과 관련된 그의 연구들은 물이 넘치는 욕조가 해낸 일을 할 수 없다. 그러면 그가 고대의 가장 위대한 수학자가 될 수도 없었을 것이다. 때로 퍼즐의 잃어버린 한 조각이 필요할 때, 그것과 상관없어 보이는 어떤 일이 중대한 발견을 이끌 수도 있다. 산책을 하거나 잠시 음식을 먹으며 쉬는 등 장소를 바꾸는 일은 문제의 해결책을 알려줄 새로운 자극이 될 수 있다."

자극에 적응하지 못하는 것, 즉 새로운 대상이 그 신선함을 잃지 않는다면 창조적 돌파구가 열릴 수 있다. "천재들은 다른 사람들이 보지 못하는 목표를 겨냥한다."라고 쇼펜하우어는 말했다. 분야를 막론하고 많은 창조적 인물들이 익숙한 대상에서도 새로운 측면을 바라보는 능력을 지니고 있었다. 사이먼턴은 "보통 사람들이 당연시 여기는 사소한 일들에서도 호기심을 느낀다면, 누구도 상상하지 못한 해답에 도달하게 될 것이다."라고 말한다.

하버드 대학의 락슈미나라야난 마하데반Lakshminarayanan Mahadevan 응용수학 교수는 깃발이 움직이는 원인, 꽃이 개화하는 법칙 등 일반적인 자연현상의 메커니즘을 수학 법칙으로 옮겨 과학과 제조업을 비롯한 다양한 분야에 응용할 수 있게 한 공로로 2009년 맥아더 재단의 과학·예술 분야 지니어스 상을 수상했다. 벌꿀이 쏟아져 모이는 방식에 관한 관찰은 지리학자들이 지구 멘틀의 내부핵을 이해하는 데 도움을 주었고, 곤충들이 천장에서 떨어지지 않고 걸어다닐 수 있는 원인에 대한 분석은 새로운 접착제의 발명을 이끌어냈다. 마하데반은 세계를 이해하는 원동력인 자신의 호기심을 '매우 낡고 성가신 방식'이라고 표현했다. "이는 모든 대상에 호기심을 느꼈던 1세기 전의 자연철학자들의 방식이다. 익숙하다는 것이 반드시 그것을 이해하고 있다는 것을 의미하지는 않는다. 어른들은 모두 이런 잘못을 저지른다. 하지만 아이들은 결코 그렇지 않다."

삶의 질에 관해 연구하는 학자들은 호기심 효과를 잘 이용하면 일상의 경험들을 더욱 생산적이고 유쾌하게 즐길 수 있다고 말한다. 행복과 소비 사이의 상관관계를 연구하는 경제학자 티보르 스키토프스키Tibor Scitovsky는 한 다발의 꽃, 초콜릿 한 조각 같이 값싸지만 우리를 감

동시키고, 소소한 행복을 안겨주는 것들을 사는 편이 주방용품 같은 편리하고 필요한(때때로 비싸기까지 한) 물건보다 더 나은 투자가 된다고 말한다. 우리는 그것이 무엇이든 곧 익숙해지기 때문이다. 행복한 이벤트가 일어나는 동안 잠시 그것에서 생각을 떨어뜨리면 더 큰 기쁨을 누릴 수도 있다. 콘서트 중간의 인터미션, 사랑을 나누는 동안 잠깐의 휴식, 이메일을 읽는 동안 물 한 잔을 마시며 화면에서 눈을 떼는 것은 그 과정에 적응하지 않게 함으로써 그 행위의 새로운 측면을 부각시키고, 재경험하게 한다.

● ○ ● ○ ●

모든 행위가 그렇듯 흥분과 적응 역시 이익만 주지는 않는다. 때로 극단적인 문제를 일으킬 수도 있다. 우리는 새로운 대상이 자신의 삶에 위협이 되지는 않을까 과민하게 반응한다. 이런 자기보호적인 부정적 성향은 태풍, 부도수표, 전투 같은 일에 있어서는 매우 적절하다. 그런 한편 과민 반응할 만한 근거가 아무것도 없다고 판명될 때까지 우리는 긴장한 상태로 많은 시간을 낭비하게 된다.(다른 인종의 사람을 마주치는 경험은 역효과를 낳는 부정적 자극의 좋은 예가 될 수 있다.)

고정관념 형성에 관해 연구하는 토론토 대학의 사회신경과학자 마이클 인즐리히Michael Inzlicht는 이런 사건들에 의해 뇌의 특정 부분이 활성화된다고 말한다. 이런 흥분이 발생하는 원인은 분명치 않다. 만약 A라는 사람이 흑인, 백인, 동성애자, 여성 등에 특정한 편견을 가지고 있다고 하자. 그러면 A는 해당 원인이 직접 존재하지 않더라도, 편견이 자극될 만한 신호를 보기만 해도 자극받고 경계심을 세우게 된다. 이런 편견을 가지고 있지 않은 B는 A의 날카로운 불안감을 부당한 것으로 여기고, 그에게 편견이 심한 사람이라는 시선을 보낼 것이다. 인 즐리히는 "이 모든 고충은 다른 일을 하는 동안에도 그 시간의 많은 부분을 차지한다."라고 말한다. 그로 인한 결과는 생각보다 훨씬 심각할 수 있다. 특히 A의 입장에서 그렇다. 고정관념을 가진 사람들은 편견 대상과 함께 있을 때 능력을 제대로 발휘하지 못하는 경향이 크기 때문이다.

자극처럼 적응 역시 어떤 심리적 뒤틀림의 지배를 받는다. 불안증이 있는 사람은 '걱정하는 일'에 적응하여 그 대상에 무뎌지는 법이 없다. 오히려 점점 더 거기에 사로잡혀 빠져나오지 못한다. 비행기를 타거나 대중연설을 지나치게 걱정하는 사람들을 떠올려보라. 이렇게 걱정거리를 쌓아두고 있는 사람들은 병마개나 고무밴드처럼 완전히 익숙한 대상에서조차 계속 자극을 받는다. 마치 그것들이 새로운 물건인양 무시하지 못하고 계속 반응하는 것이다. 한편 어떤 사람들은 위험하게도 자극을 지닌 대상에 적응하여 더 고도의 자극을 찾기도 한다.

익숙해지면 안 되는 대상에 익숙해지는 일에 대해서는 한 마디로 "사육된 곰은 죽은 곰"이라고 생각하는 것과 같다. 국립공원을 돌아다니는 이 덩치 큰 포식자는 캠핑족들에게 매우 익숙한 대상이다. 때문에 캠핑족들은 부주의하게 놓아둔 음식들로 인해 위험하기 그지없는 곰을 마주치고, 공격받고, 때로 목숨을 잃기까지 한다. 모두 이 위험한 동물에 적응하여 경계심이 낮춰진 결과이다. 야생에서 많은 시간을 보내는 특정 분야 전문가들 역시 대형 야생동물들의 존재가 주는 고도의 자극에 적응하기 쉽다. 2010년 7월 식물학자인 어윈 에버트Erwin Evert는 옐로우스톤 국립공원에서 회색곰의 공격을 받고 사망했다. 야생생활에 익숙한 나머지 경계심이 무뎌져, 다른 곳에서 풀려나 그곳까지 온, 약에 취해 문제의 소지가 있는 곰에게서 느껴야 할 경계 신호를 무시한 결과였다. 적응으로 인한 예측 실패가 일으킨 이 사건에 대해 어윈의 친구는 "그는 함정을 설치해놓은 쪽으로 걸어갔다. 그 역시 그 사실을 알고 있었다. 왜 그런 행동을 했는지 누구도 제대로 설명할 수 없을 것이다."라고 말했다.

● ○ ● ○ ●

현대 사회에서는 하루가 멀다하고 새로운 것이 등장한다. 가히 신상품 폭발이라고 할 만하다. 이런 상황은 자극과 적응 과정을 엄청나게 가속화시켜 변화주기를 단축시킨다. 이런 현상은 개인적 수준뿐만 아니라 사회적 수준에서도 발생한다. 우리는 최신 유행하는 대상에 자극받자마자 곧 익숙해지고 만다. 영화, DVD, 가요 인기순위 10위는 매주 바뀌는데, 이는 더 나은 것이 등장했기 때문이 아니라 단지 그것이 새롭기 때문이다. "거기에 있기 때문에 그것을 한다."라는 식의 문화에서, 지속적으로 당신의 관심을 끄는 것이 있다면 적응 과정은 다소 지연되거나 단락될 것이다. MIT 대학의 인류학자 그랜트 맥클라켄Grant McCracken은 관심을 지속시키는 한 가지 방법으로 "대상을 이해할 수 없는 신호로 여겨라."라고 말한다.

우리의 뇌는 정보를 주제별로 분류하려는 성향이 있다. 좋은 것과 나쁜 것, 록 음악과 컨트리 음악, 여성과 남성 같이 말이다. 그러나 우리를 가장 자극하는 것은 이렇듯 쉽게 유형화되기를 거부하는 것들이다. 확실치 않은, 새로운 요소를 지님으로써 종래의 기준으로는 분류하기 힘든 대상들이 점점 늘어나고 있다. 맥클라켄은 현대 사회의 이런 빠른 회전주기에 대해 심리학자 윌리엄 제임스William James의 말을 인용해 설명한다. "우리는 완전히 이례적이거나 기이한 것들을 원하지 않는다. 당황스럽기 때문이다. 대개 사람들은 그것이 속할 만한 분류를 찾으려 애쓰거나 아예 포기한다. 그런 한편 즉시 손에 넣을 수 없는 것들을 원하기도 한다. 그것에 합당한 분류표가 준비되어 있지 않기 때문에, 그것을 어떻게 판단해야 할지 계속 생각하게 되는 것이다."

이런 류의 알쏭달쏭한 새로운 것들은 자극을 지속적으로 유지하고, 적응을 지연시킨다. 이런 방식은 최근 상품 판매전략에 사용되고 있다. 즉, 예측을 벗어난 대상으로 소구하는 것이다. 베스트셀러 《나쁜 것은 모두 당신에게 좋다Everything Bad Is Good for You》(2006년 국내에서 《바보상자의 역습》이라는 제목으로 나왔으나 본문의 이해를 돕기 위해 원제를 표기했다.-옮긴이)는 이후 출간되는 도서들의 제목에 영향을 미쳤다. 또한 인기 있는 광고 에이전시들은 멋진 스포츠카나 록스타 대신 이상하게 생긴 미니밴이나 실리콘 밸리의 괴짜들을 광고에 등장시킨다. 자극-적응 과정을 비트는 이런 최신의 자극에 대한 우리의 반응은 "거미줄에 걸린 거미는 흥분으로 몸을 떤다."라는 맥클라인의 말을 떠올리게 한다. "계속해서 '오, 너무 멋져!'라고 말할 수 있는 것, 지금 우리의 흥미를 불러일으키는 것은 다소 예측을 벗어난 대상이다." 먼저 흥미를 느낀다. "오! 이건 생각해 본 적이 없는 거야! 흥미로운걸!" 그러고 나서 그것에 적응할지 그렇지 않을지를 결정하는 과정이 이어진다. "이건 무시해야 할 시스템상의 잡음일까? 아니면 내 분류 방식을 바꾸어놓을 기회일까?"

새로운 유형의 케이블 TV쇼들은 불확실성에 대한 욕구를 충족시키고, 기존의 분류 방식에 도전하는 방향으로 흘러가고 있다. 이런 방송은 놀라움이라는 무기로 우리를 자극하고, 그것에 익숙해지게 한다. 그러고 나서 다시 한 번 우리를 놀라게 하고, 다음에 무슨 일이 일어나게 될지를 궁금하게 만든다. 예컨대 〈트루블러드True Blood〉(HBO에서 방영 중인 드라마로, 현대를 배경으로 한 퓨전 뱀파이어물—옮긴이)를 처음 보았을 때, 우리는 뱀파이어라는 기존의 관념, 즉 '피를 빨아먹는 시체'를 떠올린다. 그들에게 적응하고 나면, 곧 일상적이지 않은 이 존재들이 이해할 수 없는 대상임을 느끼게 된다. 옆집의 잘생긴 뱀파이어 빌 콤튼Bill Compton이 여자친구에게 (색다른) 간식을 달라는 요구를 할 때, 우리는 "어떻게, 오, 저런!" 하며 소리친다. 그러고 나면 콤튼이나 그의 어둠의 친구들이 괴물 같은 어떤 존재라는 데 생각이 미치게 되고, 우리는 다시 출발점으로 되돌아온다. 맥클라켄은 블로그에서 '새로운 것'으로 보이느냐는 그들의 괴짜성이 작용하느냐 그렇지 않느냐에 따라 결정된다고 호언한 바 있다. 그는 드라마가 시작할 때 전형적인 두 경찰관 친구의 모습이 보이기만 해도 지루해진다고 한다. "지겨워! 안 봐도 드라마 전 회가 어떻게 끝날지 알겠어! 차라리 경찰관이 마법사나 다른 어떤 존재를 마주치는 게 더 나을 텐데……."

흔히 혁신애호가들은 즉각적이고 손쉬운 자극을 좇는 얄팍한 사람들로 여겨져왔다. 하지만 맥클라켄은 낙관적인 시각을 가지고 있다.

"어떤 사람들은 여전히 새로운 것을 좋아하지 않는다. 그러나 새로움을 사랑하고, 일상적인 사고방식을 재논의할 기회라고 여기는 사람들이 점점 늘어나고 있다. 즐겁지 않은가?" 그는 프랑스의 지리학자 페르낭 브로델Fernand Braudel의 말을 인용했다. "사회는 사회질서나 세계지도만큼 의복의 형태, 재료, 색상 변화에도 영향을 받아 변화한다. 미래는 이런 사회 변화에 달려 있다. 이를 단지 우연이라고 할 수 있을까? 또한 그렇다고 해서 사회가 전통과 단절되었다고 할 수 있을까? 여기에는 연관관계가 존재한다."

● ○ ● ○ ●

신문의 연예면은 우리가 늘 새로운 것에 흥분하고, 이내 그것을 지겨워하며, 또 다른 신선한 자극원을 찾아 헤맨다는 증거다. 이는 부부 간의 정절, 절주節酒, 그 밖의 다른 좋은 일들을 위협할 수 있다. 그러나 부고면에 실린 인물들을 살펴보면 호기심 효과가 위대한 성과를 이루는 삶의 동력이 될 수 있음을 알 수 있다. 2009년 코넬 대학 의학부의 사회-정신의학자 에리 키예프Ari Kiev의 부고기사는 "지적으로 쉼 없이 달려온 한 사람의 일생"이라 하기에 매우 적절했다. 젊은 시절 의사였던 그는 아프리카와 아시아의 비전통적인 치료법을 탐구했고, 그러고 나서 우울증과 자살 예방에 관한 연구로 넘어갔다. 환자의 자립심과 자신감을 높이는 데 쏟은 관심은 그가 절정 경험peak experience과 그것을 가로막는 심리적 장애를 조사하게끔 했다. 이 주제로 몇 권의 책을 쓰고, 엘리트 스포츠 선수와 비즈니스맨들을 대상으로 자신의 기술을 가르친 후, 키예프는 법정 전문가 자문위원으로 활동하다 이후 법학 학위까지 취득했다. 이 쉽게 싫증내는 지적 혁신애호가는 75세의 나이로 죽을 때까지 다양한 분야에서 전문가로 활동하며 흥미롭고 생산적인 일들을 해냈다.

자극과 적응이라는 과정은 모든 생물체의 생존에 필수적이다. 그러나 이 현상은 우리에게 미묘하고 복잡한 감각을 느끼게 한다. 이런 정신-신체 감각 상태는 일반적으로 우리가 세계에 대해 융통성 있게 반응할 수 있게 해주지만, 특정 부분에서는 새롭고 색다른 반응을 하게 만든다.

당신이 두 사람의 친구와 함께 길을 걷고 있는데 갑자기 화성인과 마주쳤다고 가정해보자. 당신과 친구들은 완전히 새로운 대상에 자극받을 것이다. 두려움보다 호기심이 더 강한 한 친구는 화성인의 모습을 더욱 자세히 보기 위해 가까이 다가갈 것이다. 반면 불안감이 큰 또 한 명의 친구는 서둘러 돌아갈 것이다. 당신은 이후의 상황을 관찰하기 위해 남아 있는다. 다른 사안에 대한 반응도 이와 유사하다. 한 친구는 최신형 스마트폰에 열광하며 누구보다 빨리 받아들이고, 다른 한 친구는 선뜻 손을 내밀지 않는다. 당신은 더 싸고, 사용이 간편한 기계가 나올 때까지 기다린다. 화성인이나 새로운 도구에 대해 느끼는 감정(흥분, 껄끄러움, 혹은 그 사이의 다른 감정)에 따라 새로움에 대한 반응은 세 가지로 나뉜다. 혁신애호가, 혁신회피자, 그리고 판단을 일시적으로 보류하는 중립자이다. 이 세 가지 시각은 세계를 바라보고 인생을 살아가는 방법에 관한 것이기도 하다.

부딪치거나 피하거나
지켜보거나

　　　　　　일단 익숙지 않은 장면이나 소리에 자극을 받으면 우리는 그것이 자신의 삶에 미칠 영향을 생각하고(혹은 감지하고), 결정의 순간에 직면하게 된다. 접근할 것인가, 회피할 것인가, 혹은 앞으로 지켜보고 판단할 것인가? 선택은 자극이 이끌어낸 감정이 긍정적이냐 부정적이냐에 따라 달라질 것이다. "와!", "어어……", "음……."이든 그렇지 않든, 그동안 수많은 상황에서 새로운 대상들에 반응하며 형성된 당신의 기질적 특성은 세계에 대한 당신의 감정적 반응과 성격을 결정짓는 주요 요소이기도 하다.

　놀라움, 호기심, 흥미에 대한 긍정적인 감정들은 전도유망하게 보이는 새로운 대상에 접근하도록 우리를 움직이고, 혁신애호 기질의 애정 어린 감정적 토대를 형성한다. 이런 감정들은 우리가 무언가를 배우거나 숙고하도록 고무하며, 때문에 '지식 감성knowledge emotion'이라고 불린다. 가장 단순하게 표현하자면 (간단하고 피상적이며 구식이지만) "아!" 하고 표현되는 것이다.[1] 풍선이 펑 하고 터지거나 오랫동안 보지 못한 친구를 갑자기 마주쳤을 때의 순간적인 느낌을 떠올려보라. 새로운 혹은 예기치 못한 대상에 대한 이런 최초의 반응은 다소 지적인 방식 혹은 지식을 요구한다. 실제로 신생아 역시 성인들처럼 반응한다. 순간적인 놀라움의 다음 단계에서는 호기심과 흥미의 감정이 지속된다. 돼지를 구워먹으려다 집을 통째로 불태워버린 중국 우화 속 농부처럼 새로운 것을 따르고 탐구하는 데 실패하면, 과거가 현재와 미래를 결정짓게 하는 비운을 맞이하기도 한다.

"태극권이 뭐지?", "어디에서 좋은 냄새가 나는 걸까?", "터키 음식은 어떤 맛일까?"와 같은 호기심은 우리를 일상의 현실과 직업적 평상심에서 벗어나게 해주고, 슬며시 비일상적인 것들에 접근하게 한다. 눈앞의 혹은 일시적인 경험에 대한 '호기심'(저 우습게 생긴 새는 뭐지?)은 그에 대한 '흥미'(조류학 모임에 가입해야겠어.)를 지속시키는 데 유용하다. 이 두 용어들은 새로움을 지향하는 감정적 상태를 묘사한다고 할 수 있다.

새로움을 논하는 데 다소 우스워 보이지만, 유아들을 사로잡는 까꿍놀이에 대해 말해보자. 까꿍놀이는 매우 기본적인 것이다. 그러나 그

---

1. 놀라움의 강도를 측정하기 위해 신경과학자 로랑 이티와 피에르 발디는 '와!'라고 일컬어지는 멋진 측정 단위를 제안했다. 즉 새로운 관찰에 의해 그동안의 믿음이나 무언가에 대한 예측이 변화하는 것을 경험했을 때, 그 정도를 측정하는 것이다. 예컨대 라디오에서 강수 확률이 25퍼센트라는 예측을 듣고 집을 나섰는데, 하늘의 먹구름 떼를 보고 강수 확률이 50퍼센트라고 자신의 예측을 수정하는 것이다. 이 순간 우리는 놀라움의 '와!'를 하나 기록하는 셈이다.

린즈버로 노스캐롤라이나 대학의 정신의학자 폴 실비아Paul Silvia는 "아기들이 놀라는 이유는 그들이 매우 흥미를 느끼기 때문이다. 이는 기능적으로도, 적응성 측면에서도 매우 중요하다. 아이들은 모든 것을 완전히 몰두해 배워나가야 하는데, 흥미는 그것의 원동력이 된다."고 말했다.

지식 감성은 우리의 긴 인생길에 배움과 성과를 이끄는 당근으로 작용한다. 무엇보다도 실비아는 "새로운 대상에 대해 흥미를 느끼지 못한다면 당신은 끊임없이 무언가를 걱정하게 될 것이다. 매번 다음에 올 일에 질겁할 것이기 때문이다."라고 말한다. 그는 탐구 정신이 생겨난다는 것에 대해 이렇게 설명한다. "살아가면서 계속해서 더 많은 호기심과 흥미를 느끼게 된다면, 더욱 호기심 넘치고 흥미로운 삶을 살아가게 될 것이다."

눈에 띄는, 창조적인 인물들의 전기에는 예외 없이 그들이 새로운 것에 이끌리고, 그것을 배워나감으로써 그 업적을 이룩하는 데 필요한 통찰력의 조각들을 축적할 수 있었다는 내용이 실려 있다.[2] 소설이나 영화에서는 위대한 발견의 순간이 단골 소재로 등장하는데, 대개 그 순간은 어두운 하늘에서 벼락이 치듯 갑작스럽게 나타난다. 그러나 실제로 위대한 발견은 호기심이 촉발한 배움의 과정과 수년간의 노력이

---

2. 1964년 어느 날 아침 폴 매카트니는 〈예스터데이〉(오늘날 세계에서 가장 많이 녹음된 곡)의 멜로디와 함께 잠에서 깨어났다. 그의 머릿속에서는 그 음 하나하나가 연주되고 있었다. 때문에 그는 처음에 그 음이 어디선가 들었던 다른 작곡가의 곡일 것이라고 확신했다. 그런 돌파구들은 완전히 새롭고 놀라운 것처럼 보인다. 그 순간의 강력한 자극이 이전에 경험했던 중대한 고양감에 관한 기억들을 모두 억제하기 때문이다.

라는 견고한 토대에서 이루어진다. 이것이 음악계에는 어린 신동이 존재하고 손쉽게 기초를 습득하지만, 물리학계에서는 천재라도 기초 과정을 완벽히 갈고 닦는 데 수년의 시간을 보내야만 하는 이유이다. 상대성 이론을 향한 아인슈타인의 긴 여정은 16세 무렵 그가 선배 과학자들이 중요하게 받아들이지 않았던 기이한 현상에 주목한 후 뉴턴 역학과 맥스웰의 전자기 방정식에서 벗어나 연구하면서부터 시작되었다. 아인슈타인은 물리학과 수학을 배우기 시작했으며, 이는 수년 후 위대한 도약을 이끌어내는 밑받침이 되었다.

단언컨대 찰스 다윈이 자연선택에 의한 '진화'라는 기념비적인 발견을 했을 때, 그 순간은 어둠 속에서 일순간 섬광이 비춘 것이 아니라 수십 년간의 거듭된 연구와 관찰, 실험 끝에 그에 대한 시각이 체계화됨에 따라 나타나게 되었을 것이다. 역사상 가장 위대한 과학자 아이작 뉴턴조차 독창적인 사고에는 힘든 지적 노동이 필요하다는 사실을 인정했다. "새벽의 첫 여명에서 완전하게 태양이 떠오를 때까지 나는 내 앞에 놓인 그 주제에 대해 계속 고민했다."

창조적 문제가 촉발하는 호기심과 흥미는, 배움의 동기가 되며 나아가 새로운 쟁점을 고안하고, 발이 걸려 넘어졌을 때 그것을 더 나은 궁구의 기회로 전환시킬 수 있게 한다. 엘리베이터의 역사에는 이런 혁신애호 과정의 중요성이 묘사된 재미있는 일화가 하나 있다. 심리학자들은 이를 '문제 발견'이라고 지칭하는 데, '무엇을 생각할지에 대해 생각한다'라고 할 수 있다. 먼저, 새로 지은 고층 건물을 오르는 승강기가 혁신적이기는 해도 너무 느리다는 불평이 터져나온다. 공학자들은 엘리베이터의 속도를 높이는 데 온 힘을 기울이지만, 불평은 그치지 않는다. 어느 날 한 공학자가 잠시 기술적 관점에서 벗어난 생각을 해본다. 그러고 나서 "문 주위와 승강기 안쪽에 거울을 설치해보자."라고 말한다. 그가 '진짜 문제'(즉 엘리베이터의 속도가 아니라 탑승객들이 인내심 부족으로 지루함을 느끼는 것)를 발견하자 문제는 쉽게 해결되었다.

아인슈타인은 혁신적인 문제를 발견하는 것에 대해 "새로운 의문과 새로운 가능성을 제기하는 것, 오래된 문제를 새로운 관점에서 생각해보는 것은 창조적 상상력을 필요로 하며, 이는 실질적으로 과학의 진보를 이끈다."라고 말했다. 이것은 국립정신건강연구소National Institute of Mental Health(NIMH)의 정신과 의사이자 신경과학자인 토머스 인셀Dr. Thomas Insel 박사가 이 연구소를 운영하는 방침이기도 하다. 1979년 세계적으로 명망 높은 이 센터에 처음 도착했을 때, 젊은 인셀은 그곳만의 정신의학적 관점에 적응하느라 씨름해야 했다. 끈질기게 되풀이되는 생각(불결함이나 위험에 관한 생각)과 행동(손을 닦거나 수시로 살펴보고, 그것을 개선하려는 행동)으로 대표되는 강박증(OCD)은 오랫동안 '억압된 적대감'이 유발하는 '신경증'으로 여겨졌다. 그러나 인셀의 호기심은 강박증이 지닌 증상의 반복성과 동물들의 본능적인 털 손질 혹은 둥지 틀기 행위 사이에서 기이한 유사성을 발견하고 강하게 이끌렸다. 이런 단서가 던져주는 의문점들을 따라간 끝에 그는 강박증 환자들이 고통을 담당하는 뇌 부위에 작은 결함을 가지고 있다는 것을 발견했고, 그것을 빠르게 완화시키는 약물을 만들어냈다.

이 지적인 혁신애호가는 편안하게 안주하는 대신 새롭게 부상하던 신경과학계에 투신했다. 인셀은 "새로운 지식을 배울 때 자신에게 익숙한 관점과 다른 최고의 아이디어가 튀어나오고, 머리가 흔들린다. 마치 여행을 다녀오고 나서 집이라는 공간이 다르게 보이는 것과 같다."라고 말한다. 10년간의 연구 끝에 그는 '유대감', 즉 부모와 자녀 간, 연인들 사이에 형성되는 '애착'의 신경화학적 기초를 발견했다. 다음으로 그는 진화 생물학에 대한 끊임없는 관심으로 애틀랜타의 여키스 국립영장류연구센터로 갔다. 그곳에서 그는 완전히 다른 일에 사로잡혔다. 그가 '창조적 리더십'이라고 부르는 '기관 행정가' 역할에 강하게 끌린 것이다. 이는 그가 후일 국립정신건강연구소로 되돌아가 이사로서의 명성을 누릴 수 있게 해주는 경험이 되었다.

인셀은 혁신애호가의 특징으로 호기심, 흥미를 지속적으로 유지하는 능력, 배움에 대한 열정, 불분명한 대상에 대한 열린 자세를 언급하면서 유쾌하게 말했다. "제가 30년 전 대학원에서 배웠던 것들 대부분이 지금에 와서는 잘못된 것으로 판명되었습니다. 우리는 정신 질환이 실제로 뇌의 문제라는 것을 깨닫게 되었죠. 이는 우리가 그런 질환을 어떻게 다루어야 하는지에 대한 많은 시각을 선사해줍니다. 우리가 알지 못하는 지식을 포함해, 우리의 지식은 지금 훨씬 더 정교해졌습니다."

● ○ ● ○ ●

긍정적인 혁신애호적 지식 감성이 우리를 탐구하고, 배우고, 새로운 것에서 보상을 창출하도록 촉구한다면, 걱정과 두려움 같은 부정적인 혁신회피 감정들은 우리에게 위험해 보이는 것들에는 가까이 가지 않는 것이 좋다고 경고한다. 이런 회피 반응은 위험한 이웃과 함께 있을 때는 크게 도움이 될 수도 있고, 다른 한 편으로는 그것에 대해 충분히 생각하기 전에 사고를 정지시켜 버리는 쪽으로 내달릴 수도 있다. 실제로 창조적인 사람들은 단지 좋고 새로운 아이디어만 가지고 있는 것이 아니다. 그들은 더 많은 아이디어를 내고 더 많은 시간을 생각하지만 때로 그중 많은 것들이 나쁜 아이디어일 때도 있다. 위대한 낭만주의 작곡가 로베르트 슈만은 피아노 기교를 증진시키려고 한 손가락에 부목을 댄 채로 연습하는 바람에 결국 신경 손상으로 피아노를 아예 치지 못하게 된 바 있다. 최근의 실례를 들자면 월스트리트의 천재들은 모기지 담보 증권과 같은 뛰어나고 독창적인 재무 투자 상품들을 계발했지만 결국 미국을 경기후퇴라는 늪으로 거꾸러뜨리기도 했다.

새로운 대상에 대한 부정적인 감정 반응은 우리를 재난에서 보호해 줄 수 있지만, 새로운 것을 배우고 이득이 될 만한 일을 추구하는 데 방해가 될 수도 있다. 누구나 두려움 때문에 포기했던 기회들을 훗날 후회하며 돌이켜보는 일이 있지 않은가. 휴가지에서 스쿠버다이빙을 하는 데 겁을 집어먹지만 않아도 완전히 새로운 세계를 보게 될 것이다. 막 개발이 시작된 인근 지역에 멋진 콘도를 사는 것을 지나치게 걱정하지 않는다면, 후일 터무니없이 비싼 값을 치르지 않아도 된다. 소개팅 자리에서 꽁무니를 빼지 않는다면 멋진 이성을 만날 수도 있다.

오늘날 대학 캠퍼스에서 우리는 새로운 사고방식에 대한 두려움이 얼마나 배움의 기회를 제한하고 창조성을 저해하는지 경악할 만큼 놀라운 실례를 볼 수 있다. 이 장에서 언급한 연구자와 교수들 대부분은 신선한 아이디어를 제시하거나 교수와 논쟁하거나 그 밖에 현 상태에 도전하기를 꺼리는 학생들이 엄청나게 늘어나고 있다고 한탄한다. 일부는 혁신회피적 행동이 불확실한 경제 상황, 증가하는 직업 경쟁이 오랫동안 지속된 데서 비롯됐다고 생각한다. 또 다른 일부는 쉽게 A학점을 얻는 풍토가 현 세대를 지나치게 몸을 사리는 성향으로 만들었다고 말한다. 이 두 가지 원인이 모두 결합된 결과라고 보는 이들도 있다.

문학에서 호기심의 표상에 대해 연구해온 트리니티 칼리지의 바버라 베네딕트Barbara Benedict는 새로운 사고방식에 대한 젊은이들의 회피 성향이 증가하는 이유가 무엇이든, "극단적으로 의기소침해 있다. 통탄할 일이다."라고 표현했다. "이런 젊은이들은 교수의 의견에 도전하기보다 그들이 권위자의 역할에 충실하기를 바란다. 그래야 자신 역시 학생이라는 역할에 충실할 수 있을 테니까. 이는 실제로 좋지 않은 현상이다." 직장의 변화에 대해 집필한 바 있는 작가 대니얼 핑크Daniel Pink는 "새로운 정보에 대한 학생들의 첫 번째 반응은 '이게 시험에 나올까?'인 듯 보인다. 그들은 위험을 관리하는 법을 모른다. 새로움과 일탈의 위험은 과장하고, 권위자에게 순응하는 것의 위험은 별 것 아니라고 생각한다. 이는 엄청난 실수다. 섬뜩할 지경이다."라고 말하기도 한다.

● ○ ● ○ ●

누구나 기찻길 위의 방울뱀이나 어두운 골목에서 웅크리고 있는 형체 같은 새로운 자극에는 두려움으로 움찔하기 마련이다. 이는 위험이 명백한 상황이기 때문이다. 그러나 '새로움'이 위험에 대한 두려움과 보상에 대한 기대를 모두 환기시킨다면, 그 결과 '접근-회피 갈등 approach-avoidance conflict'이라는 감정적 싸움이 일어난다.

"다른 도시에서 새로운 직업을 얻는 것은 큰 성장 기회지만, 내가 그곳을 싫어하면 어쩌지?", "옆에 앉은 남자가 매력적이긴 하지만 그가 이상한 사람이면 어쩌지?", "이 신생기업이 유망해 보이기는 하는데, 폭삭 망할 수도 있지 않을까?", "외국 여행이 멋질 것 같긴 한데 내게 너무 지나친 도전은 아닐까?" 새로운 가능성에 발을 디디기로 결심하면, 당신은 직업적 성공, 연인, 부, 잊을 수 없는 휴가를 움켜쥘 수도 있다. 반면 불행해지고, 상처입고, 파산하고, 당혹스런 경험을 하게 될 수도 있다. 기질적으로 용감한 소수자들을 제외하고 "우리는 새로움에 대한 기대와 불안, 둘 모두를 가질 수밖에 없다."라고 실비아는 말한다.

접근-회피 갈등에서 유발된 불안은 자신의 인생 경험을 스스로 관리하려는 강한 욕구가 좌절될 수 있다는 사실에 기반한다. 이는 정신적 건강에도 중요한 요소이다. 자신의 인생에 대해 책임감을 느끼지 못한다면, 절망과 무력감에 취약해진다. 시간이 흐름에 따라 이런 기분 저하는 우울증으로까지 이어질 수 있다. 어떻게 반응해야 할지 알 수 없는 새로운 대상은 뇌가 가장 중요한 임무(다음에 무엇을 해야 할지 판단하는 것)를 수행하지 못하게 함으로써, 통제에 대한 욕구를 좌절시킨다. "이 불안은 정확히 무엇인가?"라는 질문에 사회신경과학자 마이클 인즐리히는 이렇게 답한다. "그것은 두려움이 아니라 걱정이다. 이는 어떤 목적을 더 중시해야 할지에 관한 갈등에서 연유한다. 쥐는 눈앞의 맛있는 치즈 한 조각과 멀리 떨어진 곳에 있는 고양이를 동시에 본다. 무엇을 할 것인가? 어떻게 해야 할지 알든 모르든 우리는 먼저 그것을 해결해야 하는데, 이때 새로운 것 혹은 불확실성이 이를 방해한다."

부정 편향성 혹은 위협 가능성에 대한 민감도 실험은 원래 심리학자 로이 바우마이스터Roy Baumeister가 "나쁜 것이 좋은 것보다 강력하다."라는 자신의 유명한 논고를 시험하기 위해 고안한 것이다. 이 실험은 불확실한 형태의 '새로움'이 어떻게 화를 불러일으키는지를 보여준다. 인즐리히와 학생들은 피험자들에게 스크린 상에 나타난 시각적 신호를 보고 나서 1초간 버튼을 눌러달라고 요청했다. 피험자들이 실험을 적절하게 수행한다면, 보상으로 플러스 사인을 보여주고 그렇지 않은 경우에는 마이너스 사인을 보여주었다. 연구자들은 여기에 중립 기제로서 피험자들에게 성공 여부를 알 수 없게 하는 물음표를 추가했다. 그리고 EEG 기법으로 긍정적, 부정적, 충분치 못한 정보를 보았을 때 피험자들의 뇌의 반응 속도를 측정했다.

연구자들이 기대하던 바대로, 측정 결과는 마이너스 사인이라는 부정적 응답이 플러스 사인이라는 긍정적 응답보다 훨씬 더 그들을 자극했음을 보여주었다. 그러나 연구자들이 놀라지 않을 수 없는 일이 벌어졌다. 중립 기제인 물음표가 피험자들에게 마이너스 사인만큼 강력하고 부정적인 반응을 끌어낸 것이었다. "뇌를 의인화하고 싶지는 않지만 나는 우리가 새로운 것과 불확실한 것에 끌리고, 일반적인 생각처럼 불확실한 것을 꺼리지 않는다고 확신한다. 나쁜 것이 좋은 것보다 강하다면, 미확인 대상은 나쁜 것만큼 강한 자극이 된다. 혹은 더욱 강할 수도 있다."라고 인즐리히는 말한다.

시험 점수, 면접 결과, 생체조직검사 결과를 기다리는 사람이라면, 불확실성이 일으키는 고통을 누구보다 잘 알고 있을 것이다. 인즐리히의 말에 따르면, "우리는 알고자 하는 충동을 가지고 있다. 때문에 우리는 이해하고, 예측하고, 행동하고, 인생을 꾸려나갈 수 있는 것이다. 우리는 오랫동안 수많은 설명들을 만들어내면서 불확실성을 낮추고 예측 가능성을 높이는 작업을 해왔다. 그러나 그렇게 하기 위해서는 먼저 거기에 무엇이 있는지, 왜 우리가 미확인 대상을 이용해야 하는지를 알아야 한다."

금전적으로 엄청난 손실 가능성이 있는 결정을 내릴 때, 개인이든 회사든 기타 조직이든 새로운 아이디어에 위험과 불확실성이 내재되어 있다면 접근-회피 갈등이 유발되는 것은 당연하다. 대니얼 핑크는 기업체들은 혁신적인 신제품을 발명하기를 열렬히 바라지만, 한편으로 새로운 시도를 두려워한다고 말한다. (그는 이를 '양극성 반응bipolar reaction'이라고 일컬었다.) 이때 기업들은 대개 포기하고 주저앉아 버린다. "대기업은 주주들에게 단기간이라도 그들에게 심각한 상황을 초래한 데 대한 해명을 할 책임이 있다. 때문에 실수가 생기는 걸 바라지 않기 때문"이라고 설명한다.

국립정신건강연구소NIMH부터 구글에 이르기까지 창조적 기업이나 단체들은 (핑크식의 표현으로) '실패에 대한 안전한 피난처'를 고안함으로써 새로운 아이디어로 인한 갈등을 줄이고자 한다. 예를 들어 한 호주 기업은 '페덱스 데이'라는 걸 지정하고 있다. 직원들은 24시간 동안 누군가의 허가나 감독, 질책을 받지 않고 자신이 하고 싶은 일을 할 수 있고, 다음날 동료들에게 그 결과를 전달deliver한다. 이 전략은 개개인이 지닌 새로운 시도에 대한 동기를 일깨우는 것으로, 직원들 사이에서 매우 인기가 높으며, 회사에 기여한 수많은 혁신적 아이디어와 제품들을 낳았다. 핑크는 이렇게 말한다. "질풍노도의 시대를 지나온 사람들, 즉 혼돈의 끝에 서본 적이 있는 사람들이 입증하듯이 존재에 있어 가장 역동적인 지점은 질서와 혼돈 그 사이에 있다. 그곳에서 발전, 변화, 새로운 것이 탄생한다."

혁신선호자들의 조직이 새로운 아이디어와 그것을 제시하는 직원들에게 '접근'적 태도를 취하는 반면, 혁신회피자들의 조직에서는 새로운 아이디어를 외면하고, 직원들을 수동적이고 연대감이 없다고 여기는 경향이 크다. 핑크에 따르면 "인간의 본성에 대한 이론은 우리를 곤란한 문제에 처하게 한다. 즉 인간의 본성을 자발적이고, 관계성을 중시한다고 상정한다 해도 그러고 나서 우리는 수동적이고 타성에 젖는 법을 배워야만 한다. 이 두 이론은 우리를 매우 다른 길로, 특히 새로운 대상(현상)을 대할 때 매우 다른 반응과 태도로 이끈다."

● ○ ● ○ ●

에스더 다이슨Esther Dyson은 정보 기술 분야의 선구자로 유명하다. 그녀의 역동적인 이력을 언뜻 보기만 해도, 그녀가 걸어온 길이 자신의 선택에 의한 것이었음을 분명히 알 수 있다. 하버드 대학에서 따분하기 만한 경제학을 전공한 후 (그녀 자신의 표현에 따르면 "그들은 이미 알려져 있는 것들을 반복적으로 주입시키기만 할뿐이었다.") 그녀는 〈포브스〉 지에서 팩트 체커(fact-checker, 기사를 내기 전에 사실과 오류를 가려내어 정리하는 편집자-옮긴이)이자 기자로 일했다. 그후 그녀는 월스트리트에서 재무 분석가로 일했다. 이곳에서 그녀는 급부상하던 컴퓨터 산업에 호기심을 갖게 되었다. 이 새로운 관심으로 인해 결국 그녀는 에드벤처 홀딩스EDventure Holdings라는 뉴스레터 및 컨퍼런스 관련 소규모 회사를 창업했고, 장차 유망한 기술, 사회·기업 시장의 영향력을 분석하는 분야에서 독보적인 위치를 점하게 되었다.

다이슨은 정보 기술 외에도 다양한 관심사를 가지고 있는데(이들 간에 순위를 매길 수는 없다고 한다), 그중 청춘 시절의 꿈 두 가지는 오늘날까지 이어졌다. 처음에 그녀는 소설가를 목표로 했는데, 이런 문학적 포부는 후일 에드벤처의 월간 뉴스레터인 〈릴리즈 1.0Release 1.0〉와 그녀의 저서 《릴리즈 2.0: 디지털 시대 생활을 위한 디자인Release 2.0: Design for Living in the digiral Age》과 《릴리즈 2.1》을 통해 표출되었다. 그녀의 또다른 목표는 모스크바 해외 특파원이 되는 것이었다. 그녀는 젊은 날의 꿈을 이루기 위해 러시아 어를 배웠는데, 이는 훗날 어른이 된 후의 꿈을 이루게 해주었다. 2008년과 2009년 다이슨은 러시아에서 6개월간 체류하며 우주비행사 자격을 취득했다.

다이슨은 지적으로뿐만 아니라 육체적으로도 새로움을 추구한다. 그녀는 자신이 현실과 다른, 또 다른 세계로 향하는 모험에 대한 욕구를 지니고 있다고 설명한다. "무엇보다 그것은 새로움에 관한 겁니다. 전 늘 비행기의 창 쪽에 앉아 내가 바라보는 창밖 세상이 우주가 되길 바랍니다. 무엇보다 전 실제로 무중력 상태를 좋아해요. 한 번 겪어보면 그것이 얼마나 놀라운 경험인지 알 수 있을 거예요. 그건 자연 그대로의 상태라 할 수 있죠. 우리는 새처럼 날 수 없어요. 제아무리 팔을 저어 봐도 중력을 느낄 뿐, 그렇지만 공중 유영은 가능합니다. 그 경험은 마치 자연 그대로, 혹은 신이 내려주신 은총 그 상태로 회귀하는 것과 같습니다. 우리는 아득한 옛날부터 그런 경험과 완전히 분리된 상태로 살아왔기 때문에, 이는 매우 새로운 경험이라 할 수 있죠."

우주비행 훈련을 마치고 난 어느 저녁 다이슨은 꿈을 꾸었다. 공중에서 유영하는 한 무리의 아이들 중 하나가 되어 몸무게를 의식하지 않고 떠다니는 꿈이었다. 그러다 한 소년이 집중력을 잃어버리고 곧바닥으로 떨어졌다. 그렇지만 몸에는 상처 하나 나지 않았다. 그녀는 그것을 보고 크게 웃다 잠에서 깼다. 다이슨의 꿈과 욕구 사이의 연관성을 살펴보겠다고 굳이 프로이트의 정신분석 이론을 들춰볼 필요는 없다.

우리는 모두 안전한 상태를 유지하려는 욕구와 자극을 향한 열망 사이에서 균형을 맞출 때 최상의 기분을 유지하고, 제대로 기능하며 살 수 있다. 이는 '최고의 자극'이라 불리는 이상적인 상태를 만들어낸다. 우리를 자극하는 새로움과 변화가 지나치면, 초조함을 느끼거나 공황 상태에 빠지게 된다. 그렇지만 자극이 충분하지 않다면 권태를 극복해야 한다. 어느 정도가 적합한지에 관해서는 개인의 기질이나 성격을 넘어 생물학적·유전적 기반에 따라 달라질 것이다.

제2부

호모 사피엔스와 새로움에의 탐닉

21세기 호모 사피엔스의 특징

동물원의 원숭이 한 무리를 잠시만 보고 있어도, 멀리서 주시하는 신중한 혁신회피 기질의 원숭이와 새로운 관계에 대한 희망을 품고 다가오는 혁신애호 기질의 원숭이를 구별할 수 있을 것이다. 만약 다소 활발하고, 외향적이며, 혈기 왕성한 고양이나 개와 지내본 적이 있다면, 당신은 초기 발달 단계의 동물의 감정과 성격을 관찰하는 직접 경험을 한 셈이다. 새로움에 대한 접근 혹은 회피 성향은 같은 시대, 같은 종에 속한 개개인들 간의 차이를 보여주는 가장 중요하고도 믿을 수 있는 행동 유형이다.

다른 동물들처럼 우리 인간도 새로움과 변화에 대한 태도에 있어 커다란 개인적 차이를 가지고 있다. 이는 명백하고 지속적으로 발현되는 특징으로, 그 각각은 행위적 특성뿐만 아니라 고유의 생물학적 특성을 지니고 있다. 아주 어린 유아조차도 익숙한 것과 익숙지 않은 것에 대한 선호도를 드러낸다. 새로움에 반응하는 당신의 성향은 접근, 회피, 중립 혹은 그 사이 어디쯤에 위치해 있을 것이다. 이런 기질적 편향성은 유전적인 요인이 약 50퍼센트 정도인데, 이는 기술 습득에서부터 낯선 모임에 가는 데 이르기까지 당신이 하는 일과 그 방식으로 드러난다.

히포크라테스 이래 과학자들은 새롭거나 색다른 대상에 대한 인간의 다양한 반응을 설명하기 위해 수많은 이론들을 세워왔다. 기원전 5세기, 의학의 아버지로 최초의 심리학자이기도 했던 히포크라테스는 인상적인 인간 기질론을 만들어냈다. 그는 개개인의 행동 차이를 설명하기 위해 인간 유형을 단순화하여 묘사했다. '다혈질'은 새로움에 접근하고자 하는 혈기왕성한 혁신선호자들, 낙관주의자들을 이른다. '우울질'은 조바심이 많고, 변덕스러운 혁신회피자들이다. '담즙질'은 성급하고 충동적인 혁신애호가들이라 할 수 있다. (히포크라테스가 선택한 용어들은 다소 고색창연한데, 이는 그가 아테네의 아고라에 살며 따분한 교외생활을 영위한 증거라 할 수 있다.)

히포크라테스는 다혈질, 우울질과 같이 우리가 질적으로 차이를 가지고 있다고 보았다. 그러나 현대 심리학자들은 우리가 양적으로 다양화되어 있다고 주장한다. 이들은 소수의 기초 성격 유형에 따른 자질을 극소에서 극대에 이르기까지 그 정도를 세분화해 나타낸다.

새로움과 다름에 대한 개인적 친화도를 설명하는 데도 다양한 관점이 존재한다. 일군의 연구자들은 혁신애호가는 몇 가지 기초적 특성이 혼재되어 있다고 여기지만, 반대로 혁신애호가가 그들 고유의, 별개의 기질적 특성을 가지고 있다고 설명하는 연구자들도 있다. 몇몇 이론은 설문지를 통해 피험자 스스로가 관찰한 자신의 성격에 근거를 두고 있지만("당신은 자신과 다른 사람, 변화를 기꺼워합니까 아니면 안정적인 상태가 깨지길 원치 않습니까?", "폭풍이 몰아치는 바닷가에 있는 것과 일주일 동안 병원에 입원한 친척을 방문하는 것 중 어느 것이 좋습니까?"와 같은 질문을 통해 자신의 성격을 스스로 판단하게 한다.) 개인의 행위는 물론 뇌파의 파형이나 신경화학 분포 같은 객관적인 생물학적 지표를 이용하는 이론도 있다. 한편으로는 새로움, 감각, 자극, 스릴에 대한 추구 등 각각 고유의 주기와 이름을 지닌 특성들을 설명하는 다양하고 이해하기 훨씬 복잡한 이론들도 존재한다. 어쨌든 이런 방대한 규모의 연구들은 일반적인 인간의 행동 특성에 대해 중요한 시각을 제공해준다. 또한 혁신애호가의 행동 특성을 부분적이나마 밝히는 데도 도움이 된다.

당신이 대부분의 사람들이 포진되어 있는 중립자 유형이라면, 일상적으로 새로움에 대한 애정을 표출하고 있을 것이다. 어쩌면 당신은 지루한 일을 더욱 흥미롭게 하는 방식, 효율적이면서 유행에 따른 방식을 생각해냄으로써 동료 직원들을 즐겁게 하고 있을지도 모른다. 어쩌면 케이블 TV의 여행 프로그램에 푹 빠져 이국적인 휴가지행 항공권을 예약했을 수도 있다. 오늘은 버스를 타는 대신 걸어서 출근하기로 결심하거나, 외식 대신 직접 요리하기로 하거나, 평소와는 다른 상점에 가서 재료를 사려고 생각했을 수도 있다. 할리우드 영화 대신 발리우드Bollywood 영화를 고를 수도, 사용법이 익숙한 기계를 고수하기보다 새로 나온 첨단 정보기기를 선택할 수도 있다. 다음 번 온라인 게임에서 늘 고르던 캐릭터를 거부하거나, 북클럽에 가입함으로써 스스로의 혁신애호 기질에 놀랄 수도 있다.

자신의 혁신애호 기질을 따르는 것은 상당한 개인적 변화를 이끌어 낼 수 있다. 때로는 그것이 삶의 방식을 바꿔놓기도 한다. 미국으로 이주한 젊은 외국인 노동자가 영어학원 교사에게 고무되어 야간 학교에 입학해서는 결국 가족들 중 최초로 대학 졸업자가 된다. 백인 엘리트 여변호사가 스페인 어를 배워 사우스햄프턴이 아니라 남아메리카 지역으로 휴가를 떠나는 것으로 자신의 지평을 넓힌다. 남편으로부터 학대받고 사는 여인이 도움을 요청하고 잘못된 결혼생활을 마감한다. 자기들끼리 똘똘 뭉쳐 사는 소도시 지역사회에 살던 부부가 퇴직 후 대도시로 이주해 자녀들을 놀라게 한다.

뉴욕에서 나고 자란 케이트 스톤 루카스Kate Stone Lucas는 혁신애호 기질로 인해 서부 시골에서의 인생을 시작했다. 첫 번째 전환점은 다트머스 대학을 다닐 때였다. 그녀는 동부 해안 지역의 프레피적 삶에서 잠시 벗어나 여름방학 동안 옐로우스톤 국립공원 남동부에 위치한 멋진 목장에서 일하게 되었다. 이 전형적인 엘리트 도시인은 주방일과 말 사육법을 빠르게 배워나갔다. 그녀는 승마를 할 줄 알았지만 서부식 말안장에 올라탈 수 없었고, 재고 창고 일을 돕는 데는 더욱 젬병이었다. 그러나 그녀는 일하는 법을 묵묵히 배워나갔다.

목장에서 몇 년 일한 후 루카스는 워싱턴 D.C로 가 법대에 진학하려 했다. 그리고 마음의 소리에 귀 기울이는 일을 잠시 멈추었다. 새로운 것에 본능적으로 반응하고, 그것을 우선시하는 혁신애호의 극단에 서 있는 사람들과 비교하여 다소 온건한 혁신선호자들은 자신의 반응에 대해 숙고하고 조절하는 시간을 가진다. 이런 융통성 있는 행위는 어떤 경험을 할지를 스스로 선택할 수 있게 해주며, 이는 그들이 지닌 최고의 장점 중 하나이다. 심사숙고 끝에 루카스는 동부로 되돌아 갈 수는 없다는 걸 깨달았다. 서부에 있는 무언가가 그녀를 부르고 있었기 때문이다.

가족들은 그녀의 선택을 받아들였지만, 새로운 인생을 선택한 데 대한 재정적 지원은 없었다. 루카스는 시내에서 3마일 떨어진 목초지를 사기 위해 절약하고, 야영지에서 생활하며, 바텐더부터 요리, 로데오 경기장에서 승마 교습 등 할 수 있는 일은 닥치는 대로 다 했다. 그녀는 교회를 다니며 마음을 다스렸고, 남자친구로부터 서부 스윙 댄스를 배웠다. 평소 신중한 모습과 달리 새로운 친구들을 사귀면서 기쁨을 느꼈다. 친구가 된 사람 중에는 늙은 카우보이도 있었다. 그의 원시적 목장에는 야생의 어린 말들로 가득했다. 높은 값에 팔기 위해서는 말들을 모으고 기를 사람이 필요했던지라 그는 루카스를 고용했다. 루카스는 그가 현관에 앉아 말을 다루는 법을 알려주며 고래고래 소리 지르는 데 맞춰 이리저리 뛰어다녔다. "말을 만질 수 있을 만큼 얌전하게 만드려면 빗자루가 필수지요."라고 그녀가 말했다. "말이 세 마리 팔리면 그중 한 마리 값을 받았죠."

새로운 인생을 살기 위해 야생 목장에서 필요한 기술을 배우며 7년간의 힘든 시간을 보낸 끝에 루카스는 약간의 유산을 상속받았다. 그 유산은 루카스가 위어링 K 승마센터Whirling K equenstrian center를 세워 인생의 다음 단계를 시작할 수 있게 해주었다. 승마센터는 말을 중심으로 한 지역사회에 큰 보탬이 되었다. 그러나 남편을 내조하고 취학 전의 아이들을 돌보면서 사업체를 운영하는 일이 쉽지만은 않았다. 새로운 것을 의심의 눈으로 바라보는 혁신회피자들은 그때까지 유지해온 일상이 그대로 이어지기를 바라는 성향이 크며, 전통적인 시각을 신봉한다. 도서 지역을 비롯해 중산층, 서부 지역에도 이런 혁신회피자들이 다수를 차지하므로 그녀의 진보적인 정치성향이나 사회적 의견들은 그녀가 살고 있는 보수적인 지역사회에서 그다지 환영받지 못했다. 그럼에도 그녀는 자신이 선택한 새로운 삶을 후회하지 않았다. "선택의 여지가 없었어요. 단지 다른 사람들이 하는 것처럼, 맞춰 사는 일을 하고 싶지 않았을 뿐이에요."

이제 위어링 K 승마센터가 설립된 지도 10년이 넘었다. 루카스는 다음 모험을 준비하고 있다. 그녀는 유기농 초목을 먹여 건강하게 키운 말을 사육하는 일에서 미래의 가능성을 엿보고 있다. 목장일은 여전히 그녀에게 새롭고 신선한 영역이다. 끊임없이 탐구하고 배우는 삶의 원천은 무엇일까? 그녀는 이렇게 말했다. "의식적인 것이 아니에요. 내면 깊은 곳의 소리가 '이제 새로운 것을 시도해 볼 시간이야'라고 말하죠."

● ○ ● ○ ●

새로움과 변화에 대한 루카스의 혁신선호 기질을 설명하는 데는 다양한 성격 이론이 동원될 수 있다. 그중 설문법에 기반한 '빅 5' 모델을 예로 들어보자. 이는 새로움에 대한 개인의 관계 수준을 묘사한 것으로, 그 기초 특성은 한마디로 표현할 수 있다. 즉 '경험에 대한 개방성'으로, 이 사람들은 외향성 혹은 열정, 활력, 높은 지적·감정적 자질을 지니고 있다. 이 지표에는 호기심, 상상력, 자립성, 통찰력, 창조성, 다양성에 대한 포용력이 반영된다. (한 가지 흥미로운 연구 결과에 따르면, 뇌의 해마가 평균보다 큰 경우 새로운 정보에 대한 인지, 기억, 산출 능력이 증진되는데, 이는 개방적 성향이 강한 사람과도 관계가 있다.) 여기에 따르면 루카스는 엄청나게 개방적이고, 적당히 외향적인 사람이다. 그 정의가 다소 명확하지 않고 지적 능력의 기준이 다소 애매모호하다는 비난을 받고는 있지만, 이렇듯 용어화된 특성은 혁신애호 기질에 대해 남자답게 육체적 위험을 받아들이고 스릴을 추구한다는 식으로 단순화, 전형화하여 축소한 개념을 논박하는 데 꽤 쓸모가 있다.

심리학자 폴 실비아Paul Silvia는 개방성의 화신인 듯한 사람들에 대해 이렇게 정리했다. "그들은 곧잘 '내가 인생에서 뭔가 놓치고 있는 건 아닌가? 내가 뭘 해야 하지?'라고 생각한다. '서부로 이주해서 뭘 해야 할지 정확히는 모르겠어.' 혹은 '내 사업을 시작하자.'라는 식으로 그 답의 결과가 지나치게 불확실해도, 이들은 이런 가변적 특성조차 매력적으로 느낀다."

반대로 혁신회피자들, 빅 5모델에서 '경험에 대한 폐쇄성'으로 묘사되는 사람들은 자신이 누구인지, 삶을 어떻게 살아가야 하는지에 대해 철저한 현실감각을 가지고 있다. 그들은 "나는 이 회사의 연봉이 높은 마케터·자동차 기술자·경영자이다(가 될 것이다)."의 연장선상에서 생각하는 경향이 있다. 전통적인 미국 중산층들의 이런 사고방식은 사회적·경제적 혼란기에는 오히려 방해가 된다. 실비아는 "그것은 실제로 개인의 정체성을 뒤흔들 수 있다."라고 말한다.

누군가 '당신의 집 인테리어가 독특하다' 혹은 '장서(CD나 예술품이 될 수도 있다)가 엄청나다'는 감탄을 한 적이 있다면, 당신은 개방성과 창조성 사이의 강력한 연관관계를 구현한 사람일 수 있다. 실제로 대규모 연구 조사에서 창의적 인물들은 일반적으로 지적·감정적 혁신 애호 기질을 가지고 있다는 의견이 제시되었다. 무엇보다도 독창적인 사고를 하는 사람들은 새로운 생각이나 경험에 접근적인 태도를 취하는데, 이는 지적 능력을 제련하고, 지식을 습득하는 일과 밀접한 관련이 있다.

창조적 작업 능력에는 융통성 있는 지적 능력(표준화된 검사 도구로 측정 가능한 빠른 추론 능력과 추상적 사고 능력)이 요구된다. IQ 지수 120은 평균 수준보다 20정도 높은 수준으로, 창의적 작업에 적당한 수준이라고 여겨진다. 프로이트나 괴테와 같은 예외가 존재하지만, 천재적 수준의 지능은 실제로 창의성에 장애가 될 수도 있다. IQ 180 이상의 아이들을 대상으로 한 대규모 연구는 그 이유를 알려준다. 조지아 대학의 심리학자로 창조성을 연구하는 마크 런코Mark Runco는 영민한 아이들 대부분이 "경계가 불확실하고 모든 것이 산재되어 있는 현실 세계를 받아들이는 과정에서 정확성과 사실에만 지나치게 집착한 나머지" 행복하지 못한 삶을 살아가게 된다고 말한다. 이들은 자신들의 영민함 때문에 새롭거나 색다른 것에 내재된 불확실성을 참지 못하고 좌절을 겪는다. 오히려 이들은 논리적인 측면이 작용하는 SAT 시험(미국의 대학수학 능력 시험-옮긴이) 같은 데 더 적합한 재능을 발휘한다.

오클라호마 주립 대학의 심리학자로, 창조성을 연구하는 로버트 스턴버그Robert Sternberg는 이것이 마치 피터의 법칙('훈련된 무능'이라는 개념으로, 한 가지 지식이나 기술을 습득하고 기존 규칙을 준수하도록 훈련된 사람은 다른 대안을 생각하지 못한다.-옮긴이)과 같다고 말한다. "아마 주변에서 똑똑하지만 창의성은 없는 사람을 본 적이 있을 것이다. 그들은 누군가가 시키는 일을 잘 수행하고, 분석에 뛰어난 자질을 지니고 있다. 입사 첫 해에 그들은 업무 처리 능력을 인정받지만, 승진을 하면 더이상 그렇지 않게 된다."

봉고 연주가이자 물리학자인 리처드 파인만Richard Feynman의 IQ는 125로, 그리 주목할 만한 수치는 아니다. 그러나 그는 융통성, 새로운 경험과 사고에 대한 개방적인 태도에서 전형적인 창조적 인물의 특성을 지니고 있었다. 그는 반직관적인 양자 물리학이라는 세계의 지평을 넓힌 공로로 노벨 물리학상을 수상한 과학자이기도 하지만 열정적인 여행가, 재담꾼, 예술가, 삼바광이기도 하다. 그는 세 번 결혼했으며, 환각제를 시험해보기도 했고, 때로 흑백으로 출력된 방정식으로 인테리어를 하고 그 글자를 바라보기도 했다. 그의 자서전 제목이 《파인만 씨, 농담도 잘 하시네》, 《다른 사람들의 생각에 무엇을 신경 쓰는가?What do you care what other people think?》인 것은 우연이 아니다. 두 책의 부제 역시 주목할 만하다. 바로 '호기심 많은 인간의 모험Adventurers of a curious character'과 '호기심 많은 인간의 그 다음 도전futher adventurers of a curious character'이다.

파인만의 자서전 제목이 시사하듯, 지적으로 새로운 것을 추구하는 사람들은 강인하고, 반대나 조롱에도 굴하지 않는 인내와 추진력을 지니고 있다. 그리고 이를 바탕으로 새로운 개념을 탄생시킨다. 파인만이 추구한 목표가 무엇인지는 동료들이 그에게 분노하는 부분에서 엿

볼 수 있다. 동료들은 자신의 조사연구를 발표한 후 종종 파인만이 이미 훨씬 전에 자신들과 같은 결론에 도달했음에도 연구 결과를 발표하는 데는 신경 쓰지 않고, 대단치도 않게 여긴다는 데 분노했다. 창조성을 연구하는 딘 사이먼턴은 파인만 같은 사람들은 자신만의 목표를 설정한다고 말한다. "다윈의 경우 그는 각기 다른 종들이 어디에서 유래된 것인지 알고 싶어 했을 뿐이다." 그들은 단호하고, 무엇에도 속박받지 않으며, 결함 있는 인생을 있는 그대로 바라본다. 이는 그들에게 많은 것들을 깨닫게 해준다. 부정적인 것들을 비롯해 대개의 사람들이 스쳐지나가는 현상들에 주목하는 능력은 그들이 지닌 특성, 즉 상대적으로 억제와 억압에서 벗어난 상태에 기반한다. 예를 들어 고인이 된 버클리 대학의 심리학자 도널드 맥키넌Donald Mackinnon의 '기억된 불행remembered unhappiness'에 관한 연구에 따르면, 창조적인 사람들 대부분은 일반적으로 행복한 유년시절을 보내지만 정작 그들 중 많은 이들이 그보다 덜 행복했다고 회상한다. 인생은 장밋빛이 아닐 것이라는 관점은 《심슨 가족The Simpsons》에서도 엿볼 수 있는데, 작가 조지 마이어George Meyer는 이 작품에서 자신의 유년시절에 대한 달콤 쌉쓸한 기억을 신선하고 독특한 유머로 표현했다.

결국 창조적인 기질은 좋은 지능, 열정적인 혁신애호 기질, 자발성, 강인함으로 구성된다고 할 수 있다. 세인트 루이스 워싱턴 대학의 정신의학자이자 신경과학자로, 창조성 측면에서 기질과 성격 모델을 계발한 C. 로버트 클로닝거C. Robert Cloninger 식으로 표현하자면, '재난 회피 성향' 수준이 낮다고 할 수 있다. 여기에 보상 의존성 혹은 인정에 대한 욕구라는 큰 덩어리가 추가될 수도 있다. 그러나 이는 인습에 얽

매이지 않는 시인, 화가, 가수 등이 일반적으로 지닌 주목받고 싶어하는 경향이라기보다는, 정치적·개인적 관계에서 창조적이었던 로널드 레이건 대통령의 특성과 유사하다고 할 수 있다.

자신만의 남다른 세계 속에서 살아간 파인만, 이 창조적 혁신애호가의 마지막 말은 그의 기질을 대변하기에 충분하다. "나는 두 번 죽기 싫다. 그건 매우 지루할 테니까."

● ○ ● ○ ●

행동유전학의 기술적 진보 덕에 성격 연구에서도 생물학적인 정보를 전달하는 뇌활동 모니터링 등이 활용되고 있다. 이는 혁신애호 기질에 대한 최고의 통찰력을 제공해준다. 대담성이나 내향성이 태생적 성향인지에 관한 연구를 살펴보면, 대담한 스릴 추구자들과 예민한 영혼의 소유자들은 양 극단에 위치한 듯 보인다. 그러나 자세히 들여다보면 누구나 이런 성향을 가지고 있으며, 단지 그 정도가 다를 뿐임을 알 수 있다. 예를 들어 루카스는 모험가적 기질이 있지만 사회적으로 그것을 표출하지 않는 인물인데, 그녀는 대담성과 예민함을 각각 중간 수준으로 지니고 있다. 하버드 대학의 심리학자 제롬 케이건Jerome Kagan은 유아와 어린아이들을 새롭지만 다소 스트레스가 될 수 있는 것들(소음, 신맛, 낯선 사물이나 사람 등)에 노출시키고, 행위적·심리적 반응을 관찰했다. 그는 겁 없는 어린아이들, 특히 소년들이 '대담함'의 보증수표라는 것을 발견했다. 이들은 심박수가 매우 낮고, 좌뇌가 더욱 활성화되는 생리적 특징들을 보였다. 새로운 것에 대한 아이들의 활동적이고 자발적인 행동과 열정적이고 적극적인 태도는 프로이트가 '리비도(libido, 인간이 태생적으로 갖추고 있는 본능적 에너지를 의미하는 정신분석학적 용어-옮긴이)'라고 명명한 본능적 에너지와 충동을 우리가 지니고 있음을 시사한다. 의학박사 스토리 머스그레이브Story Musgrave는 지구상에서 370마일 떨어진 우주공간을 배회하는 허블 망원경을 수리한 우주비행사로 유명하다. 그는 자기 집안의 1천 에이커에 달하는 뉴잉글랜드 농장에서 일찍부터 자신에게서 혁신애호가의 담대함을 발견했다고 말한다. 그는 스스로를 '타고난 탐구자'라고 지칭했다. "세 살 무렵 저는 밤중에도 숲에 혼자 있을 수 있었고, 다섯 살 무렵에는 식구들이 직접 만든 뗏목을 타고 강으로 나갔지요." 열 살이 지났을 때 그는 트렉터를 비롯한 농기구들을 운전하고 수리할 줄 알았다. 이런 경험은 그가 장래 선택한 직업에도 많은 도움을 주었다.

사립고등학교 입학시험에서 고배를 마신 후 한시도 가만히 있지 못하는 젊은 머스그레이브는 해병대에 입대했고, 얼마 지나지 않아 비행기에 빠져들었다. 새로운 곳에 흥미를 느낀 그는 비행기 조종법부터 항공기계에 이르기까지 온갖 종류의 기술을 익히기 시작했다. 이윽고 그는 민간인, 군 소속 파일럿, 군대 선임교관, 곡예비행사로서 약 8천 시간의 비행기록을 세웠다. 또한 자유낙하를 포함해 인간의 기체역학을 공부하면서 6백 시간의 낙하산 점프 기록을 수립하기도 했다. 그는 타고난 스릴 추구자들이 평정심과 더불어 한순간도 나태하지 않고 부지런하게 움직이는 기질을 지니고 있음을 보여주는 인물이다. "저는 한시도 가만히 있지 않고 이리저리 움직입니다. 하지만 늘 침착하고, 고요하며, 충만한 상태예요. 무언가에 동요하는 일도 없고, 정신없이 바쁘기만 한 것도 아닙니다."

해병대를 떠난 후 머스그레이브는 새로운 지적 지평을 탐구하는 데 관심을 두었다. 이 사립고교 입시 탈락자는 훗날 수학, 경영학, 심리학, 화학, 문학, 컴퓨터 공학 부분에서 박사 후 과정post doctor을 마쳤다. 덤으로 콜럼비아 대학에서 의학박사 학위를 취득하고, 외과의 인턴십도 마쳤다.

1958년 시작된 나사NASA 프로그램은 머스그레이브 같은 지적·물리적 혁신애호가들을 위해 고안되었다고 할 수 있다. 파일럿, 과학자, 기계수리 전문가, 외과의를 모두 경험한 이 남자는 4천 명의 지원자들 중에서 첫 11명에 선발되었다. 그는 아폴로 시대인 1960년부터 스페이스 셔틀 시대인 1990년대까지 30여 년간 정보국에서 일하면서, 실험설계부터 5번의 우주유영에 이르기까지 대부분의 일에 관여했다.

나사에서 은퇴한 머스그레이브는 현재 자신의 삶에 매우 만족하고 있다. 그의 활동이 모험에 대한 자신의 욕구를 충족시켰을 뿐만 아니라 공공의 복지에 기여하고 많은 젊은이들에게 영감을 불어넣었기 때문이다. 그의 개인적 목표는 돈이나 명예가 아니라 단지 '순수하게 그 자체를 목적으로 한, 누구도 도달할 수 없는 궁극적인 행위에 도달하는 것'이다. 혁신애호가는 새로운 것을 받아들이고, 배우고, 성취해낸다는 보다 고차원적인 목적으로 움직인다. 자신을 이런 혁신애호가의 전형이 되도록 이끈 욕망에 대해 그는 "전 어떤 에너지에 이끌려 계속 앞으로 나아갈 수밖에 없었습니다. 그 에너지는 바로 충족되지 않은 갈증과 호기심이었죠. 그 원천이 무엇이냐고 묻는다면…… 저 역시 그 답을 알지 못한다고 말하고 싶네요."라고 말한다.

이 우주비행사는 새로운 것을 두려워하지 않고 거리낌없이 받아들였다. 아인슈타인이 물리학에 뛰어났다고 말하거나 셰익스피어에게 영문학 과정 A학점을 주는 것으로 그들을 평가할 수 없듯, 혁신애호가의 행위는 단순히 불안을 느끼는 부분이 결핍되어 있다는 식으로 설명하기는 어렵다. 제아무리 대담한 사람일지라도 실패의 대가보다 보상에 반응하고, 고통이 수반될 만한 일에 선뜻 반응하지 않는 것이 인지상정이다. 실제로 머스그레이브조차 나사 과학자들이 지켜보는 가운데 극한의 추위에서 살아남는 실험을 했던 경험에 대해 "단지 고통스럽기만 했다."라고 말했다.

대담함에 더해 혁신애호가에게서는 (히포크라테스가 설명한) 담즙질의 흔적을 뚜렷이 발견할 수 있다. 현대 심리학자들이 '성급함' 혹은 '충동적'이라고 표현하는 이런 기질을 지닌 사람들은 일단 행동하고 나중에 질문을 던지는 경향이 있다. 이런 성향은 해병대 특수부대라든가, 유사한 다른 혈기왕성한 집단에서처럼 엄청난 에너지를 요하는 상황에서 유용하다. 아동건강과 인간발달 연구소National Institute of Child Health and Human Development(NICHD)에서 성격을 연구하는 심리학자 스티븐 수오미Stephen Suomi는, 연구소의 영장류 집단을 연구하면서 '성급함', '충동적'으로 표현되는 기질이 사회적·물리적으로 기꺼이 새로운 환경을 탐구하려고 하는 성향과 상당히 공통분모가 많다는 것을 발견했다. 전 동료 연구자인 브리검 영 대학의 J. D. 히글리J. D. Higley의 표현처럼, 대담함과 조심성이 "기질의 남과 북"이라면, 평정심과 쉽게 권태를 느끼고 뭔가를 하고 싶어 몸이 근질거리는 성향은 "기질의 동과 서"라고 할 수 있다.

담대함과 신중함이라는 혁신애호 기질의 양 극단에 있는 사람들 대부분은 유전적으로 결정된 방향으로 움직이는 성향을 강하게 타고 태어난다. 그런데 겁 많은 혁신회피자로 인생을 시작한 사람도 적절한 경험이 주어진다면 혁신선호 기질을 발달시킬 수 있다. 유전자가 실제 세계에서 어떻게 발현되는지를 설명하는 후생학은 후천적 성향이 선천적 성향을 다시 주조하여 실제의 당신, 즉 '제2의 천성'을 형성하는 방식을 밝혀낸다. 그 결과는 때로 놀랍기까지 하다. 영부인 엘레노어 루즈벨트의 변화만큼 더 적절한 예를 찾기란 쉽지 않아 보인다.

어린 시절 엘레노어는 제롬 케이건의 아동 연구에서 가장 내성적인 피험자 유형에 꼭 들어맞을 법한 아이였다. 케이건의 연구에서 최고도의 혁신회피 기질(과학자들은 이를 '예민하다'거나 '소심하다'고 표현한다)을 지닌 이런 아이들은 새로운 자극에 노출되었을 때 회피, 두려움, 거리낌의 행동 반응을 나타냈다. 이런 성향은 소년들에게서도 상당수 발견되었지만, 특히 소녀들에게서 더 많이 드러났다. 이들은 불안과 침울함을 관장하는 부분인 우뇌가 더욱 활성화되어 있었고, 심박수를 비롯한 스트레스 지수를 나타내는 수치들이 평균보다 높았다. 푸른 눈동자에 좁은 얼굴이 많았으며, 알레르기와 변비로 고생하는 아이들도 많았다. 또한 이 아이들은 생각이 많고 끊임없이 숙고하는 편이었다.

평범하고 부끄럼이 많아 사교계에서 '할머니'라고 불리우던 이 여리고 작은 소녀가 훗날 백악관에 입성하는 것은 물론 해리 트루먼 대통령이 '전 세계의 퍼스트 레이디'라고 부르는 여성이 되리란 것은 누구도 상상하기 어려웠다. 그녀의 전기작가인 조셉 래쉬Joshep Lash는 열 살에 고아가 되어 외할머니 손에서 자란 어린 엘레노어는 불안정하고, 애정에 굶주려 있었으며, 자신이 볼품없다고 생각했다.

소심한 엘레노어의 인생은 15세가 되면서부터 더 나은 방향으로 선회하기 시작했다. 새로운 경험이 그녀를 혁신회피자에서 혁신애호가로 변모시켰다. 친척들은 그녀를 런던의 엄격한 사립기숙학교에 보냈는데, 그곳의 운영자인 페미니스트 교육자는 소녀들을 독립적이고 스스로에 대해 숙고할 줄 아는 여인으로 길러냈다. 엘레노어는 미스 루즈벨트로 훌륭하게 성장했고, 뉴욕으로 돌아왔을 때는 자신감이 넘치고 개방적인 사람으로 훨쩍 바뀌어 있었다. 사교계에 입성한 이 부유한 상속녀는 자신의 진보적 신념을 타고난 감수성, 다른 이들에 대한 연민과 훌륭하게 접목시켜, 내성적인 성격을 극복하고 뉴욕시 빈민굴의 사회사업가로 활약했다. 오래지 않아 그녀는 먼 사촌이자 미래의 남편이 될 프랭클린 델러노 루즈벨트와 함께하게 되었다. 하버드 대학 출신의 젊고 늠름한 이 혁신애호가는 엘레노어와 함께 전염병이 들끓는 공동주택가를 다니면서 그곳의 참상에 충격을 받고 큰 변화를 겪게 되었다.

그러나 당시까지만 해도 엘레노어가 완전한 혁신애호 기질을 지녔다고는 하기 힘들다. 그런 엘레노어가 대범한 혁신애호가로 탈바꿈하게 된 것은 두 번의 중대한 좌절을 겪고 나서였다. 프랭클린이 소아마비로 추정되는 병을 앓고 난 뒤 두 다리를 못 쓰게 되자 그녀는 남편과의 공통의 정치적 이상에 대한 신념으로 내성적인 성격을 극복하고 공식적인 자리에서 남편을 대변하기 시작했다. 공공연설을 하고 시민들과 악수를 나누면서, 그녀는 대중의 의견을 장애인이 된 남편에게 전달하는 데 없어서는 안 될 사람이 되어갔다.

프랭클린이 대통령이 된 후 엘레노어는 공적 인생뿐만 아니라 사적인 인생에 있어서도 새로운 변화를 원하게 되었다. 남편의 첫 번째 불륜을 목도한 이후 그녀는 우정 혹은 연애를 갈망하게 되었고, 여성으로서의 삶을 누리고 싶어졌다. 그녀는 프랭클린이 선물해준 스톤 코티지Stone Cottage에서의 생활을 즐기고, 하이드 파크 사유지를 개인 은신처로 삼기도 했다. 이에 더해 엘레노어는 잘생기고 건장한 자신의 보디가드와 특별히 친밀한 관계를 맺었다. 보디가드는 그녀에게 스포츠를 즐기는 법을 가르쳐 주었고, 풍문에는 그녀의 연인이었다고도 한다.

작고 소심하며 '할머니'라고 비웃음당하던 (긍정적인 표현으로 소심한 사람들 특유의 감수성을 지닌) 어린 소녀는 빈자, 소수자, 여성, 무산자들의 인권을 옹호하는 데 헌신하며 매우 모험적인 일생을 추구했다. 그리고 그 결과 정치가, 사회사업가, 세계여행가, 작가, 대중연설가, 유엔 총회 대표라는 수많은 역할을 해냈다.

〈뉴요커〉에 실린 한 만화는 스스로 혁신애호가로 거듭난 이 인상적인 여성에 대한 일화를 축약해 보여준다. 어두운 갱 속에 갇혀 공황상태에 빠진 한 광부가 머리 위에서 쏟아지는 랜턴 불빛에 고개를 들고 위를 바라본다. 그리고 탄성을 지른다. "이렇게 놀라울 데가! 루즈벨트 부인이 여기에 오다니!"

● ○ ● ○ ●

일부 성격 연구가들이 혁신애호가나 혁신회피자를 용감하거나 소심하다는 등의 특성으로 묘사하는 데 비해, 어떤 연구가들은 이들이 단지 혁신 추구 수준에 있어 정도의 차이가 있을 뿐이라고 여긴다. 어둡고 아무 소리도 들리지 않는 공간에 몇 시간이나 누워 있는 일은 매우 지루하게 여겨질테지만 다른 반응을 보이는 사람도 있을 것이다. 1960년대 델라웨어 대학의 심리학자 마빈 주커먼Marvin Zuckerman은 위의 감각상실 실험에서 다소 독특한 현상에 주목했다. 피험자들 중 많은 이가 60년대의 반문화에 경도되어 있었는데, 이들은 실험에 참여하는 동안 마리화나를 제공받을 것이라 기대할 정도로 사회의 지배적인 가치, 규범과는 거리가 멀었다. 이 자유로운 영혼들에게 몇 가지 표준성격테스트를 시행하고 나서 주커먼은 그들이 새롭고 다채롭고 복잡하기 그지없는 고생스러운 경험을 추구하는 성향이 있음을 발견했다. 흥미를 느낀 주커먼은 추가 조사를 시행했고, 그가 '감각 추구sensation seeking'라고 명명한 특성을 규명해냈다. 이런 기벽들이 때로 가장 극단적인 수준으로 발전할 수 있음에도, "당신은 아마 감각을 강렬하게 추구할수록 더욱 흥미로운 사람이 된다고 말할지도 모른다."라고 그는 말했다.

감각 추구는 단순히 새로운 경험을 탐색하는 것이 아니다. 일, 스포츠, 인간관계, 예술, 운전 방식, 좋아하는 음식에 이르기까지 모든 대상에 대한 감정적 강도, 에너지, 목표 대상을 향한 집중(열의) 수준에 관한 것이다. 그러나 주커먼은 약물 남용이라는 극단적인 수준은 개인의 기질보다 다양한 약물과 더욱 상관관계가 있다고 지적했다. "어떤 의미에서 이런 사람들은 자신의 내면세계를 탐구하고, 자발적으로 새로운 것, 고도의 자극을 발견하기 위한 실험을 하고 있는 것이다."

누구나 감각 추구 스펙트럼의 어딘가에 위치한다. 롤러코스터를 타는 것과 같이 흥미로운 상황을 단순히 떠올려보는 것만으로도 우리는 각기 다른 수준의 반응을 보이는데, 이는 당신의 성향을 드러내기에 충분하다. 스펙트럼의 가장 낮은 수준에 위치하는 혁신회피자들은 그것을 생각하는 것만으로도 위가 쓰라릴 것이다. 스펙트럼의 중간 수준에 있는 혁신선호가들은 스스로 도전하겠다고 입 밖에 낸 이상 한 번 시도해보기로 결정한다. 스펙트럼의 가장 높은 수준에 있는 혁신애호가들은 고도의 자극적인 상황을 생각하는 것만으로도 희열을 느끼며, 계속해서 롤러코스터를 타기 위해 줄을 선다.

열정적인 감각 추구자들은 완전한 공포를 느끼지 않는 한 자신의 흥미와 관련된 웬만한 위험에는 무신경하다. 위험을 제대로 인지하고 있을 때조차도 그들은 어쨌든 계속 앞으로 나아간다. 이들은 누구보다 그에 대한 보상을 훨씬 더 크게 느끼기 때문이다. 낙하산 강하에서부터 스카이다이빙까지 모두 경험해 본 머스그레이브는 제아무리 스릴 있는 경험일지라도 그것의 신선함이 사라지면 곧 적응해버린다고 말한다. 그러면 그 일에서 다른 새로운 면을 찾아내거나, 좀 더 재미있게 하는 방식을 고안해야 한다. 이도저도 아니면 다른 대상으로 눈길을 돌리게 된다.

주커먼의 감각 추구 측면에서 보자면 우리는 크게 네 가지 성향, 즉 '스릴 추구', '모험 추구', '경험 추구', '자기 통제 불능'으로 표현할 수 있다. 각자 그 정도가 다를 뿐 모두 이 범주에 해당된다. 예컨대 비명이 절로 나오는 롤러코스터를 타는 경험은 스릴 추구로 설명할 수 있다. 혁신회피자들과 중립적 혁신 선호자들은 대개 (감정적, 지적) 경험 추구 성향에서 가장 높은 수준을 기록한다. 그밖의 다른 이들은 지루함에 매우 민감하게 반응하는데, 이들 중 일부는 자기 통제가 불가능하며 때로 사람들 앞에서 대놓고 제멋대로 행동하기까지 하는 방탕아들도 있다. 앞서 설명한 루카스의 경우 모험 추구 및 경험 추구 성향에 있어 중간적 수준을 기록하지만, 새로움에 대한 친화력을 생각해볼 때 중간자적 입장에 있는 사람들 중 가장 높은 수준에 있다고 할 수 있다. 그런 반면 완전한 혁신애호가들은 이 네 가지 범주로 순위를 짓기가 힘들다. (이 대목에서 문득 키스 리처드(Keith Richards, 록밴드 롤링스톤즈의 기타리스트로, 로큰롤의 탕아라 불린다. 영화배우 조니 뎁이 〈캐리비언의 해적〉에서 잭 스페로우의 역할을 연구할 때 그를 역할모델로 삼았다는 일화도 있다.-옮긴이)가 떠오른다.)

기운찬 호모 사피엔스의 대표적 탕아들이 오늘날의 좌식생활, 전자제품 화면에 코를 박고 생활하는 탈산업 세계에 어떻게 잘 대처할 수 있었을까? 이 의문은 연구자들이 선호하는 설명, 즉 과거 인류 진화의 필수 요소가 '모험심'이었음을 상기시킨다. "거대한 동물을 사냥하는 것은 호모 사피엔스 수컷의 특징입니다. 이는 매우 위험하지만, 초기 사냥꾼들이 이를 매우 즐겼다고 확신해요. 이런 특징은 오늘날 몇몇 사람들에게서도 나타나지요."라고 주커먼은 말한다. 털복숭이 매머드를 사냥해야 하는 일이 사라지자, 그만큼 〈사람 VS. 야생Man VS. Wild〉과 같은 야생에서 살아남는 서바이벌 프로그램들이 점차 증가하고, 빙벽타기나 파도타기와 같은 익스트림 스포츠를 즐기게 된 것은 주커먼의 말을 뒷받침해준다. "현대 직장 생활에 지루함을 느끼는 감각 추구자들은 여가시간에라도 익스트림 스포츠를 즐기는 등 스릴을 추구하려 합니다."

●　○　○　●

　대부분의 심리학자들이 '혁신 추구'와 같은 '새로움에 대한 애정'을 언급하지는 않는다. 1996년 클로닝거의 연구팀은 행위에 있어 유전과 개인적 차이 사이의 실증적인 연결고리를 최초로 찾아냄으로써 세계 행동과학계를 흔들었다. 연구진들은 고도의 혁신추구자들이 다른 사람들보다 자신만의 독특한 변이된 유전자를 잘 전달하며, 이는 (클로닝거 팀의 표현에 따르면) '반응과 회복에 있어서 남다른 패턴'을 형성하도록 도파민 통제에 영향을 미친다. 즉, 그들은 더 빨리 흥미로운 자극에 반응하고, 곧바로 그에 적응하며, 다시 다음 대상에 자극받을 준비를 하는 것이다.

　극한의 자극에 콧구멍을 벌름거리는 전형적인 혁신추구자들은 모험적·충동적이고 과민하며, 자제심이 약하고 다양한 대상에 관심을 분산시킨다. 이로 인해 이들은 폭식, 알콜중독, 약물중독에 노출되기 쉽다. 자극에 대한 반응을 절제하지 못하는 이런 특징은 색다르고 흥미 있는 대상을 추구하는 강력한 동기이기도 하다. 그리고 이는 단지 남성 CEO, 파일럿, 산악인이 지니는 특성만은 아니다. 이런 용맹무쌍한 특성을 지닌 여성도 있다. 쉽게 싫증내고, 새로운 경험, 친구, 애인을 끊임없이 찾아다니는, 파티광을 생각해보라. 그녀들은 도박을 좋아하고 돈을 물 쓰듯 쓰며 엄청나게 술을 마셔대고 담배를 피워댄다. 반면 이 스펙트럼의 정반대에 있는 혁신회피자들은 그랜트 우드Grant Wood의

〈아메리칸 고딕American Gothic〉에 등장하는 절제되고 차분하며, 엄격하고 검소하며, 금욕적인 농부를 연상시킨다.

새로운 것을 추구하는 성향은 파도타기 서퍼를 비롯해 리더들의 특징이기도 한데, 이렇게 다른 형태로 표출되는 것은 개인의 기질적 편향성이 그 자신의 성격에 맞게 수정되기 때문이다. 클로닝거는 이런 자질을 설명하면서 철학자 임마누엘 칸트의 말을 인용했다. "인간은 인위적 방법으로 자기 자신을 만들어나갈 수 있다." 루카스 같은 혁신 선호자의 경우, 본능적으로 타고난 모험심이 개인의 특성과 결합되어 생산적인 방향으로 나아간 경우라고 말할 수 있다. 클로닝거는 이를 '자기방향성', '협조성', '자기초월능력'이라고 일컫는다. 이런 장점은 혁신애호가인 머스그레이브가 우주 비행을 포기할 때까지 지속적으로 작용했다. 그는 여전히 비행, 낙하산 점프, 스쿠버다이빙을 하고, 케네디우주센터를 비롯한 다양한 곳에서 강연을 하며, 과학 논문을 쓰고 시를 짓는다. 그는 특히 두 번째 부인과 일곱 자녀들(50세부터 5세에 이르기까지 연령대가 다양하다)과 시간을 보내는 것을 좋아한다. "막내 아들 스토리Story는 내 영웅이지요. 그 아이는 내게 인생의 모든 도전과 기회들을 좋게 하기 때문입니다."

● ○ ● ○ ●

성격 심리학자들은 혁신애호 기질과 관련해 그 특성을 (어떤 용어로 부르든) 정확하게 규명하는 데 동의하지 않을 것이다. 그리고 한 목소리로 자신들의 가장 중요하고도 실용적인 발견을 언급할 것이다. 새로움에 대한 누군가의 특징적 반응은 반드시 그것이 자신에게 미치는 이해득실을 알아보고 판단하는 데 따른다는 것이다. 새로운 자극에 대한 에밀리 디킨슨의 짜증과 회피반응은 그녀가 고향집에 틀어박히게 만들어 아름다운 시를 탄생시키는 예민한 성정을 만들어냈다. 클로닝거는 "어떤 성격이든 그 자체로 누군가에게 적합한 성격이란 없다. 오히려 X라는 행동을 하기에 적합한 성격이라고 표현하는 것이 적절하다. 또한 특정한 부분에서만 기능하는 성격적 특징은 다른 부분에서는 문제로 작용할 수 있다."라고 말한다.

혁신애호에 관한 몇 가지 연구는 이런 주장을 뒷받침한다. 3, 4세 유아 80명을 대상으로 한 연구는, 놀이터에서 대담한 행동을 하는 겁 없는 어린 혁신추구자들 대부분이 억센 기질을 가지고 있으며, 그로 인해 사회적 상호작용을 하는 데 어려움을 겪게 됨을 밝혀냈다. 이 어린 아이들은 사교적이고 우호적이었지만, 한편으로는 공격적이고 감정이입 능력이 결핍되어 있었다. 이들은 다른 아이들이 언제, 무엇을 두려워하는지 이해하지 못했고, 자신의 목적을 위해 친구들을 이용했으며, 자신이 나쁜 행동을 했을 때 미안해할 줄 몰랐다. 성인을 대상으로 한 연구에서도 스릴을 추구하는 호전적인 파일럿들은 다른 군 파일럿들에 비해 매우 성실하고 적극적이며 용감했으나, 한편으로는 무례했다. 다시 말해 사교모임이나 파티 자리보다 비행기 조종석에 훨씬 더 어울리는 인물들이었다.

혁신애호 기질의 기복을 관리하는 것은 쉽지 않다. 그러나 스토리 머스그레이브의 모험과 엘레노어 루즈벨트의 섬세함은 우리의 다양성이 많은 사람들을 이롭게 한다는 것을 분명히 보여준다. 제롬 케이건의 유아 실험과 스티븐 수오미의 원숭이 실험이 보여주는 결과는 우연이 아니다. 다양한 상황과 폭넓은 범주에서 실험했음에도 새로움에 대해 태생적으로 열정적인 집단과 회피 성향의 집단이 각각 10퍼센트에서 15퍼센트 정도로 동일한 비율을 보였으며, 대다수의 피험자들은 신선한 자극에 대한 욕구와 안정에 대한 본능 사이에서 균형을 맞추는 보다 온건한 방식을 찾아냈다. 자유주의자든 보수주의자든, 위험을 감수하든 안전을 의식하든, 기계문명을 찬양하든 혐오하든, 우리의 갈등은 살아가는 데 불편함을 안겨줄 수 있지만, 새로움을 받아들이는 개개인의 차별적 태도는 전체적으로 인류가 더욱 적응력 있고 강해질 수 있게 만든다.

주커먼은 후일의 연구에서 '나이'가 사람들을 다소 차분하고 원숙하게 만들어주지만, 그럼에도 유전자가 성향에 강한 영향을 미친다는 것을 알아냈다. 혁신과 관련한 당신의 기질은 경험과 (유전자, 뇌구조, 신경화학반응, 특히 중요한 전달물질 역할을 하는 도파민과 같은) 생물학적 요인 사이의 상호작용을 반영한다.

뇌에서 벌어지는 일들

개개인의 혁신애호 표현은 뇌의 화학작용과 구조에 기반을 두고 있다. 새로운 대상을 마주쳤을 때 두 체제는 협력하여 일반적인 수준의 자극 반응을 형성하고, 위험에 대한 두려움과 보상에 대한 희망 간의 비율을 측정한다. 그러면 감정적 반응이 촉발되고 접근, 회피, 고려 중 하나의 태도를 취하게 된다. 각각의 역할은 완전히 분리해 구분하기 어렵다. 한 가지 신경전달물질이나 호르몬 분출은 뇌의 각 부위에 영향을 미치며, 이로 인해 일어나는 화학반응은 다른 어떤 단일 구조보다 더 폭넓은 영향을 미친다.

혁신애호의 묘약은 도파민이다. 다른 신경전달물질처럼 도파민도 하나의 뉴런에서 시냅스, 혹은 그 사이를 거쳐 다른 수용체에 접속하며 화학적 메시지를 전달한다. 마치 자물쇠 안에 열쇠가 들어가는 것과 같은 입력방식이라 할 수 있다. 도파민은 신체운동부터 학습에 이르기까지 개인의 모든 행동과 관련되어 있다. (도파민 결핍은 파킨슨병을 유발한다.) 특히 혁신애호가의 행위를 구성하는 개개의 요소들, 즉 동기, 예측, 탐색, 새로움과 보상의 처리 과정에 중요하다. 도파민과 관련된 개개인의 특질은 새로움과 흥미에 대한 각자의 반응 차이를 설명하는 데 유효하다.

도파민은 당신이 특정 대상을 원하게 만드는데, 특히 새롭고 유쾌한 것들에 대해 그렇다. 와인 한 잔, 흥미로운 소설, 이웃의 파티에서 만난 매력적인 이방인 등 우리를 즐겁게 하는 것이 무엇이든, 도파민은 우리의 자극 수준을 증가시키고, 목표 대상에 집중하게 만들며, 탐구적 접근 반응을 동원하게 한다. 이때 경험하는 이 협력의 심포니는 "한 번 해 봐!"라고 당신을 부추긴다.

새로운 것과 즐거운 것 사이의 강력한 연계는 좁게는 무분별한 쇼핑 중독자나 수상쩍은 밀회를 즐기는 사람들, 넓게는 혁신애호가들을 설명하는 데 도움을 준다. 새로운 것이 반드시 보상이나 즐거움을 보장하는 것은 아니다. 그러나 종종 두 가지가 모두 충족되는 경우가 있다. 이 경우 우리는 더욱 더 공을 들이게 될 것이다. 보상이 있다면 당연하지만, 때로 잘 먹고 잘 자라고 있는 동물이 편안한 보금자리에서 초조감을 느끼거나 환경 변화 그 자체를 위해 바깥으로 향하기도 한다. 탐험가들은 어떻게 괴로움과 고통을 기꺼이 감수하고 자신의 길을 계속 추구할 수 있는 것일까? 남극에서 귀환하는 도중에 굶주림과 추위로 죽은 로버트 팰콘 스콧Robert Falcon Scott은 이렇게 말했다. "매일매일 무언가 새로운 사실이 밝혀진다. 그중 몇몇은 새로운 장애물이 되곤 한다. 그러나 나는 이것이 게임을 더욱 가치 있게 즐길 수 있게 만들어준다고 생각한다." 밴더빌트 대학의 신경과학자 데이비드 잘드David Zald 는 이런 새로움과 유쾌함 사이의 연계성을 강조한다. "열정적인 서퍼나 스키선수들은 파도 혹은 스키 슬로프가 늘 똑같지는 않다고 주장한다. 때문에 늘 새롭고, 늘 탐구해보고 싶은 욕구가 생긴다고 한다."

새로움과 보상이 반드시 동일하다고 할 수 없지만, 이들의 행위에서 한 가지 공통점은 도파민과 도파민의 목표 추구에 대한 동기 강화 효과이다. 그 대상이 새로운 것이든 즐길 만한 것이든 관계없다. 이 전달물질은 오랫동안 (미시간 대학의 신경과학자 켄트 베리지Kent Berridge의 표현대로) "즐거움을 주는 모든 대상이 공통적으로 지닌 신경 통화currency"로 여겨졌다. 그러나 최근 획기적인 발견으로 과학자들은 도파민 시스템이 보상에 반응하기도 하지만 그렇지 않은 경우도 있다는 것을 알게 되었다. 그러나 보상이 기대되는 신호에는 늘 반응했다. 다시 말해 도파민은 새로운 대상을 실제로 맛보기 전에 그것에 따른 보상을 예측하는 일에 더욱 힘을 쏟는다는 것이다. 베리지는 "도파민은 좋아하는 대상보다 원하는 대상에 관한 것이다."라고 정리했다.

배가 부른데도 파이를 두 조각이나 게걸스럽게 먹어치운 자신에 대해 한심함을 느껴본 적이 있는가? '원한다'는 것은 반드시 필요하지는 않지만 무언가에 대해 먼저 갈망하는 상태이고, '좋아한다'는 것은 그 대상이 제공하는 기쁨과 즐거움에 대한 실질적인 감각이다. 원하는 것과 좋아하는 것은 독립적으로 일어날 수 있다. 동물 연구는 각각의 감각에 관계하는 도파민의 역할을 시사한다. 쥐 연구에서 특정 집단에 인위적으로 도파민 수치를 대폭 감소시키자, 이 쥐들은 먹이에 대한 욕구는 감소한 반면, 만족도는 감소하지 않았다. 강제로 먹이를 먹이는 경우에도 마찬가지였다. 반대로 의도적으로 도파민 수치를 높인 쥐들의 경우, 단맛에 대한 선호는 떨어졌지만 그것을 극도로 원하게 되었다.

도파민처럼 혁신애호는 전반적으로 기대, 열망, 원함에 관한 것이다. 이 전달물질은 새로움과 보상 사이의 학습된 연관관계를 뇌에 아로새김으로써 행위에 영향을 미치며, 이는 당신이 보상을 얻기 위해 새로움을 추구하는 동기가 된다. 이를 증명하는 대표적 사례는 비디오 게임에 관한 일반적인 현상이다. 7천만 명의 미국인들이 비디오 게임에 빠져 있으며, 미국 청소년들은 21세가 되기 전에 평균적으로 비디오 게임에 약 1만 시간을 바치고 있다.

게임 디자이너들은 중독 수준의 혁신애호가들을 만들어내는 전문가이다. 이들은 새롭고 흥미로운 매체에 당신을 완전히 빠뜨리고, 단계별로 수준이 업그레이드되는 단기적 보상을 제공한다. 새로운 자극과 자극이 되튀어오르는 과정이 끊임없이 반복되면서 도파민 배출이 활성화되며, 이로 인해 그것을 더욱 '원하게' 되고, 결국 당신은 최고 단계에 도달할 때까지 게임을 계속하게 된다. 이런 중독 과정은 몇몇 사람들이 학교나 직장을 빼먹고, 인간관계에서 멀어지며, 때로 지쳐 쓰러질 때까지 한숨도 자지 않고 게임만 하는 이유를 설명해준다.

도파민이 보상에 대한 기대를 뇌에 인코딩하는 이런 방식은 탐험가의 도전이나 새로 배운 운동을 완벽히 습득하는 등의 긍정적 행위를 강화하기도 한다. 몇몇 교육자들은 새롭고 흥미로운 대상이 빈번한 보상을 준다는 사실에 착안하여 학급에서 게임 기술을 이용하는 방안을 모색하고 있기도 하다. 아이들을 사로잡는 닌텐도 사의 〈에픽 미키Epic

Mickey〉를 이용한다면 아이들이 수학과 역사에 관심을 가지게 되리라고 여기는 것이다. 꽤나 설득력 있는 방안이다. 미군은 파일럿과 신병 훈련에 이미 군사게임인 〈스페이스 포트리스Space Fortress〉와 〈아메리칸 아미American's Army〉를 활용하고 있다. 지능적인 도시 건설 게임 〈심시티: 나만의 도시 건설Simcity〉이나 전략시뮬레이션 게임 〈라이즈 오브 네이션즈Rise of Nations〉의 경우 창조적 사고, 문제해결 능력, 건전한 의사결정 능력을 길러주도록 고안되어 있다.

의사결정 측면에서 도파민은 불운을 불러올 수도 있다. 눈앞의 멋진 보상에 대해 속삭이는 도파민의 목소리는 우리가 파괴적인 영향력을 내포한 선택을 하게 할 수도 있다. 예컨대 듀크 대학의 행동경제학자 댄 애리얼리Dan Ariely가 알아낸 것처럼, 남자 대학생들이 안정적인 상태에서 안전한 성관계를 부르짖는 것과 도파민의 충동적인 열기에 빠진 순간의 실제 행동 사이에는 큰 차이가 존재한다. 빵집 앞을 지나칠 때 이 전달물질이 살을 찌우는 페스추리에 대한 입맛을 돋워놓았다면 이는 재앙이 아닐 수 없다. 주식시장에서 완전히 끝장날 것이라는 예측을 한다 해도, 도파민이 활성화되어 전속력으로 순환한다면 당신은 결국 빈민구제소에 앉아 있는 신세가 될 수도 있다.

● ○ ● ○ ●

당신의 혁신애호 수준이 어느 정도이든, 혁신애호와 혁신회피 양 극단에 대해 행위적 특성만큼 생물학적 특성에 대해서도 주목할 필요가 있다. 우선 당신이 그중 한 쪽에 속할 가능성이 30퍼센트 이상이나 되기 때문이다. 그렇지 않다 해도, 당신이 알고 있거나 관계를 맺은 사람 중 누군가가 그럴 가능성은 거의 100퍼센트이다. 혁신애호가의 신경생리학을 약간이라도 이해한다면, 위대한 업적을 이룩한 수많은 인물들의 상을 그려낼 수도 있다. 아프리카로부터 우리의 대이주를 이끈 탐험가들의 개인적인 면모는 알 수 없지만, 그들의 일대기는 그들이 무엇을 선호했었는지에 대한 힌트를 제공한다. 미국에 국한된 예를 하나 들어보겠다. 통칭 '키트Kit'라고 알려진 크리스토퍼 휴스턴 카슨(Christopher Houston Carson, 1809~1868년)은 미국 최초의 대중적 액션 영웅이다.

미주리주 분스 릭 카운티의 개척자로 자라난 카슨은 대가족을 먹여 살리기 위해 사냥을 해야 했고, 9세에 학교를 중퇴했다. 16세 때 그는 완전히 야생 상태의 서부로 달려가 뉴멕시코 타오스 족에 정착하여 새로운 인생을 시작했다. 그의 인생은 혁신애호가가 어떻게 새로운 것을 받아들이고 습득하게 만들어 생존 가능성을 높이는지를 생생하게 보여준다. 철저하게 다른 세계에서 살아가기 위해 젊은 카슨은 그 전에는 본 적조차 없던 산속 부족들의 갖가지 기술을 익혀나갔다. 덫 놓기, 총기 제작, 재봉, 대장간 일, 낚시, 산타기, 카누타기, 광산 일, 요리 등 수없이 많은 일들이 있었다. 문맹이었지만 카슨은 스페인 어를 비롯해 몇몇 부족 언어를 유창하게 구사했고, 인디언들과 전투하는 것만큼이나 협상에도 일가견이 있었다.

카슨의 수많은 재능 중에서 가장 널리 알려진 것은 (아마 전형적인 혁신애호가의 소명일) 추적자, 탐험가로서의 자질이었다. 군 장교이자 지리학자인 존 샤를 프레몽John Charles Frémont과의 우연한 만남 이후 카슨은 그와 함께 서부 지역 대부분의 지도를 그려나갔다. 이들의 지도에는 오레건 철도(Oregan Trail, 1843년 완공된 오레건 철도는 개척 시대 미국 북서부로 가는 대규모 이주로였다.-옮긴이)를 비롯해 멕시코 인들이 장악하고 있던 캘리포니아, 로키 산맥 중부 지역, 그레이트 베이슨 분지 등이 포함되어 있다. 특히 역사적으로 즐겨 묘사되는 것은 새로운 자극에 대한 카슨의 빠른 대응력이다. 이리떼든 인디언의 기습이든, 다른 사람들이 하품이나 하며 서 있거나 공포에 질려 있는 사이 카슨은 거의 즉각적으로 조용히 행동을 취했다. 동시대 인물로 그를 직접 관찰한 한 전기 작가는 다음과 같이 묘사했다. "키트는 아무도 기다리지 않았다."

모험은 카슨에게 혁신애호가들이 갈망하는 그런 스릴을 수없이 안겨주었다. 뿐만 아니라 신생 국가로서의 미국의 확장에 엄청난 이득을 안겨주었고, 개척자들의 서부 이주 길을 닦았다. 프레몽은 다소 과장을 섞어 그를 '길잡이pathfinder'라고 불렀다. 또한 카슨의 일생은 25다임짜리 싸구려 삼류소설에서 자주 차용되는데, 여기에서 카슨은 사슴가죽을 뒤집어쓴 반인반신伴人半身으로 신격화되며, 영토, 기술, 예술작품에 이르기까지 온갖 분야의 개척자가 되려는 미국인들의 열망에 관한 표준 모델로 등장한다.

우리는 카슨의 유전적 특징을 알 수 없다. 그러나 이 혁신애호가의 분주한 행동과 새로움에 대한 초고속 자극반응은 그가 일반적·비병리학적 변이 혹은 DRD4라고 불리는 도파민 수용체의 대립유전자를 가지고 있었음을 시사한다. DRD4는 새로운 자극이나 보상에 대한 반응으로 촉발되는 도파민작동성 세포들dopaminergic cell로부터 신호를 받는 유전자이다. 가장 최근의 연구는 이 유전자의 7R이 약간 길다는 점이 관련 있다고 한다. 복잡하고 긴 이야기를 간단히 하자면, 이 대립유전자는 신경 시스템의 도파민에 대한 저친화성low affinity, 과잉 민감성을 높이고, 새로움과 보상 추구 기질을 강화하며, 자극적인 경험에 대해 빨리 적응하게 만듦으로써 더욱 더 새로운 것을 추구하게 한다.[3] DRD4 대립유전자의 7R은 최저 도파민 친화성을 가지고 있고, 행위에 가장 큰 영향을 미치며, 5R과 2R의 질서를 역행시킨다. 이런 유전적 요인들은 극단적인 새로운 자극 추구novelty seeking 특성을 (전부는 아닐지라도) 일부 설명해주며, 선천성과 후천성 사이의 복잡한 상호작용과 생물학적 요인이 사고, 감정, 행동에 영향을 미치는 교묘한 방식을 이해하는 데 한줄기 빛을 던져준다.

한 가지 신경과학적 시나리오에 따르면 선천적으로 출력이 강화된 도파민 시스템을 가지고 태어난 사람이 새롭거나 즐거움을 줄 만한 대상을 맞닥뜨리게 되면, 이들은 (잘드의 표현대로) '두배의 타격'을 입게 된다. 도파민의 최초 분출은 이미 활성화된 네트워크를 따라 밀려들며 더 큰 새로움이나 보상을 추구하게 한다. 이런 '강화' 혹은 '자급연쇄' 역학은 이를 지닌 사람을 더 고도의 스릴이나 자극을 영원히 좇

---

3. DRD4-7R 보유자들은 도파민 수용체들을 보다 적게 가지고 있는데, 즉 이는 활성화되기 위해 평균보다 훨씬 더 많은 전달물질들을 필요로 한다는 것이다. 이 대립유전자는 도파민 세포 수 감소만큼이나 도파민이 필요한 뇌의 영역에 수많은 영향을 미치는 것으로 보인다. 도파민 네트워크에 의해 뇌에 도달해 자리잡은 표준적인 수용체들에 더해, 도파민 세포들상에 있는 자가수용체들은 전달물질들의 배출량을 스스로 통제할 수 있게 한다. 데이비드 잘드는 혁신애호가들은 평균적인 사람들보다 D2에 관한 자가수용체들을 적게 가지고 있으며, 아마 D3 역시 그럴 것이라고 한다. "이런 방식으로 생각해보라. 시냅스 후부의 수용체 수가 많고, 자가수용체 수가 적은 사람들에게 도파민은 엄청난 영향을 미친다. 그 조합은 그들이 자신의 도파민 균형을 조절할 수 없음을 의미하기 때문이다. 그들은 전달물질을 더 많이 방출할 것이며, 시냅스상에서 그 수준을 조절하기가 더욱 어려워지게 될 것이다."

게 만든다. 혁신애호가들은 마약 대신(때로 마약에 덧붙여) 흥분되는 경험으로 자신의 도파민 수준을 조절한다. 잘드와 연구팀은 "새로운 대상 혹은 흥분되는 대상을 찾은 사람은 그것에 더욱 매달리게 되며, 그로 인해 더 많은 도파민이 분출되고, 이것이 다시 더욱 큰 자극을 찾도록 부추긴다."라고 말한다.

● ○ ● ○ ●

유전자, 도파민, 혁신애호에 관한 관점 중 매혹적인 몇 가지는 주의력결핍 과잉행동 장애Attention-deficit/hyper-activity disorder(ADHD)에 관한 연구에서 나타난다. ADHD 진단을 받은 사람들과 7R 보유자들은 모두 도파민 저친화성을 지니는 경향이 있는데, 이는 리탈린(ritalin, 중추신경을 자극하는 신경흥분제-옮긴이)과 스릴로 개선될 수 있다. 혁신애호가처럼 쉴 새 없이 꼼지락대는 ADHD 아동들은 지루함에 빠져 있는데, 이 아이들은 자극반응 수준을 높이는 자극원이나 흥미로운 경험으로 안정시킬 수 있다. 실제로 두 집단은 흡연자나 마약복용자와 유사한 성향을 가지는데, 그 이유는 이들이 고도의 자극을 목적으로 하는 것이 아니라 조금 더 나은 기분을 느끼거나 일상성을 유지하기 위해 자가치료를 하고 있기 때문으로 여겨진다.

두통처럼 ADHD에도 수많은 원인이 있다. 캘리포니아 대학의 분자유전학자 로버트 모이지스Robert Moyzis와 동료 심리학자 제임스 스완슨James Swanson은 DRD4 유전자와 관련 있다고 알려진 ADHD는 주로 7R 대립유전자로 설명될 수 있음을 발견했다. 게다가 이 연구에서 이들은 논쟁의 소지가 있지만, 이 질병이 유발하는 산만한 행동이 반드시 문제적 행동은 아니라는 결론에 도달했다. 이들의 ADHD 연구에서 7R 보유 아동들은 확실히 늘 흥분된 상태이며 충동적이지만, 다른 ADHD 아동들 대부분이 신경학적 혹은 인지적 손상을 입고 있는 것과 달리 이들은 전혀 그렇지 않았다. 실제로 이 영리하고 진취적인 청소년들은 '영재superkids'로서 연구자들을 깜짝 놀라게 했다. 이 아이들은 특수학급이 있는 일반 고교로 진학시키거나 자기통제능력을 길러주면 높은 학업성취도를 보였다.

영리하고 불안정한 7R 보유 아동들은 주의력 결핍이나 스릴 추구 같이 겉으로 드러나는 심리적 행동에 생물학적 요인이 복합적인 방식으로 영향을 미친다는 것을 보여준다. 대립유전자에 많은 영향을 받는 전두엽 피질과 다른 영역들의 뉴런들은 소위 억제 신경세포(inhibitory nerve, 흥분에 의해 지배기관의 활동억제를 일으키는 원심신경—옮긴이)라고 불린다. 그런데 7R은 이런 뉴런들의 억제 기능을 느슨하게 한다. 운동성, 집중력과 관련된 부분 모두에 영향을 미치기 때문에 7R 보유 아동들은 한 자리에 계속 앉아 있거나 집중력을 지속시키는 데 문제를 겪으며, 특히 속박된 상황에서 더욱 그렇다. 그러나 문맹이었던 카슨처럼 이들 역시 다른 누구보다 자극에 대한 빠른 반응능력을 가지고 있다. (수많은 운동선수들이 학업에 지나치게 무심하고, 대학에 들어가기까지 학교에서 힘든 시간을 보내는 것을 생각해보라.) 모이지스는 말한다. "이런 사람들은 살짝만 방아쇠를 당겨줘도 움직이기 시작합니다. 7R 보유 아동들이 한시도 가만히 있지 않고 펄쩍펄쩍 뛰어다니는 것은 이 때문이죠." 모이지스는 심리적 특징들이 전체 성격을 형성하는 방식을 설명하면서, 운동장에서 저돌적으로 뛰어다니는 기운찬 초등학교 3학년 7R 보유 아동에 대해 상상해보라고 말한다. 7R 보유 아동은 다른 또래들보다 더 빠르고 순수하게 반응한다. 이들은 다른 친구들이나 상급생들이 위험하다고 여기는 상황에서도 신나게 뛰논다. 그 일을 할 수 있다고 생각하기 때문이다. 모이지스는 스키 활강 선수들이 높은 빈도로 7R 대립유전자를 지니고 있음을 관찰하고 나서 우리는 자신이 할 수 있고 즐길 수 있다고 여기는 것들에 자연스럽게 끌린다고 말했다. 그러나 "이것이 당신의 뇌가 프로그램된 방식이고, 때문에 당신은 그 방식대로 행동한다."라는 단정을 전체적인 부분에 적용시킬 수는 없다. 이는 미묘한 문제다. "빠른 반응성을 지닌 사람들은 낮은 반응성을 지닌 사람들과는 끌리는 대상이 다르다."라는 말 역시 마찬가지다.

오랜 시간 모니터 위의 데이터를 노려보며 지내는 사람들에게 보상을 주는 오늘날의 탈산업화 문화는 학교나 직장에서 혁신애호가들을 미심쩍은 시선으로 바라본다. 그러나 모험적이고 탐구적인 행위는 적응력이 매우 뛰어나다는 의미가 될 수 있으며, 급변하는 상황에서는 더욱 그렇다. "초기 아프리카 시대부터 전 세계적으로 새로운 환경을 찾아 이동하던 시대에는 수많은 거대 생명체들이 우리를 잡아먹으려 호시탐탐 노리고 있었습니다. 그 시대에는 고도의 집중력이 장점이 아니었을 겁니다. 살아남으려면 주변 환경을 끊임없이 읽어내야 했을 것이기 때문이죠."라고 모이지스는 설명한다. 고도의 과학기술로 도배된 직장이라는 강요된 환경에서 앞으로의 정보를 탐색하기 위해 주변을 읽어내는 성향을 타고난 사람들은 다양한 첨단 전자기기들이 내는 잡음들에 방해받는 일이 적다.

그러나 ADHD 진단을 받은 7R 보유 아동의 부모들이 모이지스 팀의 연구가 이끌어낸 수많은 연구결과들을 자기 식대로 해석하면서 안심하기에는 아직 이르다. 모이지스는 이 점을 분명히 한다. "이는 새로운 관점일 뿐입니다. 이 유전자는 인간 역사의 어느 지점에서는 장점으로 작용했습니다. 전 단지 당신 아이가 잘못된 유전자를 가지고 있지 않다는 것을 알고 있을 뿐입니다. 다시 말해 그 아이의 에너지가 다른 아이들보다 높고, 학교생활에서만 지루함을 느끼는 것이라고 말이에요." 또한 모이지스는 많은 혁신애호가들이 성공적인 삶을 살았다는 사실을 강조한다(적어도 그들은 책상 앞에 앉아 파편화된 정보들과 씨름하는 것보다는 더 나은 삶을 살았다). "당신은 캘리포니아의 기업가들을 비롯해 사람들이 내게 보낸 수많은 이메일의 내용을 믿을 수 없을 겁니다. 그들은 자신이 학교 공부를 싫어했고, ADHD 진단을 받았지만, 지금은 성공한 혁신가가 되었다고 내게 알렸죠!"

흥미롭게도 7R은 특정 연령대에게는 큰 장점을 부여하는 것처럼 보인다. 모이지스는 다양한 연령대의 노인들을 대상으로 30년간의 진료기록을 연구한 끝에 7R 보유자들이 더 오래 살고, 노년에도 활동적으로 사는 경우가 훨씬 많음을 발견했다. 이들은 노인이 된 후에도 테니스를 치거나 80대, 90대에도 하이킹을 즐겼다. 게다가 후생학적으로 매우 중요하고 실용적인 실례도 발견되었다. 건강하고 운동을 즐기는 7R 보유자들은 알츠하이머에 걸리지 않았다. 반대로 7R을 보유했지만 운동을 하지 않는 사람들은 알츠하이머 발병률에 있어 보통사람들과 같은 비율을 보였다.

● ○ ● ○ ●

 신경화학적, 유전학적 연구들을 비롯해 뇌스캔 기술의 발전에 힘입어 신경해부학적 연구들은 새로운 대상을 맞닥뜨렸을 때 우리의 뇌에서 무슨 일이 벌어지고 있는지를 폭로함으로써 혁신애호가의 생물학적 특징을 이해하는 데 큰 전기를 마련했다. 새로운 대상을 처리하는 것은 구조의 배열과 관계있다.[4] 자극에 감정적인 의미를 부여하는 편도체는 사우스 캘리포니아 의과대학의 신경과학자 제인 조셉Jane Joseph이 '큰 손'이라고 부르는 신성新星이다. 이 예민한 구조물은 그동안 뇌의 주요한 위협 탐지기로 여겨져 왔다. 그러나 최근의 연구들은 편도체가 각 개인이 중요하게 여기는 핵심적인 대상에 반응한다는 것을 보여준다. 포르노부터 뱀에 이르기까지 그 대상이 좋은 것이든 나쁜 것이든 관계없으며, 특히 새로움과 변화에 더욱 민감하게 반응한다.

 혁신애호가와 혁신회피자의 뇌는 새로운 대상에 반응할 때 강도와 순서에서 차이를 보인다. 뒷마당에 나타난 미국너구리든, 파티장에서 한 병의 마르가리타든, 스릴 추구자가 그것을 알아차리면 먼저 접근 반응이 활성화된다. 이는 본능적·감정적 자극을 통제하는 구조적 집합체가 신속하게 활성화되면서 비롯된다. 스릴 추구자들은 즉시 새로

---

4. 이런 뇌의 구조적 집합체에는 무엇이 포함되어 있는지 알아보자. 먼저 복측선조체ventral striatum는 동기와 충동을 중재한다. 전측대상회피질은 주의, 반응 억제를 규제하며, 중격의지핵nucleus accumben은 보상을 다루는 것과 관계되어 있다. 뇌도는 본능적으로 각인된 것들과 주관적 감정을 처리하며, 기저핵은 다음에 무엇을 할지를 결정하고, 해마는 새로운 정보를 인지, 기록, 회상하는 걸 돕는다.

운 자극에 흥분하며, 그것과 관계를 맺을 준비를 한다. 이상행동을 억제하는 전측대상회피질anterior cingulate cortex은 이미 행동할 준비를 갖춘 후 활성화된다. 반면 야생 미국너구리나 환각작용이 있는 칵테일에 대해 혁신회피자는 정반대의 방식으로 반응한다. 혁신회피자의 신경 체계는 지나친 흥분을 방지하는데, 이들의 초기 회피 반응 역시 조심스러운 전측대상회피질에서 비롯된 것이다. 그 사이 끓어오르고 있던 뇌 집합체는 잠잠해진다.

감각 추구에 관한 연구 결과는 새롭고 흥미로운 대상에 강하고 빠르게 자극받고, 곧 적응하는 혁신애호 기질과 동일한 패턴을 보인다. 피험자들에게 비슷한 음조를 띤 일련의 소리를 들려주고, 심박수와 전기피부반응(galvanic skin response, 자극에 대한 감정 반응에 따른 피부의 전기 전도 변화를 측정하는 것으로, 거짓말 탐지기에 응용된다.-옮긴이) 변화를 관찰했을 때, 고도의 감각 추구자들은 누구보다 먼저 새로운 소리에 크게 반응했다. 일련의 소리를 반복해 들려주었을 때도 이들은 다른 피험자들보다 훨씬 빨리 익숙해졌다. 성격 심리학자 마빈 주커먼은 이런 생리적 반응을 다음과 같이 설명했다. "그들은 새로움을 추구합니다. 그것에서 즐거움을 느끼기 때문이지요. 또한 대상에 대한 빠른 습관화는 그들이 지속적으로 즐거움을 찾을 만한 새로운 방법을 요구한다는 걸 의미합니다."

신경과학적 관점에서 조셉은 혁신애호가와 비교해 혁신회피자들은 "오! 회의 중인데, 저 섹시한 여자에게 반응해서는 안 돼."라는 생각을 더 빨리 한다고 말한다.[5]

뇌가 새로운 대상을 처리하고, 자극에 적응하는 방식에 있어 이런 선천적인 차이들은 시시덕거림부터 운전 속도, 휴가지 결정에 이르기까지 연인들의 입씨름이 일어나는 이유를 설명해줄 수 있다. 조셉은 중요한 사실 하나는, 우리가 객관적 현실이라고 믿으며 안주해온 것들이 생각보다 훨씬 더 주관적이고 파편적이라고 말한다. "동일한 자극일지라도 사람들마다 각기 다른 신경 시스템을 더욱 다르게 뒤틀어 버릴 수 있다. 당신이 미치도록 무서워하는 것을 다른 누군가는 웃으며 넘길 수 있는 건 이 때문이다."

● ○ ● ○ ●

모두가 익히 알고 있던 세상과 갈등을 빚고 혼돈을 불러일으키는 새로운 개념은, 육체적으로 위험한 도전보다 훨씬 더 받아들이기 어려울 수 있다. 지동설을 주장한 갈릴레오와 액션 페인팅 기법을 선보인 잭슨 폴락이 그랬듯이 말이다. 우리는 발달된 뇌스캔 기술 덕분에 지적 혁신애호가의 뇌에서 무슨일이 일어나는지 알 수 있다. 천재적인 재

---

5. 한 실험에서 조셉은 혁신선호자들과 혁신회피자들에게 일련의 이미지들을 비롯해 낯설지만 이미 본 적이 있는 이미지들을 보라는, 의도적으로 고안된 지루한 작업을 수행할 것을 요청했다. 신중한 사람들은 100퍼센트 확신이 있어야만 낯선 이미지가 새롭다고 확인할 것이라고 여긴 조셉은 그들이 대담한 사람들보다 낯선 이미지가 낡은 것이라고 말하리라고 여겼다. 그러나 결과는 놀라웠다. 실제로 반대의 일이 일어났던 것이다. 태생적으로 위험회피성향이 높기 때문인지 혁신회피자들은 어떤 것을 보아도 '새로움'의 가능성이 있다고 여겼다. 그것들이 위협 가능성을 가지고 있기 때문이었다.
새로움에 대한 각기 다른 자극 한계는 또 다른 기발한 실험에 영감을 주었다. 혁신선호자들과 혁신회피자들이 다소 신나는 일이 벌어지고 있는 공공 장소(이것을 뇌를 흥분시키는 기제로 상정했다.)를 주시하고 있는 동안 뇌 활동을 스캔해 보았다. 혁신회피자들은 특히 흥미롭고, 빨리 전개되는 장면들에서 뇌의 혁신 추구 감각 구조가 활성화되었지만, 혁신애호가들은 그렇지 않다는 걸 발견하고 조셉은 놀라지 않을 수 없었다. 혁신회피자들은 새로움에 대한 자극 한계가 매우 낮았고, 때문에 아주 사소한 일에도 뇌가 활성화되며, '왜'라고 감탄했다. 반대로 혁신애호가들은 자극에 대한 높은 내성으로 인해 "에게, 변변치가 않군. 이것보다 더 흥미로운 건 없을까."라고 생각했다.

즈 트럼펫 연주자 윈튼 마살리Wynton Marsalis가 새로운 작품을 작곡하느라 고군분투할 때, 자하 하디드(Zaha Hadid, 여성 최초로 프리츠커 상을 수상한 건축가-옮긴이)가 새로운 건축물을 구상할 때, 이들의 뇌는 독특한 신경학적 활동 패턴을 그린다. 극단적으로 단순화되어 대중적으로 알려진 이론 중에 좌뇌와 우뇌 이론이 있다. 우뇌가 창조성을 담당하고 좌뇌가 논리성을 담당한다는 개념은 매우 과장된 것이다. 두 부분 모두 독창적인 작업과 관계있다. 그러나 구체적·목표 집중적 방식으로 생각하는 일은 좌뇌 측두엽과 전두엽을 특히 활성화시키는데, 이곳에서 사실과 세부적인 사항들이 보관되고 처리된다. 열린 관점에서 심사숙고하는 일은 우뇌 측두엽과 전두엽을 흥분시키며, 이곳에서 새로운 생각과 각 개념들 간의 유기적 결합을 발견할 기회가 증가된다.

목표 대상을 좁히고 사실 지향적인 사고와 넓은 시야로 독창적인 생각을 하고 생각들 간의 이상적인 균형을 깨는 것은, 창조적인 작업에 필수적이다. "쓸데없이 조악한 정보까지 모두 처리한다면, 모든 것들이 연계된다. 이는 아무짝에도 쓸모없다."라고 캐나다-토론토 방위개발연구소Defense Research and Development Canada-Toronto의 심리학자 오신 바르타니안Oshin Vartanian은 말한다. "그러나 적합한 정보만 처리한다면 아무것도 연계되지 않을 것이다. 그 마법은 바로 가까이에 있는 일들을 올바른 수준에서 개별화하는 법을 찾는 것이다. 창조적 활동을 위한 이 일에는 우뇌 전두엽 활동이 요구된다."

동료들이 암기하여 알고 있는 수학적·과학적 사실을 새로운 방식으로 해석하는 아인슈타인의 능력은 그가 혁신을 선호하고, 속박되지 않으며, 우뇌적으로 사고하는 데 통달해 있었음을 증명한다. 피험자에게 몇 가지 독창적인 문제 해결법을 찾아보라고 요청하고 뇌스캔 영상을 관찰해보면, 독창적인 사고를 점화시키기 위해 오른쪽 복외측 전전두피질ventrolateral prefrontal cortex의 활동이 증가했음을 알 수 있다. 이 부위의 활성화는 새로운 아이디어에 대한 이해력을 높이고 긴장을 풀어주며, 몰입도를 높여 업무에 완전히 몰두하게 하고, 새롭고 신선한 가능성들을 볼 수 있게 해준다. 최신 신경과학 연구를 이전의 성격연구와 행동연구에 결합시키면, 이런 억제 해제disinhibition 혹은 방어 해제 상태가 창조성과 지적 혁신애호가의 근본적·핵심적 메커니즘이라는 이론을 뒷받침함을 알 수 있다. 바르타니안은 "사람들은 혁신추구자들이 우리가 찾을 수 없는 어떤 곳에 있을 새로운 대상을 찾아낸다고 말하곤 한다. 그러나 이들 역시 대개 기존의 것을 새롭게 해석해야 한다는 것을 알고 있다. 창조적인 사람들은 신선한 방식으로 대상을 바라보고, 새로운 아이디어를 도출해낸다. 그들은 개체를 규정하는 일반적 인식과 개념적 한계에서 벗어나 있기 때문이다."

당신에게 독창적 사고가 요구되는 다소 어려운 질문을 하나 하겠다. "의식consciousness의 본질은 무엇인가?" 당신이 관습적인 분석가라면, 문제 해결 방법을 모색할 때 문제의 중심에서 시작하여 가장 핵심적인 부분에 도달하려 애쓸 것이다. 그렇다면 당신은 수렴적 사고를 이용하여, 문제를 제대로 정의하고, 합리적으로 정리하는 과정을 거쳐 1+1=2와 같은 하나의 해답을 도출할 것이다. 그리고 SAT 같은 표준화된 양식으로 그것을 검증해볼 것이다. 당신은 고려해야 할 사항들을 목록으로 정리하고, 관련 정보들을 분석하며, 수수께끼를 풀어나가듯 문제를 해결하려 할 것이다. (재미있는 사실은, 서번트 증후군을 앓는 자폐아들도 이런 엄격한 문제해결 방식을 사용한다는 것이다. 그림, 음악, 수학과 같은 특정 분야에서 믿을 수 없을 정도로 엄청난 능력을 지니고 있음에도, 이들은 완전히 새로운 대상에는 좀처럼 접근하려 하지 않는다.) 이 과정을 시도했다면, 오래지 않아 문제의 복잡성과 밝혀지지 않은 수많은 사항들에 질려 당신은 소중한 시간을 낭비하는 것이 아닌가 우려하게 될 것이다. 그 결과 강한 회피 반응을 일으켜 끝내 이 문제를 포기할지도 모른다.

창조적·혁신선호적 인물들은 어려운 문제를 접하면 '분산적 사고'라는 매우 다른 방식을 취한다. 그들은 '의식'이라는 주제가 직접적인 분석으로는 풀리지 않을 만큼 복잡하다는 것을 깨닫고, 마음을 진정시키려 할 것이다. 그리고 잠시 다음과 같은 관련 질문들을 생각하면서 문제를 곰곰이 곱씹어볼 것이다. 의식은 마음의 문제인가 뇌의 문제인가? 아니면 실행 제어executive control의 문제인가? 주관적 인식이란 데카르트의 '나는 생각한다 그러므로 나는 존재한다Cogito ergo sum'의 문제인가? 아니면 하이데거의 현존재being there 개념과 더욱 관계 깊은가? 어쩌면 당신은 존 로크John Locke와 안토니오 다마지오(Antonio Damagio, 신경학자로 저서 《데카르트의 오류》를 통해 인간의 신체와 뇌, 마음을 통합적으로 고찰하여 인간의 감성과 이성을 분석했다.-옮긴이)가 쓴 책을 떠올릴지도 모른다. 이런 생각을 하고 나서 산책을 나가면(혹은 잠시 다른 업무를 처리해도 된다), 새로운 각도에서 문제를 바라봄으로써 해결의 실마리를 찾을 수 있을 것이다.

스스로에게 내재된 혁신애호 기질을 따라 구불구불한 길을 걸어 내려가면, 당신은 의식의 비밀을 풀 수 있을 것이다. 풀지 못했다 해도 그 과정에서 새로운 것들을 많이 배웠을 것이며, 기존의 방식으로는 풀리지 않을 몇몇 좋은 관점이 생겨났을 것이다. 그리고 조금 더 접근하기 쉬운 또 다른 문제를 찾아냈을 것이다. 바르타니안은 이렇게 말한다. "창조성은 앎의 방식과 관계있다. 문제 공간을 지나치게 구체화하면 거기에서 손을 떼고 싶어진다. 제약을 줄이는 것은 외견상 새로운 것을 탄생시키는 것과 관계없는 듯 보이지만, 이는 실제로 성공 기회를 증가시킨다."

독창적인 사고에 관해서는 신경화학적 관점보다 신경해부학적 관점에서 더욱 많은 것이 밝혀져 있다. 그러나 로버트 클로닝거는 즉흥 연주 같은 창조적 노력이 뇌의 도파민작동성 보상 중추를 활성화시킨다는 사실을 지적한다. (재미있는 사실은 자선 활동을 할 때도 마찬가지 현상이 일어난다는 점이다.) 신경과학자 잘드는 도파민 분출이 '새로운 아이디어에 대한 대항-수용 반응'을 일으키게 한다는 사실을 발견했다. 이런 인지적·감정적 고양은 창조적 작업의 특징만은 아니다. 코카인이나 임페타민(각성제) 같이 도파민 체계에 영향을 미치는 약물에 의해서도 이런 현상이 나타난다. 그는 영리하고 독창적인 연예인 한 사람에 대해 언급했다. "로빈 윌리엄스Robin Williams는 마약에 취해 있을 때 가장 큰 웃음을 주었지요. 관객들은 어디로 뛸지 모르는 그의 놀라운 생각들을 따라잡느라 정신없었고요."

● ○ ○ ○ ●

십대 시절을 지나온 성인들이라면 다음의 진술에 공감할 것이다. 새로운 것이라면 무엇이든 경험해보려고 하고, 스릴을 좇으며, 위험을 감수하려는 태도는 청소년기에 최고조에 달했다가 나이를 먹으면서 점차 감소한다. "색다른 자극 추구 성향은 청소년기의 가장 중요한 특징으로, 십대를 전문적으로 다루는 분야에서 반드시 고려되어야 합니다."라고 국립정신건강연구소의 정신의학자 대니얼 파인Danial Pine은 말한다. "이런 특징은 청년기의 포유류들에게도 나타납니다. 그 시기에 가족 울타리를 떠나려 하는 것은 포유류가 지닌 보편적인 행태 중 하나입니다."

록밴드 롤링스톤즈의 기타리스트인 키스 리처드조차 나이를 먹으면서 혁신애호 경향이 서서히 줄어들었다. 새로운 경험과 위험을 감수하려는 충동은 일반적으로 60대 때까지 용감무쌍한 십대 시절의 절반 정도로 감소한다. 점점 행동이 차분해지고 습득된 지식과 지혜가 축적된다. 또한 시간이 지나면서 호르몬이나 기타 신경화학적 수준이 변화를 겪는 등 생물학적 변화가 초래되는데, 이것이 하나의 원인이 되기도 한다. 잘드는 이렇게 말한다. "우리는 나이가 들수록 새로운 것을 탐구하려고도, 받아들이려고도 하지 않게 됩니다. 제 아버지는 매우 명민한 분이셨는데, 교수직을 은퇴한 후에도 학술 기사를 쓰며 보내실 정도였죠. 그러나 만약 아버지의 컴퓨터 앞에 새로운 무언가를 하는 방법을 적은 메모를 붙여놓는다면, 아버지는 뜨악해하셨을 겁니다. 무리라는 얘기죠."

나이와 마찬가지로 성별 역시 혁신애호 기질 표현에 있어 눈에 띄는 생물학적 차이를 가지고 있다. 그러나 그 영향에 대해서는 생각만큼 쉽게 범주화할 수 없다. 이 문제를 살펴보기 위해 클로닝거는 남성과 여성의 개인적 성향을 비교했는데, 그중 단 하나 엄청난 차이를 보이는 특징은 바로 여성이 남성보다 훨씬 사교적이고 협동적이라는 것이었다. 누군가를 처음 만났을 때(이는 사회적 동물인 호모 사피엔스, 특히 청소년기에 겪는 중대한 문제로, 새로운 것에 대한 접근성 문제와 관계있다.) 문제를 겪는 십대 소년 소녀에 관한 파인의 연구는 성별 차이에 관한 신경과학적 근거를 제공한다. 이 부끄럼 많은 십대들은 낯선 친구들의 사진을 보라는 요청을 받으면, 그 상대가 장래 온라인 친구가 될 가능성이 있는지를 먼저 가늠한다. 낯선 사람과 대화를 나눈다는 단순한 예측은 소녀들의 뇌에 고도의 자극을 전달하는데, 이는 새로운 사회적 만남에 대한 과민증을 시사한다. 그러나 소년의 뇌는 이와 같은 동요를 겪지 않는다. 화성에서 온 남자와 금성에서 온 여자라는 흔한 표현이 딱 들어맞는 예인 듯하다.

여성과 비교하여 남성은 테스토스테론 수치가 높고, 모노아민 산화효소 A라고 불리는 엔자임 수치가 낮은데, 이런 상태는 혁신애호가의 광적이고 본능적인 과잉 상태와 관련이 있다. 이런 성별 간 신경화학적 차이는 여성 혁신애호가들이 탐험이나 대형동물 사냥과 같은 스릴 추구형 육체 활동을 하기보다는 남다른 취미나 관심, 여행, 라이프스타일을 추구하는 성향이 있다는 연구 결과를 설명해줄 수 있다. 그럼에도 이 모든 것을 다 하려고 하는 여성은 늘 존재했다.

키트 카슨과 달리 역사 속에 묻혀버린 동시대인이 한 사람 있다. 루시 앤 로델Lucy Ann Lobdell은 19세기 뉴욕주 롱 에디라는 시골에서 태어났다. 그녀는 십대 때 이미 유명한 야생동물 추적자이자 명사수로 이름을 날렸다. 어린 나이에 결혼을 하여 아이까지 출산한 그녀는 얼마

지나지 않아 폭력적인 남편에게서 달아났다. 아이를 부모님에게 맡겨 두고 집을 떠난 그녀는 이후 8년간 남성복을 입고 야생 숲 속에서 살았다. 병에 걸려 고향집으로 돌아왔을 때 그녀는 168마리의 사슴, 77마리의 곰, 1마리의 검은 표범을 잡은 경험 등 자신이 겪은 모험에 대한 글을 썼다.

  건강을 되찾자 로델은 다시 문명사회가 지겨워졌다. 다시 남성복을 꺼내 입고, 조셉 로델이라고 이름 지은 그녀는 떠돌이 음악 교사를 하며 먹고 살았다. 그러면서 사회적으로 명망 있는 한 아가씨의 사랑을 얻기까지 했는데, 두 사람이 결혼하기 직전 로델이 여성이라는 사실이 들통나 그곳에서 도망칠 수밖에 없었다. 두 번째 건강 악화로 인해 그녀는 빈민구제소에서 생활을 하게 되었고, 그곳에서 또 다른 젊은 여성의 구애를 받았다. 두 연인은 길을 떠나 조셉 로델 목사 부부로 살았다. 그들은 생의 대부분을 숲 속에서 지냈으며, 로델이 사냥과 채집을 하여 근근히 먹고 살았다. 때로 자신들이 길들인 곰 한 마리를 데리고 마을에 나타나기도 했다. 그러나 고루한 빅토리아 시대에 지나치게 새로운 방식으로 살아가는 데 대한 스트레스 때문인지 로델은 결국 정신병원에서 생을 마감했다. 한 가지 명백한 진단은 이 육체적, 감정적, 사회적 혁신애호가가 최소한 한 세기 이상 시대를 앞서나가는 독특한 삶을 살았다는 것이다.

  생물학적 요소가 근본적인 영향을 미치는 것도 사실이지만, 경험은 새로움과 색다름에 대한 개인적 반응을 형성하는 데 매우 중대한 역할을 한다. 때문에 잘드는 혁신애호가 아들을 어떻게 길러야 할지 걱정하는 부모들에게 이렇게 조언해주곤 한다. "그 성향이 긍정적인 방향으로 나아가도록 이끌어주세요. 암벽타기는 내버려 두시고, 유흥업소에 가는 건 막으면 됩니다. 그렇게 약간의 제약을 두고 아이들이 할 수 있는 걸 하게 둔다면, 많은 경험을 쌓게 될 겁니다."

# 유전자와 인생경험

　　　　　　　　　　유전자와 환경은 행위에 영향을 미친다. 행위가 이 둘의 상호작용임은 점점 명확해지고 있다. 이 협력은 특히 어린 시절에 분명하게 드러나며, 성격과 창의성을 비롯해 다른 기질적 특징에 따른 후생적인 현상들이 지속적으로 인생 전체에 작용함으로써, 개인의 장점을 일구게 된다. 개인의 경험뿐만 아니라 문화도 대중의 유전적 균형에 영향을 미침으로써 혁신애호에 대한 사회 전체의 반응을 조종할 수 있다.

　유전자와 환경이 새로움에 대한 인간의 기질적 반응을 어떻게 구축해나가는지에 대해서는 (윤리적인 이유로 인간을 대상으로 연구할 수 없지만) 동물 연구를 통해 엿볼 수 있다. 가장 흥미로운 몇 가지 연구는 '잡초종weed species'이라고 알려진 영장류와 관련이 있다. 강한 회복력을 지닌 이 흔한 생물체는 각양각색의 환경에서도 적응하는 놀라운 능력을 지니고 있다. 이들은 원래의 서식지에서 멀리 떨어진 곳에서도 번성할 수 있다.

붉은털 원숭이와 흰목꼬리감기 원숭이들은 인간 못지 않게 어디에서나 발견할 수 있다. 인도 반도를 원산지로 한 붉은털 원숭이들은 덥고 습한 열대우림과 춥고 건조한 히말라야, 고립된 황야와 100만 이상의 인구가 밀집해 거주하는 대도시에서도 번성한다. 남아메리카의 흰목꼬리감기 원숭이들도 찌는 듯이 더운 아마존의 분지와 냉랭한 안데스에서 살고 있다. "그들은 다른 곳으로 옮겨보세요."라고 성격 심리학자인 스티븐 수오미는 말한다. "그러면 그 집단의 누군가가 생존 방식을 모색할 겁니다."

낯선 환경에 적응하는 이런 잡초종들의 성공은 대부분 풍부한 유전적 다양성에서 비롯된다. 우리들처럼 붉은털 원숭이 집단에도 도파민과 세로토닌 같은 주요 신경전달물질들을 조정하는 (그리하여 세계에 대한 감정적 반응을 조절하는) 유전적 변종 보유자들이 있다. (수오미는 흰목꼬리감기 원숭이에 대해서는 아직 시험이 이루어지지 않았지만, 이런 측면에서 그들도 비슷할 것이라고 유추한다.) 이들의 유전적 차이들은 특정 집단 내에서 미지의 세계에 대한 혁신애호가들의 두려움 없는 탐구심에서부터 혁신회피자들의 신중함에 이르기까지 수많은 차이를 만들어낸다. 이런 다양성은 전체적으로 집단 내에 융통성을 창출하고 다양한 환경에 적응할 수 있게 한다. 유인원과 같은 변화무쌍한 잡초종들과 가까운 관계에 있는 다른 영장류 집단들은 이런 유전적 변종들을 가지고 있지 않다. 따라서 이들은 새로운 습관을 익히지 못하고 기존의 환경에서 살아간다. 수오미는 "그들이 원래 서식하던 환경은 실제로 매우 엄격하게 통제되어 있다."라고 부연했다.

이 두 잡초종들이 유전적 유사성을 지녔을 개연성이 있음에도, 붉은털 원숭이와 흰목꼬리감기 원숭이들은 낯선 환경에 적응하는 데 매우 다른 전략을 취한다. 붉은털 원숭이들은 모자 간에 매우 단단한 유대관계를 형성한다. 크고 소란스럽고 개인적으로 밀착된 이 집단의 구성원들은 태생적으로 무리를 이루어 새로운 환경을 개척하고 포식자들을 쫓아낸다. 흰목꼬리감기 원숭이들의 사회 생활은 이와 대조적으로 냉랭하기 그지없다. 흰목꼬리감기 원숭이 새끼들은 엄마에게 가까이 밀착되어 있지 않다. 집단은 점점 더 작아지고, 구성원들은 많아야 단 세 번 정도 서로의 털을 골라주고, 놀거나 싸운다. 이 독립성 강한 개체들은 협력 행위나 동료의식이 아니라 개개인의 근면함과 노력으로 새로운 곳에 적응한다. 서로를 만지작거리는 대신 먹이를 손에 넣기 위해 탐색하고, 경험하고, 특수한 도구들을 만들며 하루의 3분의 2를 보낸다.

즉 이 두 유인원들은 태생적으로 새로운 대상을 다루는 데 능숙하다. 그러나 후천적인 형질로 인해 흰목꼬리감기 원숭이들은 자주적이고 지략적인 산山사람 같은 방식으로 새로운 영역에 적응하며, 붉은털 원숭이들은 매일 밤 우마차들을 동그랗게 둘러놓고 밤을 보내는 서부 개척자 가족들처럼 행동한다.

야생의 서식처에서와 달리 통제된 환경에서 시행된 영장류 연구는 환경적 영향들이 새로움과 색다름에 대한 집단의 대응성만이 아닌 개인의 대응성 역시 형성할 수 있음을 입증한다. 수오미는 심리학자들이 개인-환경 적응person-environment fit이라고 부르는 것의 중요성을 강조한다. "혁신 추구는 때로는 고도의 적응력이 될 수도 있지만, 그렇지 않을 때도 있다. 예측할 수 없고 잠재적 위험이 내재된 환경에 처했을 때, 탐구심과 능력 이상의 일을 해내려는 성향은 생존 방법을 찾게 해줄 수도 있지만 당신을 죽게 할 수도 있다. 특히 안정적이고 변화 없는 환경에 살고 있다면, 이런 성향이 클수록 문제를 겪게 될 것이다. 이는 상황에 따른 것이다."

유전적으로 소심한 (혹은 대담한) 새끼 원숭이를 그와 정반대의 기질을 지닌 다른 어미 원숭이가 다양한 양육방식으로 기르는 실험은 혁신애호에 있어 유전과 환경 사이의 상호작용에 대한 중대한 관점을 제공한다. 개인에게 경험은 확실히 행위를 주저하거나 머뭇거리는 데 영향을 미친다. 수오미가 '지나치게 소심'하다고 표현하는 타고난 혁신회피자들은 선천적으로 보통 사람들보다 예민하다. 때문에 이들은 자신의 환경이 안정적이지 않다고 느끼면 훨씬 더 괴로워한다. 따라서 기본적으로 생활에 필요한 것들이 갖추어진 안정된 환경을 벗어나 무언가를 얻으려 하지 않으며, 이런 성향은 이들에게 결국 이득으로 돌아온다. 자신을 격려해주는 어머니가 있을 때 이런 아이들은 더욱 잘 자란다.

환경이 발달에 미치는 영향은 어린 혁신애호가들의 경우 보다 예측하기 어렵다. 수오미가 '느긋하다'라고 표현하는 대담한 갓난쟁이들은 대체로 양육환경의 영향을 적게 받는다. 그들이 자란 환경이 좋든 나쁘든 말이다. 이들의 활발한 도파민 시스템은 새로운 사회적·물질적 환경을 탐구하고, 기회를 받아들이며, 곧바로 행동할 수 있도록 준비시킨다. 예상대로 이들 중 다수가 두려움 없는 스릴 추구자로 성장하지만, 그렇지 않은 사람들도 있다. 보통 수준 이하의 환경에서 가난한 어머니에게 양육받은 데서 오는 후유증을 겪지 않는 사람도 있지만, 충동적이고 어리석은 일을 하는 것이 습관화되는 사람도 있다. 몇몇 충동적인 혁신애호가들은 아이를 기르는 데 능숙한 수양어머니를 만나 최적의 환경으로 옮겨진다 해도 행동장애를 겪으며 자란다. 수오미는 "그들에게 있어 이는 지나치게 지루할 수 있습니다. 그렇게 되면 문제를 일으키지요."라고 말한다.

  동물 연구 결과는 좋은 양육환경이 주어졌을 때, 어린 혁신애호가를 포함해 독특한 행동 장애를 일으킬 위험인자를 보유한 혁신회피자들이 보통의 상태가 되거나 그보다 훨씬 좋아질 수 있음을 보여준다. 헬싱키 대학의 심리학자 리사 겔티카나가스 야르비낭$^{Liisa\ Keltikangas-Järvinen}$과 동료들은 유전과 그것이 발현된 환경 사이의 상호작용에 대해 장기간에 걸쳐 세심하게 연구했다. 그녀는 도파민 저친화성을 생성하는 대립유전자를 지닌 탓에 격한 행동을 보이는 북유럽 및 핀란드 아이들이 대부분 DRD4의 2R과 5R 변형을 가지고 있으며, 이들은 특정 환경에서 자랐을 때 극단적인 새로운 자극 추구 경향이 크다는 것을 발견했다. 핀란드 연구에서는 유전적으로 호전적인 아이들이 엄격한 엄마 아래에서 감정적 유대관계를 충분히 맺지 못한 경우 안정적인 환경에서 자란 아이들에 비해 훨씬 더 혁신애호 기질을 가지고 성장하는 경향이 있었다. 유전적으로 타고난 기질 표현에 영향을 미치는 유일한 환경 요소란 없다.

  가정의 (감정적) 분위기 역시 마찬가지다. 높은 수준의 가정교육, 가계 수입, 아버지의 주류 소비량뿐만 아니라 도시거주 여부에 이르기까지 많은 것들이 혁신애호 성향을 계발하는 데 영향을 미친다. 자신의 발견에 근거하여 야르비낭은 "고난 혹은 멋진 환경에 얼마나 민감하게 반응하느냐는 유전적 배경에 달려 있다. 그리고 유전-환경 간의 상호작용은 타고난 기질들의 조합보다 훨씬 더 중요할 것"이라고 결론 내렸다. "실제로 환경 요소들, 즉 상황을 고려한 연구를 했을 때에야 유전자의 영향력이 명백해졌다고 하는 편이 가장 타당하다."

성격 심리학자들은 스릴 추구 기질을 지닌 사람이 경찰이 되느냐 도둑이 되느냐는 순전히 양육환경에 달려 있다고 말하곤 한다. 누구도 초기 가정환경의 중요성에 대해 반박하지 못한다. 그러나 그것이 외부로 표현된 개인의 성향과 성격 발달에 영향을 미치는 유일한 환경 요인은 아니다. 스토리 머스그레이브는 가정불화를 겪으며 자랐으나 십 대 시절 해병대에 들어가면서 자신의 세계관을 정립하고, 필요한 지원을 받았으며, 영웅의 길을 걸을 수 있게 되었다. 데이비드 리켄의 성격 연구에서 혁신선호 기질을 지닌 한 피험자 역시 그와 마찬가지로 훈육에 영향받지 않는 반항적인 아이였다. 그러나 자신이 진정으로 존경할 만한 선생님을 만났을 때, 소년은 나쁜 행위로 인해 스승이 실망하는 것을 보고 싶지 않아 했고, 자신의 스릴추구 기질과 성마른 성격을 사회적으로 용인되는 범위로 전환시키고자 노력했다. 그는 자라서 야생탐험대를 이끄는 일을 비롯해 성공적인 인생을 꾸려갔다. 그리고 그 스승이 없었더라면 자신은 탐험가가 아니라 범죄자가 되었을 것이라고 늘 강조했다.

연구는 종종 인간 행위의 어두운 측면에 초점을 맞추곤 한다. 그러나 유전-환경 간 상호작용에 대해 2천 명의 피험자들을 대상으로 한 독창적인 연구는 그들의 문제보다 정치적 견해에 주목한다. 전 세계적으로 산재한 수많은 지역갈등과 마찬가지로 미국의 공화당 지지주州와 민주당 지지주의 갈등 역시 이데올로기가 사회적 상황에 따라 형성된다는 것을 명료하게 보여준다. 흔히 '권위주의적'이라고 표현되는 강력하고, 세습적이고, 융통성 없고 비판적 · 인습적 사고방식을 지닌 기질과 관련된 연구들은 오랫동안 이런 관점이 유전적 요소가 될 수 있다고 말해왔다. UC 샌디에이고의 제임스 파울러James Fowler 교수는 유전학과 정치사회과학 양쪽을 가르친다. 새로움과 변화에 대해 각기 다른 태도를 지니게 하는 진화 방식에 초점을 맞춘 실험에서, 그는 7R 대립 유전자를 보유한 젊은이들이 보수적이기보다는 진보적인 성향이 크다는 것을 발견했다. 그러나 주목할 만한 혁신애호가인 빌 클린턴의 경우처럼, 청소년기에 많은 친구들을 사귀고 다양한 관점에 노출되는 경우에 한해 그러했다. 유전자나 활발한 사회 활동 둘 중 하나가 빠져 있는 경우 이런 이데올로기적 영향력은 사라졌다. 파울러는 "이 연구는 정치적 성향 연구에서 태생과 환경의 결합의 중요성에 초점을 맞추었다."라고 말한다.

즉 인간 연구와 동물 연구 모두 새로움과 변화에 대한 기질적 반응이 유전자와 환경 간의 상호작용으로부터 발달된다는 것을 보여준다. 예를 들어 유전자는 체형에 영향을 미친다. 머스그레이브, 키트 카슨, 루시 로델이 그랬듯 야외활동을 좋아하며 자란 건장한 체격의 사람들은 활발하고 모험을 좋아하는데 이는 이들의 스릴추구 성향을 강화할 것이다. 기질은 외부와 단절된 상태에서 존재하지 않으며, 당신의 다른 자질들과 서로 영향을 주고받는다. 규율을 잘 따르지 않고 자기절제가 약한 혁신애호가들은 결단력 있고 충동을 다스릴 줄 아는 사람들과 매우 다르다. 로버트 클로닝거는 실제로 원기왕성한 자극 추구자들은 비사교적인 행동과 매우 강한 연관성을 가지고 있다고 지적한다. 드물지만 이들 중에는 인격적 결함이나 사이코패스 같은 인격장애를 지닌 사람도 있다. 수오미에 따르면 "행동 유형을 고려하면 긍정적이거나 부정적인 방향으로 이끌리는 데는 타고난 성격 역시 영향을 미치지만, 그보다는 상당수 경험이 영향을 미친다."

● ○ ● ○ ●

태생적 기질에 관해 초기 양육환경이 미치는 영향은 매우 중요하다. 그러나 일부 최첨단 신경과학은 새로운 경험이 노년에도 육체적·정신적 건강을 증진시킬 수 있음을 보여준다. 뇌와 육체를 강화하는 회춘 요법의 공통분모는 새롭거나 색다른 대상에 대한 도전을 받아들여 앞으로 나아가는 것이다. 이는 대단한 것이 아니다. 걷기 운동을 시작하거나 마라톤에 도전한다거나 지역 합창단 가입, 음악 작곡까지 일상 안에서 새로운 일을 시도하는 것이다. 노인의 정신적·육체적 활력에 대한 검사 결과를 관찰해온 과학자들은 70대와 80대 노인들의 뇌가 계발되고, 그 기능이 향상되며, 알츠하이머의 위험을 줄일 수 있다는 개념에 대해 부정적이었다. 이런 관점은 얼마 전까지 계속되었다. 일리오니 대학의 인지신경과학자 아트 크레이머Art Kramer의 동료 하나는 노년의 육체적·정신적 회춘 가능성에 대해 "절대 불가능해, 그때부터는 내리막길이라고."라고 코웃음 치기까지 했다. "이런 태도는 노인들이 안락의자에 앉아 여생을 보내게 만들죠."

최근의 연구는 연령대를 막론하고 성인들이 자신의 몸과 마음을 건강하게 유지하고 싶다면 소파에 누워 텔레비전을 보는 대신 판에 박힌 일상생활에서 벗어날 만한 일을 하고, 운동을 해야 한다는 사실을 보여준다. "읽은 책에 대해 토론하는 건 지적 도전이며, 걷기는 운동이며, 사회적 상호작용은 신경노화를 막습니다. 빠진 건 건강한 식사뿐이군요!"

효과적인 인지 훈련에 새로움은 중대한 요소이다. 크레이머는 "당신이 30년 동안 〈뉴욕타임스〉의 십자 낱말 퍼즐을 해왔다면, 그것은 큰 도움이 되지 않을 겁니다."라고 말한다. 반대로 그의 연구실에 찾아와 뇌 활성화 게임 〈라이즈 오브 네이션〉을 배우고 간 노인은 새로운 경험을 하고 간 것이다. 도전을 수행하려는 노력은 뇌가 신선한 신경학적 연결 고리를 구축하게 하며, 그럼으로써 게임에 더 능숙해지게 한다. 더욱 중요한 것은 실험 결과 새로운 활동이 실행 제어 능력executive control을 증진시킨다는 것이다. 계획하고, 애매모호한 대상을 다루며, 우선순위를 정하는 등의 기초 능력들은 젊은 시절부터 점차 퇴보한다. 그러나 이는 독립적인 생활을 영위하는 데 매우 중요하다. "다른 언어를 배우고, 새로운 취미를 계발하고, 그 전에 해보지 않았던 무언가에 스스로 도전해보는 겁니다. 이런 활동들은 분명 좋은 결과를 만들어낼 겁니다."

도전을 받아들이는 것이 뇌를 단련한다는 강력한 증거가 있다. 바로 삶과 죽음의 기로에 선 판단을 해야 하는 직업을 가졌던 노인들이다. 이들은 지속적으로 끊임없이 변화를 맞닥뜨린 경험을 해왔던 탓에 정신적으로 매우 유연하다. 스트레스가 극심함에도 항공관제사들은 60대에 이르기까지 업무를 잘 수행해낸다. 정신적 부담이 큰 직업은 오히려 이들의 뇌를 민첩하고 영리하게 해주며, 완전히 정제된 지력을 구축하게 한다. 작업 기억(working memory, 정보를 임시 보유하고, 인지 과정을 계획·순위화·체계화하고, 이를 실제로 수행하는 부분−옮긴이) 등의 능력과 관계있는 유연한 부분들이 18세부터 퇴보하기 시작하는 것과 달리, 후천적으로 획득한 전문성은 70대까지 증진시킬 수 있으며, 이는 다른 인지 기능의 퇴보를 보상해준다. "60대의 항공관제사들은 모든 비법을 알고 있었다. 그들의 풍부한 경험과 전문적 지식은 노화로 감퇴된 부분을 보완해주었다. 그리고 우리는 누구나 특정 분야에서 전문가가 될 수 있다."라고 크레이머는 말한다.

새로운 경험으로 뇌를 강화하기 위해 전문 게이머가 되거나 항공관제사가 될 필요는 없다. 평소 포커를 즐긴다면 브리지를 시도해보거나 조깅 대신 자전거 타기를 시작하거나 신문의 십자퍼즐 맞추기 대신 스도쿠 게임을 해보는 것도 괜찮다. 그리고 크레이머처럼 당신도 누군가에게 이를 제안할 수 있다. 잘 알지 못하는 사람에게 공원 산책을 권유하거나 오랜 친구에게 탭댄스를 함께 배우자고 해보자. 그러면 보너스로 당신은 매순간 색다른 무언가를 하면서 혁신애호 기질을 기르고, 보다 수월하게 지루한 일상에서 벗어나 다음 단계로 나아갈 수 있게 될 것이다. 운동만이 아니라 안락의자에서 일어나 집 밖으로 산책을 나가거나 동네 체육관으로 향하기만 해도 새로운 자극을 받을 수 있다.

정신을 단련하는 훈련과 마찬가지로 육체 단련도 뇌 근육을 단련시킨다. 에어로빅 역시 훨씬 더 뇌에 긍정적인 변화를 일으킨다고 크레이머는 말한다. 일상적인 노력이 실제로 신경 형성을 증진시키거나(새로운 신경 세포의 증가) 새로운 혈관계血管系를 형성할 수 있다. 신체적 노력 역시 신경성장인자 수준을 높이고 도파민을 비롯한 다양한 신경전달물질을 활성화한다.

그중 가장 좋은 소식은 새로운 도전을 함으로써 이루어지는 이런 정신-육체적인 보상들에는 영웅적인 노력이 필요하지 않다는 것이다. 크레이머의 피험자들은 6개월 혹은 1년 동안 일주일에 세 번 정도 한 시간씩 걷는 것만 했다. 그렇지 않을 때는 소파에 누워 있거나 도너츠를 잔뜩 먹었는데도 이들은 인지적 기능에서 상당한 이득을 취했다. 이는 크레이머를 매우 놀라게 했다. 이런 발견을 하고 난 후 크레이머는 자신에게 마법 지팡이가 생긴다면 쇼핑이나 헬스클럽을 갈 때 우리들을 걷지 못하게 하는 엘리베이터와 에스컬레이터를 없애고 지역사회를 재구축하고 싶다고 말했다. "우리가 움직이는 것을 방해하지 않고, 우리 스스로가 움직일 수 있게 고안된 그런 환경이 필요하다."

천 마디 말보다 하나의 행동이 중요하다는 것을 지적하면서, 크레이머는 자동차를 몰고 나가는 대신 애완견과 함께 산책하는 남자의 그림을 보여주었다. "오늘날 우리들은 정신 건강을 증진시키는 수많은 방법을 알고 있지만, 실제로 그렇게 하게끔 사람들을 설득하는 건 매우 힘든 일입니다. 노인들을 활동하지 못하게 하고, 그들의 생산성을 저하시키는 통에 엄청난 재능이 낭비되고 있습니다. 노인들에게 활동의 기회를 주는 것은 비단 그들만을 위한 것이 아니라 사회를 위해서이기도 합니다." 크레이머는 다음의 말을 덧붙였다. "우리는 유전자를 바꿀 수는 없습니다. 그러나 우리의 생활습관을 바꿀 수는 있지요. 우리가 더욱 잘 살 수 있도록 약간만 제어하면 됩니다."

● ○ ● ○ ●

1930년과 1931년에 심리학자 알렉산더 루리아Alexander Luria가 러시아의 외딴 시골에서 시행한 연구는 다소 도발적이고 주목할 만하다. 이 연구는 특히 지적·창조적 영역에서 환경이 혁신애호 기질 표현에 어떤 영향을 미치는지를 생생하게 보여준다. 문맹인 시골 사람들의 인지능력은 직접적·목적적으로 경험한 세계에 완전히 국한되어 있었다. 더 큰 마을의 교육받은 사람들과 달리 이 단순한 영혼들은 추상적 논리에 따른 개념 분류, 일반화, 문제 해결이 불가능했다. 이를테면 이웃사람에 대해 묘사해보라고 했을 때, 이들은 '친절한' 혹은 '무뚝뚝한'과 같은 식의 주관적인 대답은 하지 못했고, 단지 "그는 매우 똑바로 쟁기질을 할 줄 안다."와 같은 식으로 대답하는 등 매우 제한적인 정신세계를 지니고 있었다. 말할 것도 없이 이들의 제한된 경험은 상상 속의 영역을 다루는 데 방해물이 되었던 것이다. 마을 사람 하나가 말했듯 그들은 "늘 보고 있는 것에 대해서만 말했다. 그리고 보고 있지 않은 것에 대해서는 말해본 적이 없었다."

창조성에 있어 환경의 역할을 이해하기 위해서는 이런 인간의 능력 발달을 대중연설가나 운동선수들과 비교해보는 것이 도움이 될 듯하다. 평범한 아이들은 모두 말하고 쓰는 데 대한 신경학적 능력을 지니고 태어난다. 그러나 부모가 자주 말을 걸고, 글을 읽어 보게 하는 아이들은 언어 능력에서 더 나은 발전을 보인다. 타이거 우즈나 비너스·세레나 윌리엄스 자매는 강건한 신체와 엄청난 감각협응 능력을 타고났다. 그러나 이들 역시 야심찬 부모 덕분에 어린 나이부터 골프나 테니스를 전문적으로 배웠다. 우주비행사 에스더 다이슨Esther Dyson은 프리먼 다이슨Freeman Dyson이라는 유명한 물리학자 아버지의 피를 타고 태어났다. 그런 그녀 역시 우주에 강한 흥미를 가지고 몰두했으며, 우주여행을 가겠다는 강한 열망을 가지고 있었다.

독창적 사고를 논할 때 경험의 영향을 가장 확실히 보여주는 것은, 제아무리 위대한 지능을 타고났다 해도 열심히 노력해야만 자신의 자질을 알아볼 수 있고, 그제서야 의미 있고 창조적인 작업을 수행할 수 있다는 사실이다. 템플 대학의 심리학자 로버트 와이즈버그Robert Weisberg는 DNA의 이중나선구조를 발견한 왓슨과 크릭을 관찰한 결과, 이들이 완전히 새로운 아이디어를 창출해낸 것이 아니라 기존 연구에서 그것을 발견해낸 것이라고 말한다. "우리는 상자 바깥으로 뛰어나올 수 없다. 때문에 제대로 된 지식을 갖추고 있지 않다면, 발을 헛디디게 될 것이다."

창조성 연구가들은 대부분 창조적 사고에는 반드시 전문적 지식이 필요한 것은 아니라고 말한다. 오히려 이들은 독창성에 영향을 미치는 환경을 강조한다. 마크 런코는 몇 가지 예외를 차치하고 "창조적 인물들의 발전 과정을 따라가다 보면, 그들 대부분이 특별한 무언가를 지니고 엄청난 행운과 기회를 가지고 있었을지도 모르지만, 지극히 평범한 아이들이었음을 발견할 수 있을 것"이라고 말한다. "유전자는 당신의 키를 155센티미터에서 189센티미터 사이가 되게끔 결정한다. 그러나 당신의 키를 185센티미터로 결정짓는 것은 식습관, 건강관리, 그밖의 다른 요소들이다. 창조성에도 이와 같은 역학이 작용한다."

셰릴 로고스키Cheryl Rogowski는 독창적인 사고력을 형성하는 데 인생 초반과 후반에 유전과 경험이 복합적인 방식으로 작용한다는 것을 보여주는 전형적인 예이다. 그녀는 경영과 국제 연구 분야에서 학위를 취득한 후 워싱턴의 월스트리트에서 직업을 구하지 않고, 뉴욕 파인 아일랜드의 양파사업을 하는 가족을 도우러 집으로 돌아가는 선택을 함으로써 친구들을 망연자실하게 만들었다. 재무적 지식으로 무장한 농부의 딸은 먼저 지역 농가가 현재 처해 있는 상태를 분석하여 실리적으로 손익계산을 한 끝에 환경과 공공복리를 증진시킬 새로운 방법을 착안해냈다.

양파농장에 집착하는 대신 로고스키는 250종의 각기 다른 채소들을 길러보기로 했다. 그녀가 심은 농작물 대부분은 흔하지 않은 것들이었고, 그중 일부는 특히 곤경에 처한 저소득 이민자들의 환영을 받았다. 작물을 더욱 다양하게 재배하면서 단골 손님도 증가했고 농토도 풍요로워졌다. 마침내 그녀는 자신의 지역에서 생산되는 작물들을 이용한 케이터링 사업을 시작했다. 이는 그녀의 고객을 더욱 건강하게 함은 물론 소규모 농가들을 고무시켰고, 그녀는 신토불이 운동의 리더가 되었다. 2004년에 로고스키는 타임스퀘어 주변의 오랜 농가를 부흥시킬 새로운 방식을 발견한 공로로 농부로서는 최초로 맥아더 지니어스 상 MacArthur genius award을 수상했다.

'부정적인 사건'이 인생에 끼치는 영향은 환경의 중요성을 입증하는 강력한 증거이다. 심리학자 딘 사이먼턴은 수백 명의 창조적인 사람들의 인생을 전기적·연대기적으로 추적한 끝에 3분의 1 이상이 21세 이

전에 부모를 잃었으며, 어느 정도 그 역경으로 인해 '위대해지는 여정'으로 방향을 전환했음을 발견했다. 가장 대표적인 예는 아이작 뉴턴이다. 1643년 뉴턴은 조산아로 태어났다. 그가 태어났을 무렵 문맹인 아버지는 이미 사망한 후였다. 거기에다 조산아로 태어난 뉴턴은 (어머니의 표현에 따르면) 머그잔에 들어갈 만큼 작고 여렸다. 이 유복자는 세 살 무렵 어머니가 재혼을 하면서 조부모의 집에서 자라게 되었으며, 이로 인해 평생 극심한 감정적 혼란 속에 빠져 지내게 되었다. 그는 자신의 일에 몰두함으로써 안정을 찾았다. 이런 강제적 고립 상태가 멀리 떨어진 행위와 관계 있는, 즉 접촉 없이도 육체는 서로 영향을 주고받는다는 중력 이론을 고안하게 한 것은 우연이 아닌 듯하다. 사이먼턴은 "우주에 대한 뉴턴의 이론은 뉴턴의 사회생활(인간관계)과 유사한 점이 있다."고 한다.

　인생 초기의 우여곡절들은 다양한 방식으로 창조적 개인들에게 이점이 될 수 있다. 이것이 독립적인 자아를 형성하기 때문이다. "다른 젊은이들이 자신을 위해 하는 일들이 조실부모한 이들에게는 반드시 해야 하는 일이 된다. '나는 누구인가?', '무엇이 중요한가?'와 같은 질문에 대한 대답 역시 여기에 포함된다."라고 사이먼턴은 설명한다. 그러고 나면 운명에 의해 홀로 내던져졌다는 생각이 그를 보다 덜 인습적인 사람으로 만들어준다. 다른 사람들과 다소 다르다는 인식이 주는 이점에 대해서는 이민자나 유대인들이 노벨상 수상자의 30퍼센트를 차지하는 등 창조적 사고와 관계있다는 사실을 생각하면 될듯하다.

　환경은 당신의 혁신애호 성향이 드러나는 데 기여한다. 그리고 그 행위가 단점이 될지 장점이 될지 역시 환경에 달려 있다. 케냐의 아리

앨Ariaals 부족 연구는 7R 대립유전자 보유자가 도시민이나 정착생활민인 경우보다 유목민인 경우 더욱 건강하고 튼튼하다는 것을 밝혀냈다. 과잉활동성, 산만함, 탐구적 태도는 음식과 물을 찾거나 침입자를 피하거나 자연의 우연한 공격에 유연히 대처하는 데 필요한 예민한 감각을 부여한다. 그러나 끈기 있게 앉아서 집중해야 하는 학교생활, 농경과 같은 차분한 일에서는 단점으로 작용한다.

경험이 타고난 기질적 성향에 영향을 미치듯이 문화 역시 사람들의 유전적 구조를 구축할 수 있으며, 그럼으로써 하나의 풍속이 형성될 수 있다. 일반적으로 역사는 바퀴 같은 신기술부터 민주주의 같은 정치적 신개념에 이르기까지 사회 발전에 의해 움직여왔다는 것이 통설이다. 떠오르는 바이오히스토리(biohistory, 스티븐 보이든Stephen Boyden에 의해 창안된 역사발전론으로, 인간과 질병의 역사적 관계(흑사병이 유럽 역사에 미친 영향 등)와 같은 생체적 변화가 역사와 문명에 끼친 영향을 연구한다 - 옮긴이)) 분야의 지지자들은 이미 밝혀진 인간에 대한 묘사에서 자연의 손길을 떠올린다. 그중 흥미로운 논쟁은 혁신애호적 7R 대립유전자 분포가 세계적으로 고르지 않다는 데 초점을 맞춘 것이다. 캘리포니아 대학의 로버트 모이지스와 동료들의 연구는 전세계적으로 7R 대립유전자 보유자 발생빈도가 지역별로 차이가 나는 이유에 관한 도발적인 설명을 제시한다. 심리학자 촨샹 첸Chuuansheng Chen 주도의 연구는 그 유전자가 '이주민 유전자'에서 발생되기 시작했음을 상정하고 이루어졌다. '초조함'은 특정 상황에서 큰 장점이 될 수 있다. 행동진화론에서 '최근의 갑작스런 변화설'의 지지자인 모이지스는 이런 돌연변이가 호모 사피엔스를 아프리카 대륙에서 나와 미지의 세계로 가게 하는 대이주를 이끌어 생존하고 번창하게 한 원동력이 되었다고 생각한다.

　표준통계방식을 사용하여 DNA 시퀀스를 분석한 결과 모이지스는 유럽의 도시인, 사하라 이남의 촌민, 남아메리카의 인디언을 막론하고 오늘날 7R 보유자는 모두 근본적으로 같은 형질을 지니고 있음을 알아냈다. 그리고 7R 유전자는 아마 약 5만 년 전부터 4만 년 전 사이, 즉 인류 대이동이 있던 시기 부근에서 발생했다고 결론지었다.

　모이지스는 이 유전자가 상대적으로 새로운 것이며, 다른 영장류들에게서는 전혀 발견되지 않는다고 강조한다. "현재 인구분포에서 발생 빈도가 유의미한 수준에서, 지속적으로 나타난다는 것은, 그것이 선별적으로 이루어진 것임을 나타난다. 돌연변이가 이점이 되지 않는다면 진화는 그것을 제거할 것이다."

　세계 인구분포 연구는 인류 대이동의 시기에 아프리카 발원지 근처에 머문 선조들 집단에서 DRD4-4 대립유전자의 발생 빈도가 높으며, 반대로 가장 먼 곳까지 이주한 집단의 후예들에게서는 2R, 5R, 특히 7R 같이 도파민 저친화성을 비롯해 활발한 혁신추구 기질과 관련된 유전적 변이의 발현 빈도가 극히 높았다. 이들의 미국인 후예들을 비롯해 유럽 인구의 25퍼센트 이상이 7R 대립유전자를 보유하고 있는데, 가장 발생 빈도가 높은 집단은 아마존 분지 같이 아프리카 발원지에서 가장 먼 곳에 있는 남아메리카 인디언 부족으로, 무려 85퍼센트 이상에 달했다.

　이 연구는 믿기 어렵게도 혁신추구 기질의 7R 대립유전자가 중국 같은 곳에서는 거의 존재하지 않는다는 것을 보여주었다. 모이지스는 중국에서는 2R 유전자가 훨씬 짧아지는 방향으로 변이되었는데, 이는 혁신선호적 변이에 대응하여 선택이 이루어진 결과라고 생각한다. 중국에서 이런 전환이 이루어진 이유와 방식에 대해 추측을 하자면, 모든 수단을 동원해 '문화적 선택'이 이루어졌다는 것이다. (유타 대학의 인류학자이자 바이오히스토리 연구자인 헨리 하펜딩Henry Harpending은 자신이 중국 유전공학자에게 이 유전자가 거의 사라진 이유를 물었을 때 그가 주저없이 "오, 우리는 모든 7R 보유자들을 죽이고 있어요."라고 말했다고 한다. 이는 물론 웃자고 한 대답이다.) 한 가지 시나리오는 이 가만히 있지 못하는 유전자를 보유한 아시아의 탐험가들은 베링 해협을 지나 미국으로 건너갔으리라는 것이다. 그들이 이곳에서 많이 나타나기 때문이다. 또 다른 시나리오는 모이지스의 연구팀이 제시한 것으로, 쌀 생산을 경제 기반으로 한 중국 사회에서는 많은 사람들이 협력하여 하루의 대부분을 농사일에 바쳐야 하는데, 이 때문에 가만히 있지 못하고 새로운 것을 쫓아다니는 사람들이 도태되었으리라는 것이다. 2천 년 전 중국의 고급 관료 체제에서 이유를 찾을 수도 있다. 이런 체제에서는 관료제의 상층으로 올라갈 수 있는 사람들을 선호하는데, 이 때문에 장난꾸러기 동생보다 순종적인 형이 계급의 상층부로 올라갈 수 있다. 그리고 이들이 많은 아내를 얻을 수 있었기에 후손을 많이 남겼다는 것이다.

과거의 뿌리가 어떠하든, 전통적으로 보수적인 중국 사회는 자유분방한 문화를 지닌 미국과는 매우 다르다. 과거 수천 년 전 문화의 차이는 DNA에 영향을 미쳤다. 특히 아시아에서 그렇다. 하펜딩은 흥미로운 행동이나 평범한 행동 유형들이 유전적 차이와 관계 있다는 연구를 보았을 때 '판도라의 상자가 열렸군!'이라고 생각했다. 두 모집단이 현재 7R 대립유전자 발생 빈도와 사회적 행동 양식에 있어 완전히 다르다는 것을 고려했을 때, 신세계의 원주민들이 1만 2천 년 전 무렵 그곳에서 이주한 아시아인들의 후예라는 점을 생각하면 이런 현상은 더욱 매혹적이기 그지없다. 그 유전자와 관련해 활동성, 분산된 집중력, 위험감수성에 있어 기질은 동일했지만, 이들은 전통적인 중국사회에서는 받아들여지지 않았고, 아마존 분지나 실리콘 밸리와 같은 다른 환경에서는 매우 환영받았다. 즉 7R 선호와 관계하여 선택이 작용한 것이다.

중국에서 7R의 역사는 그들의 미래가 점점 더 모니터 앞에 앉아 있는 탈산업화된 서구 사회와 같아질 것이라는 추측을 불러온다. 대부분의 사람들이 책상 앞에서 오랜 시간을 보내며, 몇 시간이고 계속해서 정신적인 업무에 집중하는 생활이 인류의 역사에서 그리 오래지 않은 일이지만, 책상 앞에 묶여 있는 우리들의 세계에서 그러지 않고 생활할 수 있다는 것은 상상하기조차 힘들다. 아마존 부족이나 변방의 아리엘 족과 달리 도시화된 환경에서 많은 젊은 혁신추구자들이 탐험과 사냥을 추구하던 고대의 선조로부터 물려받은 의기충천한 영혼을 정당하게 배출시킬 곳을 찾지 못하고 있다. 하펜딩이 말하듯 "아이들은 자신이 잡혀가게 되리라는 것을 알고도 가게 창문에 돌을 집어던지는 등 나쁜 행위를 한다. 그것이 지루함을 해소하는 방식이기 때문이다."

이제 대학은 중산층 모임처럼 되어가고 있으며 더 이상 좋은 직업을 보증하지도 않는다. 무엇보다 우리는 고등교육에 지불할 만한 돈도 없고, 그것을 즐길 수도 없는 혁신추구자들이 한때 공장과 농장에서 높은 급여를 받고 생산적인 일들을 해냈다는 것을 잊고 있다. 이런 일들의 대부분은 지금 해외로 옮겨가거나 기계화되었다. 그러나 얼마 전까지 이런 노동자들이 수많은 혁신을 이끌어내어 미국의 공업에 불을 지폈다. 기계 공구 제작자였던 한 노동자는 공장 투서함에 넣은 아이디어로 급여보다 훨씬 더 많은 돈을 벌었다고 하펜딩은 말한다. "그때 그곳에서는 차이를 인정했지요. 모든 사람들이 미적분학을 배워야 한다고 강요해서는 안 됩니다. 지적 엘리트주의에 기반한 지금의 보상 체계는 모든 걸 망치고 있습니다. 외과의사는 서랍 제작자나 기타 숙련공보다 2배 이상, 때로는 20배 이상을 벌어들입니다."

● ○ ● ○ ●

문화가 유전을 넘어서 집단의 혁신애호 기질에 영향을 미치고, 태도와 풍습에 영향을 끼친다면 혁신애호 기질이 훨씬 더 많이 발현될 수 있다. 당신이 9세기에서 12세기에 이르는 이슬람의 황금시대의 어느 때에 무슬림으로 살아간다고 상상해보라. 당신은 활기 넘치고, 외향적이며, 국제적이고 젊은 문화, 즉 세계적으로 창조성의 황금기라고 여겨지던 그 문화에 속해 있다. 당신은 전설적인 하킴 일가Hakims의 한 사람이나 르네상스의 대학자 중 한 사람과 공부하고 있을 수도 있다. 빛나는 과학, 철학, 예술, 의학, 산업이 당신을 고무시켜 중대한 발전을 이룩했을 수도 있다.

그러나 13세기의 무슬림이었다면 당신의 세계는 매우 다를 것이다. 몽골과 터키의 침공, 역병, 새로운 성서 주해에 기반한 종교적 보수성과 같은 내부로 수렴하는 부정적 환경에 의해 이슬람 사회는 역동성과 진보적 정신을 잃어가고 있을 것이다. 이 문화는 점차 내부로 침잠하고, 진보를 포기하고, 수세기에 걸쳐 다른 세상과 단절하게 된다. 당신에게 타고난 혁신애호 성향이나 재능이 있을지라도, 흥미롭고 새로운 것을 배우고 혁신적인 일을 함으로써 그 기질을 표현할 만한 기회는 비극적으로 줄어 있을 것이다.

호기심과 권태의 문화사

혁신애호 기질은 초기 호모 사피엔스가 가뭄과 홍수에 적응하고, 새로운 기술을 실험하며, 먹을 것을 찾아 미지의 땅으로 나아가게 했다. 1만 년 전까지 많은 선조들이 야생을 뒤로하고, 수렵·채집의 삶에서 농경 사회의 정착 생활로 옮겨갔다. 대규모 집단 생활은 안전할 뿐만 아니라 지적 자극을 증가시켰고, 초기 농경생활자들은 자신의 탐구적 에너지를 지적·실용적 성과를 만드는 데 투여했다. 예컨대 약 8천 년 전 이들은 글로 된 상징 체계를 고안했고, 2천 년 후에 위생적인 배수시설과 공중 목욕탕을 만들었다. 한편으로 대규모 집단에서는 질서를 유지하기 위해 규칙과 규범들이 필요해졌고, 이로 인해 '기득권층'이 나타났다. 그리고 이렇게 형성된 권력은 오늘날까지 새로움을 추구하는 데 제약을 가했다. 승인되지 않은 질문이나 탐구는 상스럽거나 불온적이거나 때로 이단으로 몰리게 된 것이다.

호기심에 관한 놀라운 역사는 혁신애호 기질이 선인지 악인지를 규정하는 데 사회가 강력한 영향력을 발휘함을 말해준다. 고대 서양 철학의 발생지인 그리스와 로마에서조차 사물이 존재하는 방식에 대해 지나치게 깊이 탐구하는 것을 경계했다. 이런 경계는 중세에 들어 더욱 심해져, 자만은 신을 분노하게 하고 현재의 상태를 파괴한다고 여겼다. 교회에서 호기심 많은 정신은 영적인 가치보다 세속적인 가치를, 신의 계시보다 인간의 유한한 지식을 택한 것으로 여겨졌다. 상자 속에 든 것이 무엇인지를 알고 싶어하는 판도라의 욕망, 금단의 과실에 관한 이브의 호기심이 어떤 결과를 가져왔는가? 이는 새로운 것·생각·경험에 대한 강렬한 흥미가 저 위에 있는 권위자를 분노하게 만든다는 것을 의미한다. 호기심의 문학적 역사를 연구하는 바버라 베네딕트Barbara Benedict는 "선한 의도라고 해도 신이 숨긴 무언가를 탐색하고자 하는 욕망은 다른 것들을 의도적으로 침해하는 것이었다."라고 설명한다. 엄격한 계급 사회에서 지나치게 많은 질문은 신의 영역뿐만 아니라 사회에 대한 반항으로 간주되었다. "숨겨져 있는 것을 드러내는 것은 야심과 관계가 있다. 다른 사람들보다 더 많이 알고 싶어함으로써 당신은 자신의 위치를 넘어서게 되는 것이다."

호기심이 새로운 것을 배우고 자기 자신에 대해 이해하고 싶어하는 감정이라는 개념은 인권의 개념과 마찬가지로 근대라는 이성의 시대가 만들어낸 혁신품이다. 18세기 초 철학자 존 로크가 세계를 새롭고 혁명적인 시선으로 다르게 볼 수 있었던 것은 그가 지적 혁신애호 기질을 갖고 있었기 때문이다. 그는 진정한 지식이란 믿음이나 계시에 있는 것이 아니라 경험에 있다고 생각했다. 즉 증거나 실험에 의해 이성적으로 밝혀낼 수 있어야만 지식이라는 실증론을 주장한 것이다. 이 대담한 주장은 '확인된 진실'이라는 '과학의 제1원칙'을 세웠고, 인간의 자아는 그 자체로 타인과 구별되는 중요한 것이라는 근대적 사고로 향하는 위대한 첫 걸음이 되었다. "우리는 더 이상 신이 우리에게 부여해준 관념에 의해 지배되는 피조물이 아니다. 자기 자신의 감각을 통해 배우고 숙고하는 존재다. 우리들은 모두 작은 신이며, 우리를 둘러싼 세계를 경험함으로써 자신만의 자아를 구축하는 능력을 가지고 있다."라고 베네딕트는 말한다.

산업혁명이 가속화되면서 계몽 철학이 꽃피게 되었고 이는 혁신애호가들을 고무시켰다. 그리고 부유하고 독립적인 정신을 지닌 중산층이 두터워지게 되었다. 제국주의적 경제정책으로 유럽은 호황기를 맞이했다. 시장은 외국에서 들여온 이국적인 상품, 대량생산품, 값싼 책 등으로 넘쳐났고, 이로 인해 시민들의 세계관 역시 확장되었다. 이는 다시 선동적인 사고들과 모험 이야기의 탄생으로 이어졌다. 1719년에 발표된 대니얼 디포의 《로빈슨 크루소》는 새로운 세계를 마주친 주인공의 일대기를 다루는 새롭고 색다른 소설이다. 이 소설이 출간 즉시 베스트셀러가 된 것은 당연한 일이었다. 한편 기존의 질서에 대한 이런 도전들은 귀족 계급을 불안하게 만들었고, 이에 따라 귀족들의 속물근성도 강화되었다.

복고주의가 등장하기는 했지만, '열린 사고'라는 새로운 풍조는 기존의 사회 체제를 완전히 바꾸어놓았다. 놀랍게도 일부 부유한 귀족들조차 전통적으로 내려온 계층적 역할을 포기하고 새로운 사조를 좇는 데 일조했다. 과학적 가치를 지닌 물건을 수집하는 풍조가 생겨난 것이다. 돌, 화석을 비롯해 이전에는 가치 없다고 여겨졌던 물건들을 모으고 보물처럼 다루는 것은 '거만한 귀족들이나 하는 일'이었다. 베네딕트의 표현에 따르면 수집가들은 "우리는 이전 세대가 가치 없다고, 때론 흉물스럽다고 여긴 것에서 새로운 의미와 아름다움을 찾을 수 있다."고 여겼다.

계몽주의와 결합된 혁신추구, 그리고 삶에 대해 의구심을 품는 접근 방식은 중산층과 하위 계층에 훨씬 더 큰 충격적인 영향을 미쳤다. 문맹에서 벗어나는 사람들이 많아졌고, 이는 현재 어떤 상태에 있든 누구든지 살 것, 읽을 것, 생각할 것을 스스로 선택할 수 있다는 생각을 품게 했다. 이런 성향은 여성들에게도 적용되었다. 호기심 많은 여성들은 남성을 지배함으로써 지위를 상승시키려고 하며, '순종적이지 않다'고 여겨져 왔다. 그러나 돌연 탐구하는 정신이 더는 '주제넘은 짓'을 의미하지 않게 되었고, 오히려 '스스로 자기가 있어야 할 자리를 만들어낼 수 있음을 입증하는 것'이 되었다. 인습적인 교육을 받지 않은 사람들, 즉 여성을 비롯하여 새 계층에 속한 사람들은 세계를 자신들의 참여로 이루어지는 것으로 이해하고자 했다.

부르주아 계층이 확대되고 신분 질서의 상층으로 올라감에 따라, 이들은 생존의 문제에서 더욱 섬세한 감정적·지적 삶을 즐기는 것으로 관심을 옮길 만한 부를 누리게 되었다. 그로 인해 소설(novel, 이탈리아 어의 노벨라novella에서 파생된 말로, 새로운 소식 하나를 의미한다.—옮긴이)을 비롯한 대중적 오락거리들이 탄생하게 되었다.

낭만주의 운동은 더욱 행복해지고자 하는 주관적인 감정들을 자극했고, 그로 인해 사람들은 자기 자신을 비롯해 다른 사람들의 의식 세계에 매우 관심을 가지게 되었다. 그리고 영어 단어에도 이런 사회적·심리적 변화들이 반영되기 시작했다.

이전 시대에 '호기심curiosity'이라는 단어는 희귀한 것, 낯선 것을 가리키며 대상을 인위적으로 조정한다는 의미를 담고 있었다. 그리고 이런 것들은 호기심 상자 속에 가두어두어야 하는 것으로 여겨졌다. 그러나 새로운 문화적 기후에서 이 단어는 질문하는 정신, 혹은 그런 정신을 배양한 사람을 의미하게 되었다. 새뮤얼 버틀러Samuel Butler는 새로 등장한 과학적 수집가들에 대한 농담 하나를 던졌다. "진기한 것(호기심을 의미하는 curiosity는 진기한 물건을 의미하기도 한다.-옮긴이)에 대한 맹목적인 애정은 결국 그 역시도 진귀한 수집품들 중 하나로 만들어버릴 것이다."

'흥미interesting'라는 단어 역시 이와 유사하게 진화했다. 이는 전통적으로 '중요한'이라는 의미로 통용되며, 미술품과 같은 사물에 적용하는 단어였다. 19세기에 들어 '개인성'을 강조하는 계몽주의와 개인의 표현력을 중시하는 낭만주의의 압박으로 이 용어는 완전히 변형되어 오늘날에는 '사람의 시선을 끌어당기고 집중하게 하는 어떤 대상의 능력에 관한 개인의 주관적인 평가'를 의미할 때 언급된다.

혁신애호적 호기심을 어떻게 여기느냐는 여전히 상황에 달려 있다. 교실에서나 과학 분야에서 의문을 품고 질문하는 태도에 미국인들은 갈채를 보낸다. 그러나 돈이나 성생활에 대해서는 그렇지 않다. 현대의 많은 문화권에서는 여전히 질문하는 태도는 무례한 것, 때로 인격적 결함으로까지 여겨진다. 과묵함을 미덕으로 삼는 영국에서는 "상대의 직업에 대한 질문조차 무례한 태도로 여긴다."라고 베네딕트는 말한다.

● ○ ○ ○ ●

새롭고 낯선 것에 대한 호기심은 오랫동안 우리와 함께 존재했다. 그러나 지루함은 매우 다르다. 흥미를 끄는 존재가 없다는 이 유쾌하지 않은 상태는 근대의 산물로, 세계의 많은 곳에서 존재하지 않는 감정이다. 버스를 몇 시간 혹은 며칠이나 기다려야 한다는 사실은 우리를 참을 수 없이 따분하게 만들지만, 어떤 사회에서는 단지 당연한 생활방식일뿐이다. 인류학자 헨리 하펜딩은 나미비아와 보츠와나의 오지에서 시행한 대규모 현장연구 결과 거의 모든 면에서 "부족민들은 당신과 나와 같다."라고 말했다. "그러나 그곳에 간 서구인들이 가장 이해할 수 없고 놀라워하는 한 가지는 지루함을 견뎌내는 그들의 인내심이었다. 그들은 그저 나무 아래에 앉아 하루를 보낼 수도 있었다. 아무것도 하지 않고 있을 수 있는 이 능력은 우리들에게는 정말 기이해 보였다." 부족어에 유창했던 그는 20년간 그들에게서 '지루하다boredom'라는 단어를 끌어내려고 노력했다. 그러나 그가 얻어낸 가장 유사한 말은 단지 '피곤하다tired'라는 표현이었다.

특히 지루함의 영향을 크게 받는 사람은 혁신애호가들이다. 그러나 우리 역시 줄을 서면서조차 한시도 가만히 있지 못하는 성향이 점점 더 커지고 있다. 여타의 공공장소들은 지루함을 견디는 문화의 한계점을 하루 이하로 낮추려고 한다. 끊임없이 조작할 수 있는 텔레비전이 어디에나 있지만, 만에 하나 텔레비전이 없는 곳에서 단 몇 분이라도 있게 되면 우리들은 스마트폰을 만지작대며 기사 제목을 훑고, 문자를 보내고, 야구경기 점수를 확인한다. 몽상이라는 고루한 취미는 최후의 인내력을 발휘해야 하는 것으로 치부될 뿐이다. 창조성 연구자인 오신 베르타니언Oshin Vartanian은 자동차 판매상 사무실에 방문한 고객들이 텔레비전 없이 30분 이상을 기다리고 있는 상황에 대해 묘사했다. "우리는 더 이상 참을 수 없었죠. 모든 사람들이 미친 것 같았어요. 고장난 텔레비전을 어떻게든 틀어보려고 별짓을 다했죠!"

 새로운 자극을 게걸스럽게 탐하는 우리들에게 비산업사회의 부족민들이 보여준 '꿈쩍도 하지 않고 지루함도 느끼지 않는 능력'은 믿기 어려운 것이다. 그러나 이는 서구의 이異문화 집단을 한때 지배했고, 여전히 지속되고 있는 것이기도 하다. 북쪽 지역의 많은 농부들은 겨울 동안에는 알래스카의 이누이트들과 다를 바 없이 동면 상태로 지낸다. 대부분 아무것도 하지 않고 실내에 머물러 있는 것이다. "외부인들에게 이는 우울증처럼 보입니다."라고 하펜딩은 말한다. "그러나 이는 단지 활동 수준이 낮아지는 것뿐입니다. 이런 행동은 유전자와는 관계없습니다. 전 소파에 앉아서 5시간 동안 움직이지 않고 있는 사람들과 다섯 세대도 떨어져 있지 않습니다. 제 할머니는 그렇게 할 수 있는 사람이었지요. 할머니와 저의 차이는 단지 문화적인 겁니다."

 호기심의 역사와 마찬가지로 지루함의 연대기를 작성해보면 지루함이 혁신애호 기질을 선호하는 현대 사회에 들어 더욱 만연해졌음을 알 수 있다. 예일 대학의 영문학 교수 패트리샤 메이어 스팩스Patricia Meyer Spacks는 친구의 프랑스 인 어머니가 '지루함'을 '죄악'이라고 묘사했다는 말을 듣고 20권으로 된 옥스퍼드 대사전을 뒤지기 시작했다. 그리고 그곳에서 두 가지 흥미로운 사실을 발견했다. '지루함boredom'이라는 단어에는 어원이 없었다. 즉 이 단어는 다른 어떤 단어에서 파생된 것이 아니라 특별히 만들어진 것이었다. 게다가 18세기 후반까지는 영어에 있지도 않은 단어였다. 프랑스에서 '따분함ennui'이라는 단어가 등장한 것은 그보다 훨씬 전이었다. 영국에서 왜 갑자기 그 단어가 필요해졌는지 궁금해진 스팩스는 18세기 이전의 문학작품들에서 '지루함'이라는 단어가 출현하는지 조사에 착수했다. 역사가이자 문인인 호레이스 월폴Horace Walpole이 처음 이 용어를 썼는데, 이는 '지겨운 사람bore'을 '수퇘지boar'에 비유한 상류층의 속어였으리라고 추측된다. '지루함boredom'은 이후 곧 다른 문맥에서 돌연히 나타나는데, 이것이 일상적인 담화에서 유행하게 된 듯하다.

호기심의 의미가 선한 것에서 악한 것으로, 다시 선한 것으로 바뀐 것처럼 지루함이라는 심리적 상태에도 광범위한 문화적 변화들이 반영된다. 사람들이 스스로의 내면세계에 더욱 관심을 갖게 될수록 외부의 자극보다 외부세계에 대한 개인의 내적 반응을 강조하는 새로운 단어를 필요로 하게 된다. 스팩스는 이렇게 설명한다. "우리가 어떤 대상을 표현하기 위해 단어를 만들어내려고 하는 건 어떤 의미에서 그 대상 자체를 창조해내는 것이라고 할 수 있다. 비록 경험이 선행된다 해도 말이다. 그리고 일단 단어가 존재하게 되면, '지루함'의 경험(유쾌함을 느끼지 못하거나 하고 있는 경험으로부터 의미를 찾지 못한다면)이 훨씬 더 광범위하게 퍼지기 시작할 것이다."

자기 자신에게 충실하고, 높은 가치를 부여하는 일부 사람들에게 지루함은 도덕적, 지적 실패로 여겨진다. 영국의 시인 새뮤얼 존슨은 "런던이 지루하다고 말하는 사람에게는 인생 역시 지루할 것이다."라고 말했다. 자신을 흥미롭게 하는 대상을 찾아내지 못하는 것 역시 그 사람의 잘못이라는 것이다. 새뮤얼 존슨의 시대에 상류층 여성들이 쓴 편지는 그녀들이 극심한 사회적 제약이 있었음에도 새뮤얼 존슨의 말이 사실임을 입증한다.

부유한 18세기 영국 여성들의 삶을 생각해보자. 그녀들의 활동과 열망은 상상할 수 없을 만큼 제한되어 있었다. 스팩스는 그 시대에 많은 예절 안내서를 쓴 한 남성 작가가 바느질과 자수를 배우는 딸들에게 이런 조언을 했다고 한다. "거기에 어떤 가치나 유용성이 있다고는 생각하지 말고 단지 너희들의 남는 시간을 채우기 위해 하는 일이라고 생각하거라." 그러나 그 시대의 부유한 부인들과 미망인들의 편지를 보면, 자신의 삶의 질을 스스로 책임지는 것은 물론, 친한 친구와 즐거운 시간을 보내는 등 일상의 지루함을 최소한으로 줄이려고 했음을 알 수 있다. 실제로 "그 시대의 도덕주의자들은 이런 여성들이 엄청나게 즐기며 살고 있다고 한탄했다."라고 스팩스는 말한다. 젊은 미혼 여성들은 미망인이나 유부녀들보다 더 자유를 구속받았고, 권태로움을 피하기 위해 소설을 읽기 시작했다. "당대 도덕주의자들은 미혼 여성들이 소설을 읽는 것에 대해 우려를 표명했다. 그것이 처녀들에게 어떤 '생각'을 심어줄 수 있었기 때문이다. 이는 달리 말하면 여성들이 자신의 삶을 공허하게 여겼다는 증거이다."

계몽주의 시대에 지루함은 내적 문제이자 개인적 결함이라고 여겨졌다. 그러나 이런 계몽주의적 확신은 (대단히 불충분하고 결과론적인 설명이지만) 각종 매체에 좌지우지되는 우리 문화에 와서 점점 약화되기 시작했다. 지루함이 '개인' 차원의 문제가 아니라 '사회' 차원의 문제라는 흐름을 보여주는 예로, 찰스 디킨스가 1836년에 쓴 짧은 논설을 들 수 있다. 여기서 그는 일요일마다 노동자들이 술에 취하는 이유는 구조적으로 안식일이 없기 때문이라고 말하면서 '지루함'이라는 용어를 처음 사용했다. 그러나 1952년에 발표한 《황폐한 집Bleak House》에서 그는 이 용어를 여섯 번이나 사용했다. 1892년에 발표된 미국 소설가 샬롯 퍼킨스 길먼Charllotte Perkins Gilman의 《노란 벽지The Yellow Wallpaper》는 아예 지루함에 대한 공포로 점철되어 있는 작품이다. 이 작품은 정신과 의사인 남편이 '경미한 히스테리 증상'을 이유로 부인을 아무 일도 하지 못하게 하고 침실 안에서 절대 안정을 취하게 함으로써 결국 부인을 광기로 몰아넣는다는 내용을 담고 있다.

지루함은 20세기의 주요 문화적 주제이기도 하다. 실존주의 철학자들은 그것을 인간의 조건으로 여겼고, 공허함을 인생의 핵심이라는 관점에서 바라보았다. 마르틴 하이데거는 이렇게 말했다. "떠도는 시간, 자욱한 안개에 감싸인 듯한 존재의 심연 속에서 짙은 권태는 그것을 비롯해 모든 대상, 인간, 나 자신까지도 현저한 무관심 속으로 사라지게 한다. 이런 권태는 존재를 전체로서 드러낸다." 영향력 있는 심리학자 에리히 프롬은 "섹스와 차는 포스트모던 시대의 지루함을 완화시키는 가장 중요한 탈 것vehicle"이라고 말한 바 있다.

21세기에 권태가 "용서할 수 없는 원죄 중 하나"라는 오스카 와일드의 오래된 선언에 동의하는 사람은 많지 않다. 스팩스의 말처럼 "매순간 외부의 무언가에 자극받고 싶어하는 욕구는 이 시대의 특징이기도 하다. 전자기기의 확산은 매분마다 커뮤니케이션할 수 있게 하고, 오락거리를 제공하는 데 중점을 두고 있다." 스팩스는 새뮤얼 존슨의 관점을 옹호한다. "전 '흥미롭다'라는 말이 어떤 대상에 적용할 수 있는 것이 아니라고 생각해요. 오히려 인간의 감정에 관한 것이라고 배워왔지요. 지루함은 객관적 사실이라기보다는 주관적인 경험일 뿐입니다."

부모와 선생들이 "나태한 정신은 죄악이다."라는 식의 격언으로 아이들을 꾸짖게 된 것은 그리 오래된 일이 아니다. 스팩스는 "제 딸이 할 것이 없다는 불평에 진정한 분노를 느낀다면, 지루함이 무엇인지 모르는 매우 창조적인 예술가가 될 거예요."라고 그 감정을 표현한다. 최근 저녁식사에서 스팩스는 젊은 동료가 자신의 6개월 난 딸을 테이블 한가운데에 앉히는 것을 보고 깜짝 놀랐다. 그로 인해 아이가 새로운 자극을 받을 것이 분명했기 때문이다. "그런 건 본 적도 없지만 그런 일이 가능하리라고도 생각해본 적도 없었죠. 어렸을 때 자신을 위해 인생을 흥미로운 것으로 만들어야 한다거나 누군가가 당신을 위해 그렇게 해준다는 걸 배웠다면, 이는 당신이 세계를 바라보는 방식에 엄청난 영향을 줄 겁니다."

● ○ ● ○ ●

새로움과 변화에 대한 태도는 시간이 흐르는 동안 변화되어왔을 뿐만 아니라 문화마다 다르다. 누군가는 그것이 금지되어 있다 해도 마치 그렇게 하는 게 당연한 듯이 단순하게 새로운 대상에 반응한다. 그러나 누군가는 새로움을 만들어내기 위해 적극적으로 탐색하고 고군분투한다. 16세기 피렌체에서 창조성의 분출은 뛰어난 예술적 재능에 의해 촉발되었다. 여기에는 동양과의 활발한 무역부터 새로운 인본주의 철학에 이르기까지 다양한 형태의 새로움에 대해 개방적인 태도를 지닌 진보적인 시민사회의 지원이 있었다. 일본은 역사적으로 외부인이나 침입자를 환영하지 않는 국가다. 이는 사회를 동질적, 배타적으로 만드는데, 21세기 일본의 가장 대중적인 문화 활동은 노래방이다.(방에 들어가 혼자서, 혹은 친한 지인 몇 명이 노래를 부르며 노는 문화는 서구인들의 눈에 지극히 폐쇄적으로 보인다.-옮긴이)

끝없이 새로운 경계

　　　　　　　미국은 역사상 혁신애호 기질이 가장 강한 문화이다. 실제로 마크 트웨인은 미국과 연관되어 '새로운'이라는 단어가 지나치게 일상적으로 사용되고 있다며 다음과 같이 말했다. "우리는 초기부터, 그리고 앞으로도 영원히 미국에는 오래된 것이 없다는 인상을 유지하려 한다." 일러스트레이터 메이라 칼먼Maira Kalman은 미국의 이런 국가 운영방식을 다음과 같이 요약했다. "방 안에 맥없이 앉아 있지 마라. 무언가를 창조하라. 그것이 미국이 보내는 메시지이다. 전기, 비행기, 전화, 텔레비전, 컴퓨터. 이는 결코 멈추지 않는다."
　초기 인류의 경험을 미국인들의 이런 신조와 비교, 대조해 보는 것은 시사하는 바가 크다. 진화론적으로 우리의 선조라 할 만한 아프리카 인들 대부분이 그렇듯, 이런 사람들은 환경적 변화에 적응하기 위한 근본적인 목적에서 혁신애호 기질을 이용했다. 인류학자 데이비드 허스트 토머스David Hurst Thomas는 캘리포니아의 구릉지대, 네바다, 와이오밍 주를 천천히 훑어보며 밝혀진 바가 거의 없는 미국 원주민(쇼쇼니 족)의 생활방식을 이해하려고 한다. 예측하기 힘든 극단적인 기후변화, 고산병을 일으키는 희박한 공기, 제한적인 천연자원에도 불구하고 이들은 해발 2천 피트 위, 가장 높은 불모의 고산 지대에서 반半정착적 삶을 구축하는 걸 선택했다. 이런 이해하기 힘든 가혹한 행보는 토머스에게 한 가지 의문을 떠올리게 했다. "그들을 자극한 것은 무엇일까?" 즉 왜 그들은 그토록 비합리적으로 보이는 일을 한 것일까라는 의문이었다.

와이오밍의 윈드 리버 산맥 꼭대기 고지대에 펼쳐진 이런 고산 도시 중 하나는 1,500년 전, 혹은 그보다 훨씬 이전에 세워졌으리라고 추측된다. 이곳을 세운 사람들은 단지 '양을 먹는 사람들(sheep eater, 쇼쇼니 족)'이라고 알려져 있다. 20명에서 30명으로 이루어진 혈연집단들은 화덕을 갖춘 튼튼한 나무집을 세우고, 무기나 도기 같은 간단한 도구를 만들어 썼으리라고 추측된다. 암면 조각이나 돌에 새겨진 그림의 용도는 아직까지 밝혀지지 않은 수수께끼다. 이들의 주요 식량은 나무뿌리와 잣을 비롯해 산꼭대기에 사는 큰뿔 야생양이었다.

이들의 거주지가 있던 산꼭대기까지 헐떡거리며 올라가본 적이 있는 용감무쌍한 산행자들은 그들이 살기에 적합한 곳이 약 6천 피트 아래의 비바람이 들이치지 않는 강가 계곡이라는 데 동의할 것이다. 그곳은 기후가 훨씬 온화하고 숨쉬기도 편하며 물고기와 놀거리도 풍부하다. 양고기가 필요하면 부족은 몇 명의 사냥꾼을 산으로 보내 맛있는 큰뿔 야생양 한두마리를 사냥해 오게 할 수도 있었을 것이다. 그러나 이들은 이런 합리적인 방식을 따르지 않고, 아이부터 노인까지 전체 가족들이 모두 험난한 곳에서 노동집약적인 방식으로 가장 추운 몇 달을 보내며 살았다.

그러나 점점 드러나는 증거들은 쇼쇼니 족의 이해하기 힘든 삶의 방식이 환경 변화에 대한 세밀한 적응이었음을 보여준다. 서기 400년(혹은 500년)경부터 서기 1300년경 사이 북반구의 넓은 지역에는 극한의 가뭄 같은 '일반적인 수준에서 벗어난' 이례적인 기후 변화가 일어났다. 중세의 이례적인 기후 변동이라고 알려진 이 현상은 전무후무한 사건이었다. 미국의 고산 구릉 지대에서는 어디나 물이 부족했고, 물을 둘러싼 각 부족들 간의 경쟁은 치열해졌다. 고고학적 증거들은 이 시대가 폭력의 시대임을 입증한다. 쇼쇼니 족은 크로 족Crow과 같은 호전적인 경쟁자들과 싸워야만 했을 것이다. 그리하여 이들은 환경 변화에 대처하기 위해 호모 사피엔스가 할 수 있는 두 가지 기본적인 선택에 직면했을 것이다. 즉 토마스의 말처럼 "그곳에서 나와 다른 곳으로 가거나 살아남기 위한 다른 방책을 강구해야만 했다."

쇼쇼니 족은 흥미롭게도 이 두 가지 방식을 적절히 혼합했다. 수평적 이주는 적대적 경쟁자들로 가득 찬 지역에서 무의미한 일이었기 때문에 이들은 위로 올라가는 수직적 방식을 택했다. 안전하고 방어에 적합한 산악 요새에서 이들은 새로운 생활 방식을 만들어내고 적응했다. 이런 노력에다 세계 곳곳에서 시작된 강력하고 새로운 기술(토머스의 표현으로는 '게임의 방식을 바꾼 도구', 즉 활과 화살)의 도움도 있었다.

("우리는 지금까지 비옥한 초승달 지대에 사는 일부 외로운 천재들

이 농경과 같은 중대한 사건을 일으켰다고 생각해왔다. 지금 우리는 수십 가지의 주요한 발명들이 세계의 수십 곳에서 일어났음을 이해하고 있다."라고 토머스는 말한다. 그러나 '빙하기 이래 가장 위대한 혁신 중 하나'인 활과 화살은 복잡하고 제작하기 까다로운 도구로, 토머스와 동료 연구자들은 그것이 어느 한 순간에 고안된 유일한 것이라고 믿고 있다. 그리고 나서 다른 집단들이 이 새로운 도구를 보고, 각자 자신의 지역 문화와 환경 조건에 맞는 방식으로 사용하게 되었으리라 추측한다.)

활과 화살은 2천 년 이상도 더 전 어느 시점에 북반구를 거쳐 베링해협으로 유입되었으리라 여겨진다. 이는 고지대 정착지들이 생겨난 시기와 대략 일치한다. 활과 화살이 없었다면 쇼쇼니 족의 생활방식은 엄청나게 어려웠을 것이다. 아마 살기조차 불가능했으리라. 이전에 인간은 가파른 절벽도 뛰어오를 수 있는 발 빠른 야생양들을 사냥하기 위해 6, 7명이 모여 가까이 다가가 창을 던졌다. 그리고 사냥꾼들을 완전히 지치게 하는 이 노력이 성공하면, 그들은 가족들에게 돌아가 함께 고기를 나누었을 것이다.

그러나 활과 화살로 무장하고 나서는 혼자서도 먼 거리에서 활을 한 번 쏘기만 하는 것으로 가장 탐나는 사냥감들을 잡을 수 있게 되었다. 엄청나게 효율적인 이런 사냥 방식은 부족 문화를 바꾸었고, 위험한 계곡 아래로 내려가지 않고서도 가장 우선적이고 중요한 일, 즉 충분한 식량을 보유하는 일이 가능해졌다. 한편으로 이 혁신적인 도구는 수많은 새로운 개념들을 촉발시켰다. 소유권과 식량 저장이라는 규칙들이 만들어졌다. 토머스는 "활과 화살은 단순히 사냥 방식만을 바꾼게 아니었다. 이 도구는 완전히 새로운 생활 방식을 창출해냈다."라고 말한다.

고지대 정착지들이 세워지고 오랜 시간이 지난 후 미국 원주민들을 주요한 환경 변화에 대응하게 만드는 일이 생겼다. 이때 부과된 규율은 본능보다는 문화에 의한 것이었다. 유럽인들이 도착하기 전에, 대부분의 부족들이 식량, 연료 등 생활에 필요한 자원이 풍부한 해안가나 큰 강 유역에 살기를 원했다. 18세기와 19세기를 지나면서 미국에 유입된 백인 이민자들은 원주민들과 이런 자원을 두고 경쟁했다. 다시 한 번 원주민 부족들은 자신들의 전통적인 삶의 방식을 바꿔야 하는 도전에 직면했고, 이들에게는 두 가지 냉혹한 선택이 있을 뿐이었다. 떠나거나 그곳에 남아 새로운 상황에 다시 적응하려고 노력하거나. 평원 인디언Plain Indians으로 알려지기 시작한 부족들은 처음에는 '떠난다'는 선택지를 택했다. 큰 국가였고, 샤이엔, 코만치, 크로, 수 등의 몇 집단이 그레이트 베이슨 지역—미시시피 강과 로키 산맥, 캐나다, 텍사스 일대—으로 떠났다. 쇼쇼니 족의 고지대에서의 새로운 삶이 활과 화살에 의해 가능해졌다면, 평원 인디언 부족들은 스페인 탐험가들이 가져온 새로운 '네 발 도구(말馬)'로 새 환경에 적응했다. 18세기 이후 이 인디언들은 정복자들의 산에서부터 내려온 야생 말들을 사로잡았고, 승마술을 배웠다. 이는 코만치 족에서 특히 두드러졌다. 그리고 비록 짧았지만, 아직까지 전 세계인들의 상상력을 자극하는 새롭고 놀라운 삶의 방식을 만들어냈다.

발로 움직일 때 사냥꾼들은 상대적으로 좁은 영역, 작은 사냥감에 국한되어 있었지만, 말을 타게 되면서 이들은 훨씬 멀리까지 이동이 가능해졌고, 버팔로 같은 큰 동물들을 사냥할 수 있게 되었다. 평원 인디언들은 반^半유목적 삶을 영위하게 되었다. 이제 들소들이 그들에게 음식과 의복을 제공했고 심지어 이동이 쉬운 북미 원주민들의 원뿔형 천막tepee의 재료를 제공하면서 주거지까지 변화했다. 활과 화살이 그랬듯 말 역시 단순히 사냥방식을 변화시킨 게 아니었다. 이동이 용이해지면서 전사들은 말을 타고 서로의 영역을 침범하고, 보다 효율적으로 전투하게 되었다. 뿐만 아니라 다른 집단들과도 상호교류할 기회가 늘어났고, 새로운 생각과 일하는 방식에 노출될 기회가 증가했다. 1850년 이후가 되자 1800년에 6천만 마리였던 들소는 750마리로 급격히 감소했다. 이런 대참사로 인한 변화는 윈드 강 유역에 거주하던 빈곤한 쇼쇼니의 후예들을 비롯한 수많은 부족들에게 다시 한 번 선택을 하게 만들었다. 그들은 떠나거나 쫓겨나거나 보호구역으로 내몰렸다. 그리고 이곳에서 사냥, 공공 소유, 농경 생활이 아닌 사유 재산에 기반한 이질적인 문화에 적응하기 위해 오랫동안 고군분투하게 되었다.

● ○ ● ○ ●

18세기 혁신애호 물결에 자극을 받아 모험심 강한 유럽인들이 미국으로 이주했고, 그들과 후손들은 새로운 정치 체제를 수립하고 이를 수호하기 위해 혁명을 단행했다. 그러나 이들의 급진적인 아이디어에도 불구하고 농경 중심의 사회는 서서히 일부 대도시 외곽으로 이동했고, 자극의 기회 또한 점점 멀어져갔다.

19세기 중반 무렵 가속화된 산업혁명으로 기술적·사회적 발전이 이루어졌고, 이로 인해 새로운 것들이 엄청나게 유입되기 시작하면서 미국인들의 삶은 변화를 맞이했다. 대중오락이 한 예이다. 이전에 농장이나 작은 마을 단위로 살던 사람들은 이따금씩 들르는 순회공연단을 보며 단조로운 일상에 활력을 불어넣었다. 그러나 철로가 부설되면서 제대로 된 도로 하나 없는 먼 지방에서도 서커스 단장 P. T. 바넘P. T. Barnum이 이끄는 순회공연을 즐길 수 있게 되었다. 바넘은 〈꼬마난장이 톰 대장General Tom Thumb〉에서 〈코끼리 점보jumbo the elephant〉, '스웨덴의 나이팅게일'이라고 불리는 가수 제니 린드Jenny Lind에 이르기까지 경탄스럽고 새로운 오락거리들을 만들어냈다. 이동이 쉽고 빨라지면서 거만한 상류층은 문화 계절 교육학교Chautauqua circuit에 참여하여 최신의 지적·정치적 의견들을 주고받는 등 한층 더 세련된 취미를 즐겼다. 20세기 초가 되자 미국인들의 생활에서 새로움은 상상할 수 없을 만큼 증가했다. 토머스 에디슨의 전깃불, 헨리 포드의 저렴한 소형차 모델 TModel T, 알렉산더 그레이엄 벨의 전화 등이 등장했다. 이는 그 자체로 혁명적인 발명품이기도 했지만 온갖 새로운 경험에 대한 가능성을 극대화시켰다. 1920년대부터 플라스틱과 다른 혁신 기술들이 탄생시킨 대량생산품이 해일처럼 밀려왔고, 새로운 물건들이 수없이 생산되기 시작했다. (이중 많은 것들은 오늘날에도 수집할 수 있다.) 할리우드와 라디오 방송이 성장하고 뒤이어 40년대에는 텔레비전 방송이 시작되었다. 이와 함께 혁신회피자들은 이런 식으로 가다가는 사회 유지가 불가능해질 것이라는 의견을 피력하기 시작했고 매 십 년마다 이 목소리는 더욱 더 커져갔다.

이전 세대들과 마찬가지로, 혁신애호 기질 표현은 우리가 생각하는 것보다 훨씬 더 깊게 문화적 환경의 영향을 받은 것이다. 한 가지 명백한 예는 새로운 물건에 대한 21세기적 갈망은 우리의 조부모 세대는 몰라도 최소한 증조부모 세대를 깜짝 놀라게 하리라는 것이다. 이런 게걸스러운 탐식은 세계 경제라는 극심한 경쟁을 먹고 커져갔다. 오늘날 이는 서구 국가들뿐만 아니라 중국, 인도, 브라질, 기타 개발도상국들에까지 전파되었으며, 기업들을 움직이는 힘이기도 하다. 실리콘 밸리에 만연한 주문籒文은 그 단적인 예다. "혁신이 아니면 죽음뿐이다." 결과적으로 우리들은 무제한적으로 보이는 상품들의 홍수에 맞닥뜨리게 되었다. 상자에서 나오는 즉시 상품은 옛것이 되어버리고, 이런 세태는 끝없이 확산되고 있다.

과거 청교도 윤리적 관점에서 소비란 '낭비벽' 혹은 '허영덩어리'와 같은 의미였다. 추수감사절 세일, 최신형 애플 제품 출시일에 상점 앞에 길게 줄을 선 열성적인 소비자들은, 마치 성배 구입에 대한 허락을 얻기도 전에 성지 앞에서 밤새도록 기다림으로써 자신들의 헌신을 입증하는 독실한 청교도 같다.

최신형, 유행상품을 추구하는 세태의 한 가지 긍정적 측면은 이 정보기기들을 현명하게 이용한다면 우리의 혁신애호 기질이 가치 있고 새로운 것을 습득하고 창출하도록 돕는다는 것이다. 이런 스마트 기계들에 대한 우리의 열정은 캐나다 요크 대학에서 소비문화, 마케팅, 미디어를 연구하는 로버트 코지넷Robert Kozinets에게 흥미로운 의문 하나를 던져주었다. "왜 우리들은 조금 더 작은 MP3, 조금 더 큰 화면의 색상만 다른 컴퓨터를 그토록 사고 싶어 하는 것일까? 우리가 사용하고 있는 것과 '실제로' 다른 것이, 진정 새롭다고 말할 수 있는 제품이 아닌가?"

● ○ ● ○ ●

　비교적 최근까지 컴퓨터 괴짜들은 유행이나 기술에 민감하지 못했다. 이들의 무관심한 태도는 근래 변화하고 있는데, 그 주요 원인은 새로운 정보기기들이 양질의 것들로 가득 차 있다는 것이다. 코지넷은 이를 '기술 집약techspressiveness'이라고 표현했다. 산업혁명 이래 우리는 대부분 기술 발전이 '효율성'이라는 이득을 안겨주고, '사회 진보의 신호'라고 호의적으로 바라본다. (비록 19세기 러다이트 운동과 현대의 녹색성장·자급자족 운동의 지지자들은 기술 발전을 자연과 전통에 대한 위협으로 바라보고 있지만 말이다.) 그러나 새롭고 매력적인 전자기기들의 엄청난 증식은 기술을 문화적 강박으로 내몰고 있다.

　1980년대 중반부터 더 작고, 더 강력하고, 다재다능해지고 있는 휴대전화와 컴퓨터 같은 기기들은 단순한 도구를 넘어서 트렌드세터들의 시보레 콜벳 스팅 레이나 버킨 백과 같은 것이 되었다. 이 기술 집약적인 기계들은 더 이상 유용한 도구가 아니라 중요한 정체성이자 사회적 지표가 되었다. 당신이 선택한 브랜드, 앱, 재생목록, 사진들은 모두 당신의 초상화가 되었다. 코지넷은 "우리가 신제품에 흥미를 느끼는 이유는 그것에 내재된 새로움뿐만이 아니라 그 새로움이 '개인을 표현하는 수단'과 같이 새로운 영역으로 가는 통로이기 때문이다."라고 말한다.

　누가 얇고 깨끗한 화면을 지닌 휴대전화와 텔레비전을 두고 공중전화와 거대한 흑백 텔레비전의 시대로 돌아가고 싶겠는가? 그러나 이 풍요의 달콤함은 제품 가격표 이상의 비용을 치르게 한다. 시장은 점점 더 우리의 문화와 행위에 엄청난 지배력을 행사하고 있다. "지금은 모든 것들이 시장을 통해 움직인다. 한 세대 전에는 존재하지 않았던 방식으로 말이다."라고 코지넷은 말한다. 그는 우리에게도 익숙한 예시를 들어 이 현상을 설명한다. 십대인 그의 아들은 상표 없는 청바지를 입고 싶어 하지 않는다. 친구들이 그게 '올바른' 상표가 아니라는 것을 알아차릴까봐 걱정하는 것이다. 이베이, 애플, 크레이그슬리스트(craigslist, 미국의 온라인 지역 생활정보 사이트-옮긴이)에서 광고되는 상품들을 생각하며 그는 "우리는 점점 소비주의를 통해 사회와 관계 맺고 있습니다. 달러를 종잇장처럼 쓰면서 말이죠. 우린 지금 종족으로서의 가치를 물질로 드러내고 있습니다."라고 말한다.

시장이 우리의 행위에 영향을 미친다는 것은 우리가 필요하든 그렇지 않든 물건을 사고 있다는 데서 분명히 드러난다. 이런 노력에 대해서는 그 자체로 새로운 것이 없다. 매일 쏟아지는 광고는 뇌에 엄청난 양의 도파민을 분출시키는 자극제가 되어 '원한다'는 욕구를 불러일으킨다. (현재 우리는 매일 5천 개의 광고에 노출되고 있는데, 1970년대에는 1천 개 정도였다.)

'다르다'는 것은 마케팅과 광고가 당신의 지갑을 열기 위해 당신의 열망과 감정, 정체성에 호소하는 세련되고 교묘한 화법이다. 1960년대에 시작된 이 음험한 예술의 전형은 광고 캠페인의 고전이 된 맥도널드의 "당신은 오늘 쉴 자격이 있다You deserve a break today."나 나이키의 "하면 된다Just do it." 등이다. 이런 새로운 방식의 메시지는 상품을 홍보하지 않고 인간의 내면 깊은 곳의 갈망에 호소하고, 상품의 유용성보다 브랜드에 의미를 부여하는 데 투자한다. 다큐멘터리 〈예술과 모방

ART&Copy〉에서 한 엘리트 광고제작자는 소비자들이 코치 핸드백이나 에르메스 넥타이로부터 진정으로 얻고 싶어하는 것에 대해 이렇게 말했다. "그들이 구매하는 것은 자신들이 염원하는 인생에 대한 이미지이다."

실제 현실에서의 실행 결과를 중요시하는 경험공학experience engineering은 행위에 영향을 끼치는 기술적 전략의 하나로 활용되고 있다. 이는 경험공학이 현재의 삶과 당신이 염원하는 삶 사이의 경계를 희미하게 하기 때문이다. 실제로 경험공학 전문가들은 뉴로마케팅(neuromarketing, 마케팅적 자극에 노출되었을 때 소비자가 지각하지 못하는 무의식적인 반응 같은 두뇌 활동을 분석하여 마케팅 전략에 접목시키는 기법-옮긴이)을 이용하거나 소비자의 제품 관여도를 측정하기 위해 신경학적, 생체적 측정 기법을 이용하기도 한다. 광고를 집행하는 에이전시들과 마케터들은 단순히 제품이 지닌 유용성이나 고정적인 가치를 보여주는 게 아니라 개인의 변화를 이끌어내는 원천이라든가 그것을 이끌어내는 수단으로서 제품을 홍보한다. 당신의 손에 들린 스타벅스 라테 한잔이나 홀푸드Whole Food의 유기농 샐러드 팩은 값을 부풀린 카페인 음료나 저칼로리 점심거리가 아니라 특별한 사람에게 특별한 순간을 선사하는 특별한 제품이 된다. 당신의 이미지가 스타벅스나 홀푸드로 대변되는 것이다.

그러나 소비자들의 마음을 통제하려는 사악한 천재들이 고안한 시장의 유행, 경험지향적인 메시지들은 불행한 소비자들에게는 별다른 영향을 발휘하지 못한다. 코지넷은 "우리는 이런 특별하고 새로운 제품과 경험을 원한다. 마케터와 기업들은 이런 열망에 대답한다. 이 시스템은 우리가 함께 구축한 것이고 이제 그것이 우리를 만들어나가고 있다."라고 말한다. 사람들이 반드시 사야만 하는 최신 전자기기를 사려고 발걸음을 멈춘다면, 기업은 그것을 대량으로 생산하지 않게 된다. 이런 사실을 관찰하고, 코지넷은 특히 세련된 21세기의 소비자들이 속아서 최신 모델을 구매하고 있다는 주장에 이의를 제기한다. "지금 우리의 문화에서 '새로운 것'이 구매자를 혁신적, 위험 감수성이 높은, 세련된 사람으로 차별화시켜준다는 생각은 그것 자체로 두드러진 특징이다."

경험공학과 혁신애호적 소비자들 사이의 암묵적 합의는 시장을 단순한 상거래의 매개에서 개인 성장의 대변인으로 변화시켰다. 코지넷은 "지금 시장은 이런 성스러운 요소를 가지고 있다. 기업들은 그런 감정을 구축하려 노력하고, 그 결과 소비자들은 자신이 구매한 제품을 중심으로 이런 종교적인 소속감을 형성하게 될 것이다."라고 말한다.

아메리칸 걸American Girls 인형이 만들어낸 놀라운 현상을 생각해보자. 수많은 액세서리를 사게 만드는 정교하고 값비싼 이 장난감은 경험공학이 어떻게 우리들의 마음을 끌어당기고 지갑을 열게 하는지 알려준다. 제조업체들이 진짜로 파는 것은 인형이 아니라 "가족 공동체 경험과 유대감이라는 성스러운 순간"이다. "딸과 함께 특별한 추억을 만들고자 이 인형 매장 한 곳에 가보면, 인형 하나에 230달러(이것이 평균 가격이다!)를 지불하는 데도 두 번 생각하지 않을 것이다."라고 코지넷은 말한다. 감정이 풍부하게 담긴 인형들을 구매하기 위해 성지순례를 하는 소비자들처럼, 최신 토즈 핸드백이나 프라다 구두에 엄청난 가격을 지불하고 대기자 명단에 이름을 올리는 여성들도 더 많은 노력을 들일수록 더욱더 특별한 제품과 종교적 경험을 얻을 수 있으리라는 신념을 구매하는 것이다.

애플이 아이콘화된 브랜드의 조건을 모두 갖추고 있다면 스티브 잡스는 경험공학계의 레오나르도 다빈치라 할 수 있다. "그 회사는 괴상한 방식으로 우리의 기대를 건드린다. 그들은 우리의 머릿속에 떠오른, 우리가 원하는 형태로 만들어져 있는 듯이 보이는 기계를 만들어 냈다. 이는 매우 섬세하게 민족지학적으로 고안된 사용자 환경을 연구하고, 시험에 시험을 거듭한 말쑥한 디자인의 결과물이다. 스티브는 '아니오, 아직은 아닙니다. 더 쉽거나 더 똑똑하거나 더 매력적이어야 합니다.'라고 말한다. 그러면 그의 직원들은 계속해서 그것을 시도한다."라고 인류학자 그랜트 맥클라켄은 말한다. 의미상으로 보자면 애플의 경쟁자들 역시 숙련된 경험공학자들이어야 했다. 마이크로소프트의 PC와 애플의 매킨토시 광고를 비교해보면 어느 쪽이 '누가 매력적이고 누가 매력적이지 않은지'에 대한 문화적 고정관념을 만들어내는지 알 수 있다. "마이크로소프트는 물론 천재적인 부분이 있다. 그들의 광고를 보면 창조적인 작업을 하는 데 자사의 제품을 이용하는 모습을 보여준다. 여기까지는 괜찮다. 그러나 애석하게도 사용자는 조그만 아시아 소녀 같이 매력적이지 않은 인물이다. 그들은 사용자의 매력에는 신경 쓰지 않은 것이다. 이것으로 애플은 완소(완전 소중한) 대접을 받는 지금의 자리에 있게 되었다."

경험공학을 이용한 일부 영리한 광고들은 새로운 제품을 구식처럼 보이게 만들기도 한다. 프랑스 낭만주의를 대표하는 화가 외젠 들라쿠르아Eugène Delacroix는 이렇게 말한 바 있다. "천재들을 움직이는 것, 그들의 작품에 영감을 불러일으키는 것은 새로운 아이디어가 아니다. 이미 언급되어 있는 아이디어일지라도 그들은 계속 집착한다." 들라쿠르아의 말은 마치 오늘날의 할리 데이비슨, 레비 스트로스 리바이스 진, BMW의 전략을 보고 있는 듯하다. 모두가 우러러보는 이 브랜드들은 자사의 신제품에 '좋았던 옛날'에 대한 감회를 불러일으키는 상징적인 복고풍의 외피를 두르게 하여 경쟁력을 유지하고 있다. 코지넷은 최근 재출시된 폭스바겐 비틀을 가리켜 상품을 가시적으로 재이미지화했지만 상징성을 일부 유지하고 있는 전형적인 예라고 표현했다. 이 차의 기계부품들은 완전히 재고안된 것이지만 외관은 사랑과 평화를 부르짖던 60년대의 청년문화 분위기를 조심스럽게 수정했다. 뉴비틀의 홍보 문구는 "사람들은 진정한 아이콘을 원한다."로, 이것이 단순한 자동차가 아니라는 것을 강조한다.

천재성이 옛것과 새것을 기술적으로 혼합하는 것이라는 들라쿠르아의 말이 옳다면, 이는 그 자체로 독창적인 재능이며, 샤넬의 수석 디자이너 칼 라거펠트는 진정한 '피카소'라고 할 수 있다. 지난 10년 이상 그는 한눈에 알아볼 수 있는 코코 샤넬의 아이콘, 트위드 재킷, 퀼팅백 등 수많은 샤넬 클래식들을 재창조해왔다. 코지넷은 "창조성은 제약이 있을 때 더 잘 발현된다. 사람들은 그것을 더 잘 구별한다. 제약이 없는 상황에서는 때때로 창조성이 잘 발휘되지 않는다."라고 말한다.

일견 순수하고 사심 없는 동기를 가진 듯이 보이는 기업들도 우리가 신제품을 구매하도록 매혹하기 위해 경험공학을 이용한다. 매년 네바다 주 블랙록 사막에서 8일간 벌어지는 반체제적인 축제 '버닝맨Burning Man' 행사는 당초 무료로 개최되었으나, 지금은 입장권 가격이 수백 달러에 달한다. 이 축제의 웹사이트는 일단 천박한 상거래라는 인상을 피하고 있는 듯 보이지만, 여기에도 티셔츠, 달력, 지도, 안내서, 야생에서 일주일을 보내기 위해 필요한 각종 장비들 등 비즈니스적인 '시장'이 형성되어 있다. 코지넷에게 버닝맨은 소비자들이 상품을 구매했을 때만이 알 수 있는 의미와 기대를 창출하기 위해 어떻게 네트워크를 이용해야 하는지를 알려주는 교본이다.

● ○ ● ○ ●

　스워스모어 칼리지의 심리학자 배리 슈바르츠Barry Schwartz의 말처럼 상품들로 넘쳐나는 시장에서 끊임없이 이루어지는 의사결정과정은 극히 사소한 차이점들을 구별하느라 한정된 시간과 집중력을 낭비하는 일이다. 오디오와 컴퓨터 사이에서 무엇을 살지 결정하라고 충고해주는 다양한 미디어들(그리고 터질 것 같은 옷장, 서랍, 차고를 추려내는 법을 알려주는 또 다른 것들)은 이제 하나의 대규모 연구 프로젝트가 되었다. 접근-회피 반응을 무력화하지 않는다면 말이다. 까만색 구두냐 갈색 구두냐, 리바이스 진이냐 랭글러 진이냐 같은 가장 단순한 선택과 몇 되지 않는 제품 구매조차 우리의 진을 빼고 두뇌 활동을 완전히 고갈시킨다. 슈퍼마켓에서 씨리얼 하나를 살 때조차 우리는 콘플레이크, 위티스, 제너럴 밀스의 치리오스 등으로 가득 찬 수 개의 매대가 줄지어 늘어선 통로(풋볼 경기장 길이만큼 길다)를 지나야 한다. 치리오스를 사러 갔다 해도 레귤러, 허니넛, 멀티그레인, 바나나넛, 크런치, 베리버스트, 프로스티드, 애플 시나몬, 프루티, 요거트 버스트 등에서 또 골라야 한다. 믿을 만한 허니넛에 푹 빠져 있다 해도 그것 때문에 새로 나온 제품이 더 괜찮을 수도 있다는 판단 기회를 놓치지는 않을까? 라는 고민을 하게 된다.

지나치게 많고, 구별이 무의미한 신상품들로 인해 일어나는 매일의 의사결정 드라마들은 우리를 '초점 착각의 오류Focusing illusion'로 몰아넣는다. 이 행동과학적 현상은 단지 무엇인가에 대해 생각하는 일만으로도 우리가 그것의 중요성을 과대평가한다는 것이다. 다시 말해 수많은 전자레인지나 오리털 재킷을 마주하고 있으면, 우리는 그 상품들 간의 차이에 지나치게 집착하게 되는데, 이는 그것이 중요하기 때문이 아니라 단지 그것이 존재하고, 우리가 그것을 생각하고 있기 때문이다. 오래 곰곰이 생각할수록 작은 차이는 더욱 커지고(스테인리스-스틸 마감인지 검은 에나멜 마감인지, 벨크로 탭인지 지퍼인지가 엄청나게 중요해진다.) 그럼으로써 각각의 상품들이 근본적으로는 동일하다는 가능성은 점차 사라지게 되며, 당신의 유한한 정신적 자원은 고갈되고, 결국 우리는 '구매자의 후회(buyer's regret, 구매 직후 양심의 가책을 느끼며 후회하는 심리-옮긴이)' 속에 놓이게 될 것이다. 더욱 중요한 것은 물건을 소유하고 나서 5분이 지나고 나면 그 모든 노력의 결과가 경험의 질에 거의 아무런 차이를 유발하지 않는다는 것이다.

● ○ ● ○ ●

단지 새롭기 때문에 새로운 것을 추구하는 데 깔린 더 큰 문제는 시간과 돈을 낭비하는 데 있는 것이 아니라 우리가 혁신을 애호하는 목적을 잊는다는 데 있다. '혁신애호'라는 이 위대한 재능은 우리에게 원치 않는 물건을 사거나 끊임없이 오락거리를 찾게 하는 것이 아니라 경제 변동이나 환경 변화 같은 변화에 적응하고, 유용하고 새로운 대상을 습득하고 창출하게 한다. 이는 당신에게 직업적 기술을 증진시키는 일부터 하이브리드 자동차를 사거나 집에 태양열 시공을 하는 것 등을 의미할 수도 있다. 사회라는 울타리 안에서 환영받는 혁신애호적 활동이란 복지 프로그램, 일자리 창출, 에너지 독자성 유지 등에 대해 진지하게 고민하는 것이지만, 이런 근본적인 유형의 새로움은 우리 사회에서 많이 부족한 실정이다.

혁신애호와 관련한 현재의 위기는 새롭고 좋은 아이디어는 부족하고, 쓸데없고 새로운 잡물들은 지나치게 많다는 것이다. 여기에는 다양한 이유가 있다. 우리들 대부분은 사소하지만 새로움에 대한 즉각적인 욕구를 충족시켜주는 것들의 홍수에 휩쓸려, 주의력을 잃고 심각한 문제에는 집중하지 못한다. 20년간의 호황이 끝나고 미국이 길고 무서운 경기 침체로 휘청대는 것 역시 이 때문이다. 이런 뒤바뀐 상황은 사회 전반에 불안을 초래했고, 대학생들은 적은 자원을 공유하기보다 이를 두고 경쟁하게 되었으며, 급격하게 노령화된 베이비붐 세대인 부모와 조부모들 대다수가 뜻밖의 가난한 은퇴에 직면하게 되었다. 조세나 건강보험 같은 정치적 논쟁들은 악의로 가득 차게 되었고, 이는 거대하고 강경한 노인 집단(일반적으로 혁신회피 기질이 강하고 보수적인 집단)이 국정에 행사하는 영향력을 점점 키우고 있다. 단지 그들의 투표율이 더 높기 때문이다. 이 모든 사회적 영향력들은 새로운 것을 경계하는 '미국'을 만들어냈다. 독창적인 아이디어들은 대개 결과가 명확하지 않고 지금 당장 문제가 되지 않는다 해도 문제가 일어날 가능성들을 내포하고 있기 때문이다.

단기적 관점과 대통령 선거주기에 따라 움직이는 정치 체제는 사회의 혁신회피 분위기를 악화시킬 뿐이다. 장기적으로 숲을 보는 혁신적인 접근법은, 빠른 결과가 도출되는 손쉽고 확실한 해결책들보다 대중적으로 인기가 없다. 그래서 단기간에 해결할 수 없는 '에너지 위기' 정책은 정치 캠페인상 별 이목을 끌지 못한다. "유전 개발, 개발, 개발"(Drill, baby, drill, 2008년 대선 때 석유 메이저들을 지지하는 딕 체니가 오일 시추를 지지하면서 내걸었던 구호-옮긴이), 이 구호는 국가적 수준에서 만연해 있는 근시안적 시각을 반영하는 것이다. 창조성 연구가 마크 런코는 "우리의 재정 위기와 다가오는 에너지 위기에 주목하는 사람이 있는가? 아마 극히 소수의 사람들뿐일 것이다. 그렇지만 이것이 체제와 상충하기 때문에 그들은 우리가 전쟁, 경기 침체, 환경적 대재앙으로 떨어지는 것을 막지 못한다."라고 말한다.

● ○ ● ○ ●

지금까지 혁신애호 기질은 농업이나 대량생산품을 만들어내는 강력한 기계들을 가능하게 함으로써 삶의 방식을 진일보시켰다. 그리고 이제는 일과 놀이의 토대가 되어버린 온갖 종류의 전자 데이터들을 처리하고 조직하는 데 혁신애호 기질을 집중시켜야 할 때다. 대격변으로 진화가 이루어진 것처럼, 이런 혁명은 이미 (생물학적 진화가 아니라) 문화적 진화의 다음 단계로 우리를 이끌고 있다. 끝없는 신상품이 등장하는 새 시대에 최선을 다해 혁신애호 기질을 이용한다면, 이것들이

다른 방식으로가 아니라 우리를 위해 작동하도록 의식적으로 결정을 내릴 수 있게 될 것이다. 이런 관점에서 우리와 우리의 영리한 기계들 간의 관계를 특별히 숙고해보아야 한다.

제3부

새로운 것은 좋은 것인가

스마트, 스마트, 스마트

　　　　　　각종 스마트 기기들은 모두 새로움을 창출하고 있다. 속도가 늦춰질 기미도 없이 매일 눈부시게 발전하는 혁신적인 기술 진보는 우리들을 정보화 시대로 더욱 깊숙이 몰아넣고 있다. (실제로는 1960년대에 시작되었지만) 개인 간 커뮤니케이션을 비롯해 최신 세계 정보, 과학 혁명, 음악 다운로드, 텔레비전 프로그램에 대한 즉시적 접근은 농업과 대량생산만큼이나 매우 긍정적인 방식으로 인간의 삶을 바꾸어 놓고 있다.

　계속 새로워지는 전자기기들의 물결에 홀려 우리는 정보 폭발이 50년 전 라디오와 텔레비전의 엄청난 확대로 일어나기 시작했음을 쉽게 잊는다. 컴퓨터 시대로 불리는 그다음 단계는 1980년대 PC의 확산과 인터넷 성장으로 시작되었다. 그리고 1990년대 고화질 텔레비전, 작고 다양한 기능을 갖춘 휴대전화와 노트북 컴퓨터로 인해 디지털 사회로

접어들었다.

새로운 정보기기들은 앞서 전자적으로 음성적·시각적 파형을 있는 그대로 기록하는 아날로그 장비들을 넘어 주요한 기술적 진보를 대표한다. 디지털 기술은 음성적·시각적 신호를 1과 0의 연속적 배열로 나타내는 2진법 코드로 변환시킨다. 전화나 텔레비전 같은 장치들은 이 숫자 코드를 원래의 아날로그 신호와 유사하게 만든다. 이는 보다 선명한 결과물, 쉽고 값싼 복제, 다양한 미디어들 간의 호환성, 방대한 정보의 압축 저장 등의 장점을 지니고 있으며, 이는 더 얇고 더 많은 기능을 가진 복잡한 기계를 만드는 데 결정적인 요소이다.

정보화 시대가 시작된 때부터 지금까지 우리는 어디에 있든 하루 종일 더 많은 종류의 데이터에 더 쉽고 편하게 접근할 수 있게 되었다. UC샌디에고의 정보화 정도 측정How Much Information(HMI) 연구에 따르면, 우리는 현재 다양한 미디어들로부터 매일 10만 단어를 소비하고 있다고 한다. 이는 바이트로 측정했을 때 1980년대에 비해 350퍼센트나 증가한 수치다. 우리는 넘쳐나는 정보 속에서 정신을 차리지 못하는 것이 오늘날 일어난 일이라고 생각하지만, 실제로 1960년대 이래 놀라울 정도로 서서히 꾸준하게 증가해온 결과다. HMI 연구의 총지휘자인 로저 본Roger Bohn은 "'오 이런! 여기가 이 모든 게 시작된 시점이야!' 라고 말할 수 있을 정도로 갑작스런 발생 지점이란 없다."라고 말한다.

단어 처리에 있어 1인당 처리하는 정보의 양은 연간 2퍼센트에서 3퍼센트로 증가했는데, 바이트로 따지면 5퍼센트로 상승한다. 바이트로 측정 시 연간 5퍼센트 정도의 증가는 대략 14년의 2배로, 그렇다면 28년 만에 우리가 다루는 데이터의 양은 4배로 증가한 셈이다.

기술 전문가들은 이를 흔히 '정보 과부하로 인한 단선', '정보 공해' 혹은 '피로'라고 표현하는데, '정보 과부하'는 당초 1960년대에 텔레비전과 라디오 프로그램의 홍수(처럼 보였던)로 인해 만들어진 단어다. 인터넷이 등장했음에도 본은 여전히 이런 전통 미디어를 정보화 시대의 주요 변화의 물결로 여기고 있다. 전통 미디어들은 여전히 우리들에게 엄청난 양의 새로운 것들을 지속적으로 제공하고 있다. 닐슨 리서치에 따르면 미국인들은 매일 5시간을 텔레비전에 소비하고 있다. (그러나 이 여론조사 대상의 대부분은 노령자로, 젊은층은 본방송에 대한 시청률이 훨씬 낮다.) 두 번째는 라디오 청취(1일 최소 2시간 이상), 그다음으로 컴퓨터(2시간 이하), 비디오 게임(1시간), 독서(36분)이다. HMI 연구는 각 매체를 분리해 측정했지만 이런 활동들은 종종 동시에 일어나기도 한다. 예를 들어 텔레비전이나 라디오를 틀어놓고 비디오 게임을 하는 것이다.

● ○ ● ○ ●

정보화 시대는 아주 새로운 것은 아니다. 그러나 우리가 최근에 구입한 제품의 사용법을 미처 습득하기도 전에 새롭고 신선한 기계들을 대량으로 찍어내는 디지털 혁명은 새로운 수준의 정보화 시대를 이끈다. 세계의 판도를 바꾸는 사람들은 이전의 활, 쟁기, 증기기관광狂들이 그랬던 것처럼 데이터 문화가 만들어낸 괴짜들로, 그들이 이런 기술을 이끈다.

이런 스마트 기기들이 지닌 가장 명백한 장점은 우리들에게 혁신애호 기질을 사용하여 패션부터 오랜 잠언들까지 원하는 것은 무엇이든 배울 수 있게 해준다는 것이다. 키보드를 몇 번 두드리기만 해도 한때는 특정한 고급 전문가들에게만 열려 있던, 혹은 도서관에 쌓인 문서 더미에 있는 낡은 종잇장에 쓰여 있던 비밀스러운 정보로 향하는 문이 모습을 드러낸다. 기계, 여행상품, 대학, 화학요법에 이르기까지 선택만 하면 불과 10년 전보다 훨씬 더 많은 정보를 얻을 수 있다. 부자든 서민이든, 흑인이든 백인이든, 남성이든 여성이든, 청년이든 노인이든, 전문가든 초심자든, 질문에 대한 대답은 컴퓨터에 있다. 공공 도서관 서가에 꽂힌 책들이 꾸준히 전자 미디어로 옮겨가고 있는 것만 봐도, 힘은 진정으로 민주화되고 있다고 할 만하다.

제패니메이션이든 도스토예프스키든 당신의 관심사를 채널 수 있게 해주는 정보 기술의 잠재력을 대단하다고 평가하기는 어렵다. 시시콜콜한 정보, 주의력 결핍에 대한 수많은 불만들이 존재하기 때문이다. 인류학자 로버트 코지넷은 직장에서 우리들이 반갑지 않은 전화벨, 메일 착신음, 문자 표시등에 압박을 느끼고 있지는 않은지, 그리고 그 모든 것들이 업무에 적용되는지에 대해 의문을 던진다. "우리는 마치 두 세계에 살고 있는 듯 합니다. 여가시간에조차 우리는 그것에 집중하지요." 그가 가장 좋아하는 예시는 눈에 띄게 팽창된 팬덤 문화이다.

그리 오래지 않은 과거, 광적인 스포츠 팬들과 유명인의 오빠부대들은 자신이 좋아하는 스타의 최근 근황과 사진을 보기 위해 일간 신문이나 주간지가 나오기를 기다렸다. 그러나 지금 이들은 뉴저지 네츠와 뉴욕 제츠, 브래드 피트에 대해 즉시적으로 정보를 폭로할 수 있다. 이런 유형의 팬들은 엔터테인먼트라는 새로운 분야에 합류했다. 드라마

〈매드맨Mad Men〉, 인디락 같은 분야 말이다. 드라마 〈로스트〉의 열성적인 추종자들은 로스트피디아Lostpedia라는 웹사이트를 만들어 이 드라마의 얼키고 설킨 관계와 구조를 탐색하고, 소셜 네트워크를 형성하며, 개인적 후원도 아끼지 않는다. 취향이 텔레비전 프로그램이든 조안나 트롤로프의 소설이든 인터넷 덕분에 "우리는 팬덤의 가장 깊숙한 곳까지 들어갈 수 있게 되었다."

확장된 인터넷 네트워크는 휴대용 노트북, 스마트폰과 결합하여 수많은 전통적인 분류와 제약으로부터 우리를 해방시켰다. 집, 직장, 학교 사이의 전통적인 경계선들은 하루면 그 경계가 모호해진다. 책상에 앉아 업무를 처리할 필요가 거의 사라졌고, 사무실에서 시간을 훨씬 적게 보내고, 심지어 집이나 비행기 안에서 일을 할 수 있게 되었다. 위와 같은 현실의 이점을 취하는 미국인들은 이미 4,500만 명에 달한다. 최소한 대도시의 교통 정체를 완화한다는 이유 때문은 아니지만, 연방 정부 역시 점점 재택근무를 허용하고 있는 추세다.

우리는 집에서 일할 때뿐만 아니라 스스로를 표현하고 즐길 때도 인터넷을 이용한다. 2009년 동안 4,700만 명의 미국인들이 최소 일주일에 한 번은 음악을 듣고, 춤을 배우고, 드라마를 보기 위해 인터넷을 이용했다. 수많은 블로그와 유투브, 아마존 같은 웹사이트들은 누구든 소비문화에 기여할 수 있게 함으로써 전문가와 아마추어 간의 경계선을 지우고 있다. 미국인의 15퍼센트가 전문적인 사진, 영화, 동영상들을 만들고 있다. 예를 들어 앙투완 도슨Antoine Dodson은 여동생을 덮치다 도망친 괴한에게 강렬한 온라인 도전장을 보냈는데, 그의 유투브 동영상은 순식간에 온라인을 뜨겁게 달구었고 노래는 나이트 클럽, 브라스 밴드, 휴대전화 착신음 등으로 큰 인기를 끌게 되었다. 사람들은 도슨처럼 자신의 작품을 종래의 무대에 올리기보다 웹사이트에 올리고 있다.

지금 인터넷은 수많은 작품들을 무료로 제공하고 있다. 작가, 가수 같은 창조적 직업가들 대다수가 자신들의 재정적인 부분을 지탱해주던 이전의 제조업 방식이 쇠퇴함에 따라 재정난을 우려하고 있다. 그러나 《보랏빛 소가 온다》의 저자 세스 고딘Seth Godin의 말처럼 예술가들을 멸종 위기종으로 보기보다 "지금부터 10년간 돈을 벌 수 있는 유일한 사람"으로 볼 수도 있다. "오늘날에는 돈이 아이디어에서 나오기 때문이다." 예컨대 세퍼드 페어리(Shepard Fairey, OBEY의 그래픽 디자이너이자 유명한 거리 예술가-옮긴이)의 작품은 무료로 볼 수 있음에도 매년 수백만 달러를 벌어들이고 있다. 당신이 그의 그림이나 사인이 새겨진 한정품이나 콜라보레이션 티셔츠를 입고 싶어 하기 때문이다. 그것들의 가격은 매우 비싸다. 세스 고딘에 따르면 "사람들이 그것에 돈을 지출하는 단 한 가지 이유는 그의 무료 아이디어들이 어느 곳에나 널려 있기 때문이다." 이와 유사하게 음악 비즈니스가 사양길에 들어섰다 해도 "음악 그 자체는 그 어느 때보다 더 많이 만들어지고 소비될 것이다. 디지털화는 협주곡을 쓰기 위해 오케스트라가 필요했던 시절의 장벽을 없앴다."

정보화 시대가 펼쳐짐으로써 번창하게 될 독창적인 사고가들은 예술가만이 아니다. MIT의 혁신 전문가 에릭 폰 히펠Eric Von Hippel은 3년간 영국에서 연구를 할 때 온라인상의 열정적인 동료들의 도움을 받곤 했다. 그의 연구는 개인 소비자들이 새로운 제품을 개발하고, 기존 제품들을 변형하는 데(특히 과학적 도구나 스포츠 장비들) 영국의 기업들보다 2배 이상 비용을 지출한다는 것을 밝혀냈다. 인터넷에서 자기 사업을 찾은 일부 20대 백만장자들은 최근 비영리단체인 젊은 기업가협회Young Entrepreneur Council를 출범시켰다. 이는 동세대의 비참하리만큼 높은 실업률에 창조적으로 대응한 결과로, 이 협회는 동료들에게 기존의 직업군에서 자리가 날 때까지 기다리는 대신 자기 사업을 시작하는 법을 조언하고 있다.

엑셀을 활용하는 분석적인 직업들은 이미 자동화되거나 보다 싼 노동력을 제공하는 국가들로 흡수되었다. 이는 일견 두려운 현상으로 보이지만 몇몇 예측가들은 하나의 문이 닫히면 또 다른 문이 열린다고 생각한다. 미래학자 대니얼 핑크Daniel Pink는 물질적으로 풍요로운 사회에서 최고의 직업들은 우뇌적 창조성이 요구되며, 아웃소싱은 어려워지고, 국지적인 좌뇌적 기술들은 보다 감소할 것이라고 믿는다. 물질적 풍요 수준이 높으면 새로운 것들을 지속적으로 창출하는 일에 부가가치가 부여된다. 예술가적·기교적·대국관적 사고를 지닌 혁신지향성, 우뇌적 능력들이 가장 중요하게 다루어야 할 대상이 된다.

역사 시대에서 극히 짧은 순간에 인터넷은 비즈니스 방식을 바꾸고, 완전히 새로운 유형의 직업들을 창출했다. 구글이 전형적인 예다. 핑크는 20년 후 자신의 세 살짜리 자녀는 지금은 존재도 하지 않는 산업, 명칭조차 없는 일을 하고 있을 것이라고 말한다. "20년 전에는 누구도 '여기에 있는 이 작은 소녀는 인터넷 검색 전문가로 자라 있을 거야.'라고 말할 수 없었다."

정보 기술은 친구나 동료들과 지속적으로 연락할 수 있게 해줄 뿐만 아니라 나머지 세계를 보는 새로운 방식을 보여주기도 한다. 대부분 카메라가 달린 지구상의 450억 대의 휴대전화는 중요한 사건을 비롯해 중동 지역의 혁명이나 기름 유출 사건과 같은 한때는 접근조차 어려웠던 일들을 생생하고 현장감 있게 보도한다. 또한 이런 도구들은 자연재난의 희생자들을 즉시 보여주어, 전자적으로 재정 지원을 가능하게 함으로써 완전한 타인들에게서 도움을 받을 수 있게 한다.

이런 스마트 기기들은 또한 완전히 새로운 커뮤니티를 형성하여 중요한 사회적 쟁점을 만들어낼 수 있게 한다. 무브온MoveOn.org, 노레이블스NoLabels.org, 티파티 패트리어트TeaPartyPatriot.org의 사람들과 같은 관점을 지니고 있든 그렇지 않든, 우리는 인터넷이 사회 변화에 영향을 미치는 강력한 도구임을 알고 있다. 심지어 선거 결과에도 영향을 미치고 있지 않은가! 소비자들은 에너지 자급과 같은 초당파적·잠재적으로 중요한 문제에 대해 '극히 목소리를 내고 있지 않지만', 인터넷은 일상적·풀뿌리 민주주의 수준에서 변화를 이끌어낼 수 있다. 코지넷은 "왜 열 집이 모두 제설기나 잔디깎이를 보유하고 있어야 합니까?"라고 묻는다. "우리는 무언가를 공유하고 훨씬 적은 노력을 들이는 시스템을 쉽게 고안할 수 있습니다. 이는 일견 미국적이지 않은 태도로 여겨지지만, 그렇다면 '그 중간은 무엇인가? 어떻게 그곳을 향해 갈 수 있는가? 네트워크에서 시작할 수도 있지 않을까'라는 대명제를 제시해야 할 때가 오게 될 겁니다."

역사적으로 발명이 가장 정점에 달한 시기는 경제, 과학, 종교, 철학, 예술 등 문화 전반에 걸친 르네상스적 양식이 융합되어 다양한 관점이 생겨나고, 공동의 문제 해결을 위해 협력함으로써 독창적인 생각이 촉진되었을 때였다. 인터넷보다 이런 목적에 더 잘 부합하는 도구를 상상하기란 쉽지 않다. 인터넷은 우리들을 집단으로 뭉치게 하여, 각자였을 때 성취할 수 있는 것보다 더 영민한 결과들을 도출해낸다. '집단지성'이라는 개념은 21세기 초 곤충학자 윌리엄 휠러William Wheeler가 개미의 집단 서식지가 초개체적으로 협력 행위를 한다는 사실을 발견하면서 등장했다. 이 개념은 다양한 개념들을 설명하는 데 이용되었으나, 현재는 대개 사람들과 컴퓨터들이 서로 연관관계를 맺을 때 일어나는 '인지력 급등'을 언급할 때 사용되고 있다. 개별적으로, 혹은 뉴런에서 뉴런으로 생각하는 대신, 우리들은 벌집처럼, 혹은 뇌에서 뇌로 숙고할 수 있다. 대중적인 실례로 남부캘리포니아 대학의 미디어 학과 교수 헨리 젠킨스Henry Jenkins는 리얼리티 프로그램〈서바이버〉의 팬들이 온라인상에 수많은 자잘한 단서들을 게시하고, 그들 자신에게는 일견 중요해 보이지 않는 조각들을 한데 모아 최종 우승자를 예측할 수 있음을 알아냈다. 이는 혼자서는 누구도 해낼 없는 공훈이다. 위키미디어(Wekimedia, 사용자 참여 기반의 온라인 백과사전−옮긴이) 역시 특정한 개인이 유지할 수 있는 것은 아니다. 코지넷은 넷민족학(netnography, 온라인상의 민족학 연구로, 온라인 커뮤니티에서 개인들과 개인의 자유 행동들을 분석한다−옮긴이)을 창안한 후, 해당 사이트에 온라인상에서의 민족학 연구 방법에 대해 서술했다. 그는 온건하게 말한다. "이것은 미네소타에서 박사학위를 취득한 몇 학생들이 내 연구에 대한 글을 쓰면서 시작되었지만, 이제 그들의 연구가 이곳에 있습니다."

디지털 기술의 주목할 만한, 최소한의 장점은 산업화 경제 사회를 정보에 기반한 경제 사회로 이행시킴으로써 탄소 발자국(carbon footprint,

원료 채취, 생산, 유통, 사용, 폐기 등 제품을 생산하는 전 과정에서 발생하는 이산화탄소 배출량-옮긴이)을 줄인다는 것이다. 컴퓨터들이 전력을 모두 빨아들이고 있다는 주장에도 불구하고, 본은 실제로 전체 전력의 단 2, 3퍼센트에 불과하다고 강조한다. "소셜 네트워크 시스템에서부터 자질구레한 액세서리들을 사고파는 일에 이르기까지 이에 대한 에너지 산출량을 증가시키지만 않는다면, 그곳이 우리가 향하고자 하는 곳입니다. 일부 기업들은 현재 환경에 영향을 덜 미치는 제품들을 출시하고 있습니다. 그러나 여전히 대부분의 기업들은 정보 제품들이 가장 덜 영향을 미친다는 것을 모르고 있습니다."

● ○ ● ○ ●

새로움을 창출하는 기기들은 우리의 혁신애호 기질을 교육, 자유, 영감 고취, 유대관계, 개인으로서 친환경 실천 등에 집중할 수 있게 돕는다. 그런 한편 사회를 변화시키고 있기도 하다. 놀라운 실례는 바로 우리가 문화를 생각하는 방식을 확장했다는 것이다. 지식, 믿음, 행위 등을 공유한다는 전반적 개념이 예술, 오락, 요리, 의생활, 스포츠, 음악, 매스미디어 등 신문지상에서 인터넷에 이르기까지 모든 곳에서 표출되고 있다. 사회가 피상적·가변적·혁신 집착적으로 향하고 있다는 다소 비판적인 시선이 있지만, 인류학자 그랜트 맥클라켄은 현재 진행되고 있는 격렬하고 생생한 일들에는 더 이상 '고급'이니 '저급'이니 하는 낡은 수식어를 적용할 수 없다고 본다. "지난 10년에서 15년 사이 우리는 '대중문화' 속으로 대중을 밀어넣었습니다. 이제 그것이 문화가 되었죠."

 디지털 시대는 진지하거나 사소한 것, 혹은 예술이나 오락거리와 같은 식의 정보 분류를 태연히 묵살한다. 많은 혁신선호가와 혁신애호가들은 이런 디지털 시대에 적응해왔다. "그들은 그런 북새통을 유유히 서핑하는 법을 습득함으로써 우리 시대의 격렬하고 순수한 패기에 적응해왔습니다."라고 맥클라켄은 말한다. "그들은 이런 덕목을 필수품으로 만들었고, 그것을 읽고 쓰고 다루는 기술들을 습득하고, 거기에서 진짜 기쁨을 얻어냅니다. 하지만 다른 이들은 그렇지 못하죠." 이런 변화가 일으킨 결과 중 하나는 똑똑하고, 영리하고, 학자들이 하지 못하는 방식으로 자유롭게 움직이는 사람들에 의해 학계 외적인 곳에서 위대한 지적 개화가 일어나고 있다는 것이다.

 나이는 새로운 문화적 혁신애호가와 혁신회피자를 나누는 가장 명확한 설명이다. 캐나다 인인 맥클라켄은 20년 전 토론토 문화 현장에서 중요한 역할을 했던 사람들을 찾기 위해 페이스북을 이용했다. 그러나 아무도 나타나지 않자 그는 동기들이 뉴미디어를 무시하거나 거기에 무지하다는 결론에 도달했다. 맥클라켄은 네트워크 세계를 다루기 위해 고용되었지만 나이든 상사가 그 세계의 중요성을 알지 못하는 바람에 직장을 떠나게 된 한 젊은 신문기자에 대해 이야기했다. 그리고 베이비붐 세대의 성향을 지닌 자신의 동료 연구자가 대중문화를 '지저분한 비밀'로 취급하는 것에 대해 통탄했다.

 7,500만 명의 베이비붐 세대들이 젊었을 때로 돌아가보면, 많은 대중적 오락거리들이 교육 수준이 낮고 대중매체 지향적인 집단을 지나치게 바보로 취급하고 있음을 알 수 있다. 시트콤에서는 어느 장면이

웃긴지 이해할 수 있도록 웃음소리를 삽입하고, 영화에서는 끝없이 자동차 추격전이나 전투 장면을 내보내고, 이야기 구조를 따라잡는 데 고통받을 관객들을 위해 나머지 이야기들을 제시한다. 이런 술책과 단순화된 줄거리, 등장인물은 학구적이고 지적인 식자들의 경멸을 받으며, 대중문화를 황무지라고 선언하는 데 정당성을 부여했다.

X세대들은 대중문화에 대해 완전히 다른 관점을 가지고 득의만면하게 바라보는 시선에 도전했다. 맥클라켄에 따르면 이들은 대중문화를 폄하하는 대신 "아니, 이게 우리의 세계야."라고 말했다. 이렇듯 대중문화를 지지하는 관객들은 웃음소리나 자동차 추격전을 비웃을 이유가 없었고, 훨씬 더 복잡한 오락거리들을 원하고 만들어냈다. 텔레비전 프로그램의 질에 대한 이들의 요구는 재능 있는 창작자들, 〈버피Buffy〉와 〈글리Glee〉의 조스 웨던Joss whedon, 〈로스트〉의 J. J. 에이브람스Jeffrey Jacob Abrams와 같이 각본가이자 감독, 제작자인 청년들이(이 두 사람은 모두 제조업 가정 출신이다) 매체를 더욱 진지한 것으로 만드는 데 영감을 주었다. "X세대가 대중문화를 더욱 흥미롭고 재미있는 것(그리고 수익성 있는 것)으로 규정하자 진짜 예술가들이 여기에 끌리기 시작했다. 이렇듯 재능 있는 모든 이들이 급류를 만들어냈고, 종국엔 '빵!' 거대한 변화를 일으켰다. 우리는 훨씬 발전된 매체를 볼 수 있게 되었다." 〈오지와 해리어트 부부Ozzie and Harriet〉, 〈딜론보안관gunsmoke〉, 〈언터처블Untouchables〉 보다 훨씬 정교하고 복잡한 〈소프라노스〉, 〈저스티파이드〉, 〈보드워크 엠파이어〉 등은 "우리는 더 이상 사람들이 휴일에 소비해주기를 기다리지 않는다. 우리는 사람들이 따로 우리를 볼 시간을 마련하게 만든다."라고 말하기에 이르렀다.

Y세대는 X세대의 기술 상식에서 한 단계 더 나아갔다. 맥클라켄의 말에 따르면 "이 아이들은 미디어에 매우 익숙합니다. 더 이상 '이건 내가 소비할 만한 진지한 게 아니야. 이건 고급 문화가 아니라고.' 하면서 주저하지 않죠. 이들은 이런 모순을 포기하고, 대중문화를 삶에 큰 차이를 가져다주는 문화로 받아들입니다."

이런 문화적 확장에서 나온 엄청난 수의 작품들은 지적으로 우리를 즐겁게 해줄 뿐만 아니라 과거 고급 예술과 종교가 주었던 영적·철학적 고양감까지 제공한다. 〈아바타〉, 〈반지의 제왕〉, 〈해리포터〉 같은 엄청난 성공을 거둔 영화들은 고대의 지혜, 심리학, 사회학, 신학의 조각들로 가득 차 있다. 〈배틀스타 갤럭티카〉나 〈심슨 가족〉 같은 텔레비전 프로그램 팬들처럼 이 작품의 팬들 역시 섹스와 폭력이 아닌 존재론적·도덕적 의무, 미래, 기술, 과학과 종교의 관계, 기타 중대한 문제들에 흥미를 가지고 있다.

〈성경〉이나 〈바가바드기타〉처럼 이런 프로그램들은 신화와 영웅전설이 되었고, 사람들에게 인생의 의미를 비롯한 대전제들에 대한 해답을 좇게 만들었다. "하나의 관점에서 보면 카인과 아벨 역시 그저 이야기일 뿐입니다."라고 코지넷은 말한다. 그는 〈스타트렉〉 팬덤 연구로 박사학위를 받은 바 있다. "그 이야기를 중요하게 여길지는 당신의 몫입니다. 사람들이 기존 종교나 이웃과의 협력 관계 안에서 자신이 지나온 길에 대한 가치를 찾았을까요? 그렇지 않습니다. 중세 시대에는 교회가 권위를 가지고 깊이 있는 이야기들을 만들어냈지요. 이제 그런 이야기들은 제작자나 마케터들, 대중문화에 의해 창작됩니다. 그리고 그에 대한 숙고는 온라인상에서 이루어집니다. 네트워크는 당신이 이야기를 만들어내고, 그것이 계속 재창조될 수 있게 함으로써 당신에게 하나의 목소리를 부여해줍니다. 이는 대단히 매력적이지요."

● ○ ● ○ ●

더 복잡해지고 빨라진 엔터테인먼트 산업 일부는 다른 사람들이 인간사에 어떻게 대처하는지(혹은 대처하지 않는지)에 관한 새로운 정보를 제공한다. 결혼과 불륜, 비만, 거식증과 관련된 부유한 유명인들의 이야기가 대중적으로 인기 있는 이유는 우리가 그것을 스스로 시도해보는 대신 '변화를 오디션하려는' 욕구를 가지고 있기 때문이다. 맥클라켄은 "스타들은 스스로 자기 변화의 매개체가 됨으로써 대중들에게 누군가가 인생을 탐색하고 선택하는 모습을 보여줍니다. 마치 자신들이 실험실에 있는 것처럼 말이죠. 그들이 스스로를 변화시키기 때문에 우리는 그럴 필요가 없는 거죠." 공군에서 시험비행기에 'X-15 전투기' 같은 이름을 붙이기 전에 'X'라고 지칭하듯, 맥클라켄은 할리우드의 악동 린제이 로한 역시 그렇다고 생각한다. "그녀는 변이 활동에 있어 교훈이 될 만한 실험적 생명체예요. 스크린 속, 그리고 현실 세계에서 스스로를 망치는 유명인들은 우리에게 그 선택의 결과를 직접 보여줍니다. 우리가 그들에게 신경 쓰는 이유는 그 때문이죠."

최근 리얼리티 TV쇼의 열풍은 스타들이 공적 외견만을 가진 것이 아니라 우리의 혁신선호 욕구를 만족시켜줄 만한 반대편의 삶도 가지고 있음을 의미한다. 실제 생활 모습으로 구성되는 이런 대본 없는 쇼들은 관음증을 빠르게 확산시키고 있다. 이에 대해 시라큐스 대학의 미디어 학자 로버트 톰슨Robert Thomson은 "그 어떤 소설보다 훨씬 독창적인 이야기를 들려주는 새롭고 매혹적인 방식"이라고 다소 뻔뻔스러운 표현을 사용했다. "이웃이 뭘 하는지 궁금하다면, 당신은 누구보다 빨리 그것을 재현할 수 있는 뭔가를 배우게 될 것입니다. 제 생각엔 네안데르탈인들이 다른 이들의 동굴을 들여다보면서 즐거움을 느꼈을 것 같진 않습니다." 맥클라켄처럼 그도 고급문화와 대중문화를 구분하는 데는 관심이 없다. "물론 우리들은 정치와 예술에 대해 알 필요가 있습니다. 하지만 사랑 노래, 요리법, 잔디용품들에 대해 모른다면 실제로 자신이 어떤 사람인지도 알 수 없죠. 공통으로 지닌 일상적인 것들에 강하게 흠집을 내면 우주의 비밀이 쏟아져 나올 겁니다."

한 무더기의 사람들이 자신의 인생을 꾸려나가는 것을 보여주는 것은 기껏해야 잘 팔리지 않는 비즈니스일 뿐이다. 현대의 리얼리티 TV 쇼들은 〈북극의 나누크〉(1922), 〈미국의 가정AN American Family〉(1973)과 같은 초기 다큐멘터리들이 가지고 있지 않았던 인위적인 흥미 요소들을 제공하여 새로운 프로그램들을 더욱 흥미롭게 만들고 있다. 정신의학자 로버트 클로닝거는 특정 등장인물을 선택하는 데까지 이런 교묘한 조작 기술이 사용된다고 생각한다. "쇼에 등장하는 대부분의 사람들이 보통 사람들을 대표한다거나 역할모델이라고 생각하긴 어렵습니다. 그들 대부분이 인격장애를 가지고 있거나 극단적인 혁신추구자들이라 할 만한 사람들로 보이거든요." 획기적인 〈더 리얼 월드The Real World〉(1992)는 주목할 만한 반응을 끌어내기 위해 출연자들을 인위적으로 고안된 상황에 몰아넣는다. 흥미로운 방식으로 상호작용하고, 결코 함께 끝을 맺을 수 없게끔 선택된 사람들은 낯선 도시의 어느 집에 놓인다. 그러고 나서 (톰슨의 말에 따르면) "감독들은 카메라를 켜고 무슨 일이 일어나는지 관찰한다. 말할 것도 없이 액션으로 가득 찬 장면을 얻을 수 있다. TV쇼인지 인간들 간의 화학반응을 관찰하는 실험인지 알 수 없을 지경이다." 카메라 기법은 우리의 눈에 거슬리지 않는 방향으로 빠르게 발전하고 있다. 톰슨이 '연출된 판도라의 상자 this dramaturgical Pandora's box'라고 일컫는 이런 기법은 〈서바이버〉(2000)에서 인기의 절정에 도달했다.

데이트나 연애 프로그램들은 안전한 거리에서 인생의 중요한 상황들을 탐색하고 실험할 수 있게 하는 생생한 예이다. 〈베첼러Bachelor〉와 〈템테이션 아일랜드Temptation Island〉 같은 프로그램이 등장하기 전에는, 서로에게 이성적인 흥미를 느낄 때 실제로 무슨 일이 일어나는지에 대한 시각이 개인 경험, 친구들로부터 들은 간접적이고 은근하며 제한적인 정보, 우연한 언급, 성애 소설, 영화 등으로 제한되어 있었다. 〈시애틀의 잠 못 이루는 밤〉이나 〈유브 갓 메일〉 같은 영화들에 대해 톰슨은 이렇게 말한다. "이런 영화들은 현실에서의 관계에 대한 것인데, 그리스 신전을 본 따 랜치 하우스(ranch house, 농장형 저택으로 옆으로 긴 단층집 형태-옮긴이)로 만든 것이나 다름없습니다. 〈베첼러〉는 관계에 있어 경험적 · 기능적 · 일상적 정보를 제공하는 그런 전원주택이라고 할 수 있습니다. 현실 세계의 사람들이 서로를 유혹하고 관계 맺는 것을 보면서, 당신은 돌연 연애가 관계의 전부라고 생각하게 될 겁니다. '저 사람은 너무 자신 없고, 피해망상에, 어리석고, 옹졸해', '저 사람은 잘못된 말을 하고 있어, 오, 나와 똑같군!'이라고 생각하는 거죠."

●　○　●　○　●

　현 단계의 정보화 시대는 우리들에게 엄청난 이득을 안겨준다. 이는 우리가 원하는 것을 실행할 힘을 주고, 더욱 효율적으로 일할 수 있게 하기 때문이다. 에스더 다이슨은 "당신이 사람은 일반적으로 선하다고 믿는다면, 인터넷 역시 선하다고 믿을 것이다."라며 한 가지 예를 든다. 롱나우 재단Long Now foundation이 제공하는 온라인 포럼은 최신 유행보다는 앞으로 1만 년 후의 관점에서 미래에 대해 함께 생각하고 싶은 사람들을 위해 만들어졌다. 다이슨은 세 노동자에 관한 짧은 이야기를 들려주면서, 이런 관점들 간의 차이를 묘사했다. "누군가가 그들에게 다가가 무엇을 하고 있느냐고 물었다. 한 남자는 '나는 벽돌을 쌓고 있소.'라고 말했고, 다른 한 남자는 '나는 성당을 건축하고 있소.'라고 말했다. 마지막 한 사람은 이렇게 말했다. '나는 신을 숭배하고 있소.'"

　사회는 계획되지 않은 방식으로 진화하며, 진행 중인 디지털 혁명의 엔진은 여전히 가속화되고 있다. 컴퓨터와 인터넷 사용이 흔해지기 전인 1980년대, 두 심리학자가 각종 스마트 기기들이 인간의 경험에 영향을 미치는 방식을 놀라우리만큼 정확히 예측했다. (이들은 이런 직업 외적인 남다른 성과들 때문에 정작 자기 직업에서는 조명받지 못한 60년대의 식자들로 유명하다.) 초기 혁신선호자인 티모시 리어리Timothy Leary는 곧 컴퓨터가 '가상현실'을 제공하여 인생을 더욱 흥미롭게 만들어주며, 그로 인해 환각제를 찾는 사람들이 줄어들 것이라고 예측했다.

존 칼훈John Calhoun은 도시화로 인한 인구 과밀현상이 '행동난장 behavioral sink'이라는 기능장애로 이끌 것이라는 이론으로 명성을 얻었는데, 그는 정보 기술을 그리 낙관적으로 바라보지 않는다. 과밀화된 현대 미국의 대도시적 삶의 방식은 아이디어, 정보, 커뮤니케이션, 창조성을 증가시켰지만, 우리가 지켜야 할 사회적 규범들, 경쟁, 부정적인 마주침, 일상 경험에 대한 만족도는 크게 떨어뜨렸다. "모든 것이 더 빠르게 우리에게 달려들고 있습니다. 이 힘겨운 시간들을 제대로 소화하지 못한다면 우리는 경험으로부터 무언가를 배울 수 없을 겁니다."

칼훈은 우리가 과도하게 넘쳐나는 새로운 자극에 대처하느라 점점 더 "사람들을 비인격화하여 대하고", 컴퓨터가 "우리의 질서와 복잡성을 유지시켜주고, 혼돈으로부터 붕괴되는 것을 막아줄 거라 여긴다."고 생각한다. 성인이 된 자녀들을 몇 두고 있지만 아직 손자는 보지 못한 데 대해 한숨을 쉬면서 그는 말했다. "이런 기계들이 인생을 더욱 흥미롭게 만들어주기 때문인지 많은 사람들이 아이를 기르는 것보다 더 정보에 집중합니다."

스마트폰과 태블릿 컴퓨터들이 등장하기 수십 년 전, 이미 두 심리학자는 우리가 점점 더 정교해지는 새로운 기계에 주목할 것이며, 상상하거나 평가할 수조차 없을 만큼 우리 삶의 방식이 크게 변화할 것이라고 예상했다. 이메일 수신음, 블랙베리의 메시지 수신 불빛에 대한 집착은 한 가지 실험을 떠올리게 한다. 쥐들은 코카인 양을 스스로 조절할 수 있는 레버를 누를 수 있게 하면, 죽을 때까지 레버를 눌러 코카인을 흡입했다. 우리는 이미 소형 전자기기에 대한 관계 수준이 정신건강의 척도임을 알고 있다. 우리는 온라인상에서 너무 오랜 시간을 보낸다고 우려하는 한편, 접속이 끊기면 어떤 정보를 놓치게 될까 전전긍긍한다. 놀라운 스마트 기기들에 열정을 불사르면서도, 그것에 중독될지도 모른다고 불안해한다. 새로운 정보의 양이 증가할수록 이런 관심과 불안감 사이의 갈등, 즉 접근-회피 갈등이 극대화되고 있다.

# 은혜로운 기기들의 정체

학습, 일, 물건 구매와 판매, 사람들과의 커뮤니케이션, 오락거리 등 온라인상에서 보내는 시간이 늘어날수록, 혁신 선호가들은 이런 영리한 도구들 없이 시간을 보내는 방법을 상상조차 할 수 없게 된다. 그러나 한편으로는 녹초가 되어 모니터를 바라보며 "이게 사는 건가?"라고 중얼댈 것이다. 정보 기술의 이점을 즐기는 것은 세심한 손익 분석과 행위 판단 끝에 세간의 사정을 이미 파악하고 타협을 한 결과이다.

이런 수많은 거래들은 '사랑할 때 버려야 할 아까운 것들' 딜레마의 다양한 변주이다. 모든 생명체가 공유하고 있는 가장 단순한 자질은, 바로 주변 환경에 대한 '대응성'이다. 공원이나 도로에서 휴대전화에 몰두한 누군가와 충돌했을 때 깨닫는 건, 우리가 액정과 현실 세계에 동시에 존재할 수 없다는 사실이다.

이 빛나는 최신 하이테크 장치에 몰입되어 있을 때 우리는 '변화맹'(change blindness, 연속적으로 제시되는 장면에서 어느 한 부분이 변화했음에도 필요한 것만 기억하려는 뇌의 작용으로 인해 그 변화를 의식하지 못하는 현상-옮긴이) 현상을 경험하게 된다.

일군의 독창적인 심리학자들이 먼저 체육관에서 농구공을 주고받는 모습을 비디오로 촬영했다. 특정 지점에서 거대한 고릴라가 경기하는 사람들 근처를 지나가다, 갑자기 멈춰 서서 가슴을 두드린다. 다음으로 연구자들은 자신들이 촬영한 영상을 피험자들에게 보여주고 패스 횟수를 세라고 요청했다. 그중 일부는 하얀 셔츠를 입은 팀을 주시하도록 했고, 나머지는 검은 셔츠를 주시했다. 피험자들은 주어진 일을 하는 데 완전히 집중했는데, 이들 중 절반은 거대하고 기이한 유인원을 알아차리지조차 못했다. 특히 하얀 셔츠를 관찰한 피험자들이 훨씬 더 검은 고릴라의 존재를 알아차리지 못했다. 즉 놀라울 만큼 많은 수의 사람들이 스크린 위의 특정 행위를 추적하는 일(이미 알고 있는 일)에 몰두하여 정작 실제로 무슨 일이 일어나는지(알아차리지 못하는 것이 불가능할 정도로 기이한 자극임에도!) 전혀 알아채지 못했다.

변화맹 현상은 다양하고 자극적인 기기들에 둘러싸여 사는 우리들에게 중대한 사실을 한 가지 알려준다. 프랑 르보비츠Fran Lebowitz는 자신의 경험을 통해 이 문제를 설명했다. 그녀는 자신이 계속 강의를 맡을 수 있는 것은 바로 컴퓨터나 휴대전화를 밖에 두고 교실에 들어가기 때문이라고 여긴다. 이는 그녀가 현실 세계의 실제 사람들에게 집중하고 그들을 대할 수 있도록 해준다. 당신이 하루의 대부분을 스크린을 응시하며 보내고 있다면, 경기장 안의 고릴라를 눈치채지 못하듯이 주위에서 일어나는 많은 일들(가치 있는 새로운 아이디어, 사회 변화, 기타 기회)을 놓치게 될 것이다. 전자기기들은 당신이 어디에서든 이용할 수 있다고 설파하지만, 현실 세계에서 이는 '어디에도 존재하지 않게' 하는 상태일 뿐이다.

가장 명백한 양자택일의 갈등은 이메일, 음성사서함, 문자, 인터넷 검색, 트위터, 링크, 채팅창, 사진 등이 실제로 일할 시간이나 사랑하는 누군가와 보내는 시간을 빼앗아 간다는 것이다. 프로이트는 사랑과 일은 "모두 그곳에 있다."고 말했지만, 기술 발전은 가치 있는 일에 쓸 시간과 집중력을 줄어들게 한다. 가장 근본적인 주객전도 현상은 바로 효율성을 높여주는 정보기기들이 존재 가치 측면에서의 효율성을 끝장낼 수도 있다는 것이다. 문자나 페이스북의 게시물들과 달리 친구와 함께하는 점심식사나 전화 통화는 ("어떻게 지내?", "무슨 일 있어?"와 같은 대화) 온라인 혹은 직장에서 보내는 귀중한 시간을 낭비하는, 비효율적인 방식의 관심 표현을 의미하게 되었다. 영화 〈소셜 네트워크〉는 단 한 사람의 친구와 대화하려고 노력했던, 비사교적인 괴짜가 결국 페이스북을 창조했다는 이야기이다. 우연이라 하기에는 절묘하지 않은가?

인터넷 접근 방식은 교황이든 엘리자베스 여왕이든 지구상의 모든 이들에게 쉽게, 무료로 접촉할 수 있게 해준다. 그러나 이런 커뮤니케이션이 실질적인 상호작용 혹은 관계라고 할 수 있을까? 기계화된 방식으로 사람들과 연락하는 일이 많아질수록, 실제로 그들과 함께 보내는 시간은 점점 줄어드는 것 같지 않은가? 이미 우리는 한 테이블에 앉아서도 문자를 보내는 데 여념이 없는 젊은이들의 모습에 익숙해져 있지 않은가? 이는 "커뮤니케이션 기술이 실제 커뮤니케이션을 증진시키는가, 악화시키는가?"와 같은 수많은 의문들을 제기한다.

새로운 도구들에 의해 제기된 양자택일의 문제는 '조바심 증후군'의 확산에도 기여하고 있다. 클로닝거는 하루가 충분치 않다는 느낌에 더해, 스마트폰과 전자기기들이 "당신이 극히 중요한 사람이고, 자신이 그 자리에 있든 없든 계속 커뮤니케이션 해야 한다는 자아도취적 개념을 강화시킨다."라고 말한다. 그러나 "정보를 공유하는 것으로 자신의 가치가 바뀔 수 있다고 여기는 것은 매우 이상해 보인다."

전자적으로 고취된 자기 증진감과 시간에 대한 조바심의 결합은 시간관념에도 변화를 일으킨다. 3주 후의 저녁 식사약속이나 회의 일정이 불편한 제약이나 불가능할 만큼 먼 일로 느껴지는 것이다. 한 에세이에는 '연락 바랍니다'라는 문자의 무용성에 대해 "누구도 이런 방식으로 하루 이상 미리 계획을 세우길 원치 않는다."라고 표현했다. "우리는 융통성을 유지하고, 계획을 하루 단위로 점진적으로 발전시켜 나가길 선호한다. '내일 어떻게 할 거냐고? 음, 출발할 때 전화할게······' 같은 식으로 말이다. 우리는 마치 인생에 대한 항공관제사처럼 행동하고 있다."

● ○ ● ○ ●

오락거리들은 때로는 좋은 것이지만, 모든 시간을 거기에 쓴다면 어떨까? 한 휴대전화 기업은 자사 상품에 대해 (그럴 일은 없겠지만) 줄을 서서 기다리거나 이동 중에도 이용이 가능하며, 지루함을 느낄 새가 없게 해준다고 광고한다. 그럼에도 〈월스트리트 저널〉의 여론조사 결과는, 뉴욕시의 승객 3분의 1이 택시에 부착된 시끄러운 텔레비전을 꺼달라고 요청하고 있으며, 40퍼센트는 텔레비전을 아예 무시하고 있음을 보여준다. 이런 언짢은 승객들은 생각에 잠기고 순간을 즐길 만한 단순하고 계획되지 않은 기회들을 놓치고 있다.

　전자기기에서 눈을 떼고 단순히 구름을 응시하거나 벤치에 앉아 있는 일은 일견 시간을 낭비하는 일처럼 보인다. 그러나 뭔가를 하려고 애쓰지 않고 편안하게 있는 휴식 시간, 자유로운 사색, 몽상 같은 일들은 정신 건강과 생산성에 필수적이다. 빠르게 전진하는 세상에서 뇌는 습득도, 기억도, 사고와 감정을 적절히 통합할 수도 없기 때문이다. 회복기라는 정지된 시간은 결의에 찬 표정을 풀어주고, 특정한 주제 없이 가장 내밀하고 사적인 생각과 감정에 빠져들게 해준다. 마음은 속박(전자기기들)으로부터 자유로워지며, 현재의 순간을 누릴 수 있게 한다. "그 이메일이 어디에 있었지?", "누가 전화를 기다리고 있었더라?" 같은 생각에서 벗어나, 어제 저녁에 발레를 보며 느꼈던 감정을 되살려보거나 직장생활이 지루하고 변화가 필요하다는 사실과 마주하면서, 당신은 과거와 현재를 자유롭게 배회할 수 있다. 직무에만 매달려 있지 말고 잠시 벗어나 처치 곤란한 문제들에 대해 신선하고 독창적인 생각을 하며 이리저리 거닐어 보라. 그러면 호수의 물결을 응시하는 동안, 집으로 걸어가는 길에, 해결책이 당신의 인식을 향해 떠내려올 것이다. 클로닝거는 실제로 좋은 심리 요법은 "의사가 환자에게 감정을 이입한 상태"라고 한다. 의사와 환자 사이에 공유된 몽상은 환자의 내면에서 무슨 일이 벌어졌는지를 두 사람에게 분명히 알려주기 때문이다. 그는 원기왕성한 혁신선호가들이 조직적인 사람들보다 이런 달콤한 분위기에 보다 쉽게 빠져든다는 것을 발견했다. "혁신추구자들은 이미 정리된 것보다는 새로운 것, 혹은 변화하고 있는 것들에 흥미를 느낍니다."

공공장소에서는 끊임없이 CNN 뉴스가 흘러나오고, 사람들의 휴대전화 통화 소리가 크게 울린다. 이로 인해 공공장소에서 몽상할 기회가 줄어들었음을 생각해보면, 2010년 단 한 달 동안에만 침묵의 가치에 관한 책이 세 권이나 출간되었다는 사실은 그리 놀랍지 않다. 그 중 한 권의 제목은 자못 풍자적이다. 《우리가 원하는 모든 것에서 흘러나오는 원치 않는 소리들The unwanted sound of everything we want》.

개인적인 차원에서도 기술은 간단히 우리의 기회를 낚아챌 수 있다. HMI 연구팀의 로저 본은 개인적 경험을 한 가지 말해주었다. 그는 오랫동안 자전거를 타면서 생각하는 걸 즐기곤 했는데, 이제는 아이팟으로 무언가를 듣는다고 했다. 그는 지금을 살아가는 방식에 대한 사려 깊은 관찰자들에 대해 말하면서, 샤워할 때와 운전하는 5분 정도를 제외하고는 단순히 '그저 생각하는' 시간은 연구 외에는 거의 없다고 말했다. "특정한 주제 없이 자기 머릿속을 살펴보거나 사람들과 대화하는 시간이 전혀 없다는 건, 우리에게 좋은 일은 아닐 겁니다." 디지털 세대가 아닌 그의 청춘은 그에게 몽상의 기쁨과 이득을 알려주었다. "그러나 지금 젊은이들은 결코 그런 경험을 할 수 없을 겁니다. 때문에 몽상을 해봐야 한다는 걸 알지도 못하지요."

한때 몽상은 유년기의 주요한 부분이었다. 과거 아이들은 상상의 세계 속에서, 그리고 야외활동을 하며 시간을 보냈다. 그러나 이제 그 시간은 텔레비전, 컴퓨터, 휴대전화, 빡빡하게 계획된 활동들로 인해 철저히 줄어들었다. 조지 메이슨 대학의 심리학자 토드 카시단Todd Kashdan은 호기심에 관한 연구를 한다. 그는 교수지만 한 아이의 아버지로서 지금처럼 기술이 발전하지 않았던 자신의 유년 시절에 대해 '일종의 호기심'을 가지고 되돌아본다. "당시 여름에는 캠프도, 교육 프로그램도, 인턴십도 없었습니다. 하지만 우리는 자신의 작은 세계 속에서, 거리에서 놀 만한 것들을 찾는 법을 알고 있었죠." 수많은 연구들은 이런 자유분방한 놀이가 아이들의 신경학·인지·행동 발달의 근본이라는 사실을 입증한다. 그는 말한다. "그러나 아이들의 삶은 이제 운전사가 되어버린 부모들이 계획한 활동들로 철저하게 구조화되어 있습니다."

● ○ ● ○ ●

좋은 소식 하나, 상상하기 힘들만큼 광범위하고 새로운 디지털 기억 장치들은 당신이 '모든 것'을 기억할 수 있게 해준다. 그러나 이는 나쁜 소식이기도 하다. 역사 시대를 통틀어 기억하는 것은 잊는 것보다 훨씬 어려웠다. 최초의 문자와 그림의 등장부터 사진과 음성 녹음의 시대에 이르기까지, 우리들은 업무를 처리하는 데 기술에 의존해왔다. 그러나 디지털 혁명은 이런 자연적인 질서를 갑작스럽게 역전시켰다. 그리하여 이제는 기억이 좀 더 쉬워지고, 잊는 것이 어려워졌다. 미래의 고용주들은 소셜 네트워크 사이트에 올려진 구직 지원자들의 얼빠진 사진이나 일화들을 본다. 그 때문에 원통할 만한 결과를 통보받은 지원자들은 단지 사이버 공간에 영원히 남을 자료들 때문에 의도하지 않은 결과를 경험한 첫 번째 사람일 뿐이다.

망각은 대개 의학적 증상이 아닌 자연스럽고 고차원적인 적응행동이다. 만약 망각이 없다면 우리의 뇌는 매일 트럭 몇 대 분량의 사소한 일들을 처리하고 걸러내야 할 것이다. 이는 무엇이 중요한지 알 수 없게 하고, 기능 장애를 일으킬 것이다. 망각은 또한 과거를 흘려보낼 수 있게 해주는데, 이는 의사 결정과 삶을 제대로 살아가는 데 매우 중요한 역할을 한다. 옥스퍼드 대학의 인터넷 거버넌스(Internet governance, 인터넷 기술을 바탕으로 이루어지는 정치·경제·사회·문화 등 사회구조의 총체적 관리 시스템 또는 지배구조-옮긴이) 분야 교수인 빅토르 마이어 쇤베르크는 지혜의 경구를 하나 언급한다. "용서하고 잊어라forgive and forget." 무제한적인 전자기억e-memory의 문제를 연구한 바 있는 쇤베르크는 한 여성의 이야기를 들려주었다. 오랜만에 옛 친구를 만난 그녀는 이 만남에 열성적으로 응했고 행복해했다. 단, 과거에 대한 향수가 그들이 주고받은 엄청난 양의 이메일을 그녀로 하여금 떠올리게 하기 전까지 말이다. 이는 그들에게 오래전의 씁쓸한 논쟁거리들을 다시 불러일으켰다. 망각은 "과거의 족쇄로부터 우리들을 풀어주고, 현재를 살아갈 수 있게 한다."

살아있는 것이 기록화되는 때는 멀리 있지 않다. 그때를 상상해보라. 천국일까 지옥일까? 마이크로소프트의 고든 벨Gordon Bell은 1998년부터 '마이라이프비츠MyLifeBits'라 일컬어지는 실험 프로젝트를 수행해왔다. 전위 예술처럼 보이는 이 기술 연구는 완전한 기억의 시대, 즉 토털 리콜total recall로 가는 예비 단계로, 인간의 전 생애를 전자기억으로 담으려는 것이다. 그 목적을 달성하기 위해 벨은 목에 작은 카메라를 걸고 30초마다 사진을 찍고, 팔에는 생체 정보를 기록하는 장치를 장착했다. 그는 모든 전화 내용을 기록하고, 모든 이메일을 보관했으며, 일 관계 서류부터 가족 사진에 이르기까지 모든 것을 촬영하고 디지털화해 저장했다. 그의 동기는 실용적인 것(종이 없는 삶)부터 정서적인 측면(더 나은 가족 기록 보관소)에 이르기까지 다양했으나, 가장 중요한 것은 '영원불멸한 가상세계' 구축, 인간의 한계를 뛰어넘은 기억에 대한 열망이었다.

'우리를 실제로 불멸케 하는가'에 대한 의문은 차치하고, 토털 리콜은 몇 가지 현실적인 이점을 가지고 있다. 그 첫 번째는 모든 사소한 역사들을 보존하고, 습득할 수 있다는 것이다. 다음으로 서류더미나 빛바랜 사진들을 작은 기계 안에 밀어넣는 일은 효율적인데다 미관상으로도 호소력이 있다. 이와 관련한 환경적 이점은 여전히 논쟁거리이지만 말이다. 그렇다 해도 문제와 위험 가능성을 정직하게 타진해 봐야 한다고 벨은 말한다. 특히 신용카드로 인해 금전적 손실을 입거나 다양한 빅 브라더들이 우리를 감시할 가능성이 늘어나고 있다는 걸 생각해야 한다. 당신의 건강 기록 전체를 의사나 병원에 보내는 것은 초기에는 멋진 이점으로 여겨질 수 있다. 그런 한편 장래 고용주나 보험회사 같이 당신이 개인 정보를 보여주고 싶지 않은 사람들 역시 그 정보에 대한 접근이 더욱 쉬워질 수 있다. 전자기억의 이점은 유지하고 결함을 최소화하기 위해 쇤베르크는 '망각을 재도입'하자고 제안한다. 즉 전자화된 정보에 유효기간을 도입하여 그 기간 이후에는 자동으로 삭제되게 하는 것이다.

● ○ ● ○ ●

　망각의 이점과 전자 기억의 이점 사이에 거래를 성립시켰다 해도, 우리는 온라인 생활의 편의를 위해 개인정보를 위태롭게 하는 데 동의하고 있다. "지식은 권력이다."라는 프랜시스 베이컨의 말이 옳다면, 구글은 거의 전능한 권력이라 할 수 있다. 우리는 구글이 자신들의 슬로건인 "사악해지지 말자"를 진정으로 신봉하길 바란다. 작은 예로 구글은 파산이나 성병에 감염된 사실 같은, 우리 자신도 오랫동안 잊고 있던 회피하고 싶은 정보들을 알고 있기 때문이다. 또한 우리는 구글을 통해 멋진 정보들을 모두 무료로 이용하고 있다고 생각하지만, 실제로는 가치 없다고 여기는 어떤 것으로 그 대가를 지불하고 있다. 예를 들어 검색어는 우리가 문의한 내용을 기반으로 만들어진다. 구글의 막대한 부의 주요 원천인 이런 무해해 보이는 자료들은 당신이 보고 있는 온라인 광고를 결정하고, 마케팅적으로 종합되어 유료로 팔려 나간다. 스탠포드 대학의 미래학자이자 실리콘 밸리 관계인인 폴 사포Paul Saffo는 새로운 쌍방향 시대에 "참여는 의무이다. 무언가를 산출하기 위해서는 무언가를 집어넣어야만 한다."라고 말한다.

　쉰베르크가 온라인 생활을 원형교도소에 비교한 것은 특히 우리를 으스스하게 만든다. 18세기의 영국 철학자 제레미 벤담이 묘사한 이 무시무시한 감옥의 제소자들은 보이지 않는 감시를 받는데, 자신이 관찰당하고 있는지 아닌지는 결코 알지 못한다. 그 결과 이들은 곧 자신이 지속적으로 관찰당한다고 여기며 행동하게 된다. 끝없이 정교해지는 우리의 기술은 더욱 정교한 방식으로 우리의 삶을 감시할 것이다.

사포는 정보를 파기하고, 특정 직업 지원이나 융자 시에 지원자들을 보호해주는 구글의 소프트웨어들이 그보다 훨씬 더 많은 기능을 수행한다고 말한다. 이 일을 당신이 인지하든 그렇지 않든 전혀 관계없으며, 동의 역시 필요 없다. 휴대전화를 비롯한 각종 스마트 기기들은 당신의 위치를 확인하고 그것을 널리 알릴 수 있다. 당신의 친구뿐만 아니라 당신을 자기 상점으로 꾀어 내려는 상인들에게까지 말이다. 미래를 생각하며, 사포는 1967년 리처드 브라우티건Richard Brautigan이 쓴 낙천적인 싯구에 담긴 혜안에 감탄을 표한다. "은혜로운 기계들이 모든 것을 감시한다."

　개인정보와 온라인 생활의 참여를 맞바꾸는 것은 사회적 대가, 때로 개인적으로 비극적인 대가를 치르게 한다. 바로 대법관 루이스 브랜다이스Louis Brandeis가 '홀로 있을 권리'라고 표현한, 그 권리가 광범위하게 묵살되고 있는 것이다. 상대적으로 익명성이 보장되는 인터넷이라는 열린 무대는 유혹적이고 섹시한 채팅용 말투와 결합되어 거칠고 잔인한 발언들을 자극하며, 이는 엄청난 수의 관객들의 단 한 번 클릭으로 널리 퍼져나간다. 전자 기술에 의해 일어나는 야만성의 대표적인 예는 사이버 테러이다. 수많은 젊은 희생자들이 불행해지고, 우울증이나 자살에까지 몰리고 있지만 불행하게도 이는 제약이 거의 불가능하다.

　휴대전화, 노트북 컴퓨터의 고장이나 강탈은 이제 신체적 폭행이나 다를 바 없이 여겨진다. 이런 상황에서 인간의 기본권 목록에 개인 정보를 통제하는 힘을 덧붙이는 것이 현명할 듯하다. 벨은 언젠가는 전자 정보도 스위스 은행 수준의 기관이나 세계적인 암호기관에 두어 사이버 사기꾼이나 스파이로부터 우리를 보호해야 할 때가 올 것이라고 생각한다. 그러나 위키리크스 현상에서 볼 수 있듯 보안을 중시하는 기관들에서 신중하고 제한적으로 공유되고 있는 정보들조차 (어떤 끔찍하고도 믿기 힘든 일로) 만천하에 밝혀질 수 있다. (벨이 낙관적으로 상상하고 있는 부분이기도 하다.)

● ○ ● ○ ●

스마트 기기들은 당신에게 꿈꿔왔던 정보들을 생각보다 더 많이 가져다 줄 수 있다. 한편으로는 당신이 원한 혹은 사용 가능한 만큼보다 훨씬 많은 정보들 때문에 스트레스가 발생할 수도 있다. 이런 우려는 새로운 것이 아니다. 고대 학자들은 알렉산드리아 도서관에 있는 5천여 개의 두루마리들을 다루면서 투덜댔고, 18세기의 독자들은 모음집이나 문집, 요약본 같이 간결하고 압축된 형태의 새로운 책을 요구하곤 했다. 그렇기는 하지만 전자 기술은 정보 과부하를 엄청난 규모의 신질서로 처리해왔다.

  학교에 들어간 이후 우리들은 배움은 좋은 것이고, 더 많이 알수록 부유해진다는 확언을 들어왔다. 그러나 대대로 축적된 지식이 책상 위의 매끈한 작은 상자에 담겨 당신을 기다리고 있는 오늘날, 당신은 적은 것이 많은 것보다 효율적이라는 말에 의구심을 품을지도 모르겠다. 신경과학자 마이클 인즐리히는 많은 분야의 전문가들이 공통적으로 내뱉는 한탄 하나를 언급한다. 그의 전임자들은 2, 3개의 전문지를 읽었지만, 그는 15개에서 20개 정도의 전문지를 읽는다. 이메일, 첨부파일 등 가상의 자료 더미들은 말할 나위도 없다. 일반적으로 시간적·

에너지적 측면에서 전자 메시지들이 값싸고 작성·복사·발송이 쉽다고 말하지만, 실제로 읽거나 받는 데는 큰 대가가 요구된다. 결과적으로 인즐리히의 말처럼 "매일 아침 '받은 편지함'을 보고 이걸 다 치워버리려면 몇 시간이 걸릴까 하고 고민하게"되는 것이다. 인즐리히는 또한 변화맹과 관련한 사고에 대해 언급한다. "컴퓨터는 무제한적입니다. 최소한 저장의 측면에선 그렇습니다. 그러나 우리의 정신이 감당할 수 있는 용량은 한정되어 있습니다. 임계점을 넘어가는 순간, 우리는 과부하에 걸려 전원이 꺼져버리고, 결국 좋은 생각과 기회들을 잃어버리게 됩니다."

지나치게 많은 정보가 만연해 있다는 느낌은 받은 편지함을 가득 채운 메일들처럼 가시적인 양에서 기인한 것이 아니다. 정보의 광맥, 그곳에 도사리고 있는 무한성에서 나온다. 온라인 검색은 벨소리나 이메일 수신음이 유발시키는 집중 방해물들에 비해, 보다 집중적이고 질서정연하게 보인다. 그러나 이때에도 구글 검색어가 담긴 페이지마다 각기 다른 종류의 긴장이 만들어진다. 1960년대 텔레비전과 라디오의 확산은 과부화 효과를 일으켰다. 그러나 본의 말처럼 "당신이 조심스럽게 선택한, 방대한 정보의 바다에서는 이런 감각이 존재하지 않는다. 이제 인터넷은 키보드 몇 번만 두드리면 전 세계의 도서관을 불러올 수 있으며, 생각하고 있는 것은 무엇이든 검색하고 찾을 수 있다. 그런데 이것이 불안을 유발한다."

수많은 케이블 TV와 라디오 채널들에 더해 웹사이트들이 끊임없이 뉴스를 내보내는 지금, 사건이 발생한 순간 실시간으로 소식을 전해주는 것은 미디어에게 시지프스의 노력 같을 뿐이다. 미디어의 생존은 최근의 해외 사건사고부터 선거 전 아이오와 주 여론 조사 결과로 우승 후보를 점찍는 일까지 모든 것을 긴급하게 업데이트함으로써 사람들의 게걸스러운 혁신애호적 갈망을 충족시키느냐에 달려 있다. 젊은 기자들은 '신선한 생각을 보충하거나 구글 알고리즘에 발자취를 남기거나 독자들의 생각을 끌어낼 수 있다면, 아무리 사소한 뉴스라도 보도하는 데' 몇날 며칠을 소비한다. 미디어 학자 로버트 톰슨Robert Thompson은 톰 브로커(Tom Brokaw, NBC 방송국의 아나운서로 저명한 언론인-옮긴이)를 비롯한 언론인들이 보도하는 뉴스를 한 번이라도 들은 적이 있는 수많은 미국인들을 관찰하고 이렇게 말했다. "그것은 지금 반드시 일어나야만 하는 일이 아닙니다. 우리는 저녁 뉴스, 신년 국정 연설, 올림픽을 시청할 필요가 없습니다. 우리는 75가지의 다른 선택들을 할 수 있습니다."

세계에서 벌어지는 일들에 대해 많은 정보를 보유하는 것은 놀랍도록 민주적인 힘이 될 수 있다. 그러나 한편으로 목소리가 없는 소수자들에게 권한을 부여하는 것은 무명의 괴짜들에게 큰 스피커를 제공하는 것이다. 얄팍하기만 한 관점들이 많아지는 것은 그 문화를 편협한 파벌들로 잘게 분열시켜 공공복리를 위한 협력을 가로막을 수도 있다. 톰슨은 "더 많은 블로그를 접할수록 민주공화국의 타당성에 대해 더욱 의문을 가지게 됩니다."라고 말한다. 인터넷의 다음 도전은 특정한 사용자들을 위해 정보를 여과시키고 그 내용을 다듬음으로써 정보 과부하를 줄이는 것이다. 이는 정보가 여전히 특정 인구 집단들을 위해 편집되고 포장되고 있음을 의미한다. 결과적으로 폭스TV나 MSNBC, NPR, 러시 림보, 〈뉴욕 타임즈〉나 〈월스트리트〉의 독자 투고란 등의 팬들처럼 우리도 자신이 이미 믿고 있는 것과 일치하는 의견만을 골라 듣게 될 것이라는 이야기다. 심리학자 베리 슈바르츠Berry Schwartz는 이렇게 말한다. "우리는 이 모든 정보가 우리를 자기 운명의 주인으로 만들어준다고 생각합니다. 실제로 우리가 얻는 것은 특정한 개인(집단)에 의해 조정된 것인데 말이죠. 이는 그 자체로 무서운 일이며, 실제로 걱정해야 할 문제입니다."

고객 맞춤 정보와 마찬가지로, 정보를 전달하는 기계들 역시 그 기계(혹은 서비스)로 우리의 사회 집단을 이용 가능한 범주로 축소시킬 수 있다. "정보 과부하는 사람들이 무엇을 할지(혹은 하지 않을지)를 결정하거나 계층적 배경에서 자신의 선택을 옹호하는 데 영향을 미칠 수 있다."고 영문학자 바버라 베네딕트는 지적한다. "페이스북, 트위터, 유튜브에 반응하기로 선택하는 건, 당신이 나머지 사회보다 더 낫고 더 좋다고 규정한 문화적 거품 속으로 들어가는 방식입니다. 현재 문화는 상품에 의해 규정된 작은 집단으로 분화되고 있습니다."

● ○ ● ○ ●

채식주의자를 위한 요리법에서부터 신용카드 결제액을 줄이는 방법에 이르기까지 온갖 정보에 접근할 수 있는 이 미증유적 사태는, 자기 발전으로 가는 지름길이라고 포장될 수 있다. 그러나 이는 지나치게 많은 기회, 비교로 인한 좌절감을 불러일으켜 만성적 불만족 상태를 증가시킨다. 밤하늘의 별만큼 많은 주택 개조, 요리, 메이크오버make-over TV쇼들과 웹사이트들은 "실제로 (미국인으로서) 우리의 정체성을 형성하고 있다." 톰슨은 이렇게 덧붙인다. "우리의 역사는 모두 재창조에 관한 것이고, 신세계를 위해 기존의 세계를 떠나는 것이며, 우리 스스로를 재정의하는 것이었습니다. 이것이 미국으로 이주한 청교도들과 이후의 이민자들이 했던 일이고, 이들은 그 이야기를 반복하고 있을 뿐입니다. 오프라 윈프리도 윌리엄 브래드퍼드Willam Bradford가 《다시 읽는 미국사On Plymouth Plantation》에서 했던 이야기를 계속하고 있을 뿐입니다."

더 멋지고, 젊고, 부유해지기 위한 최신 인기 목록 10과 전략들에 계속 노출된다면, 불만족, 죄책감, 비현실적인 열망이 생겨난다. 에스더 다이슨은 자기 발전을 위한 물건, 서비스, 기회들이 거의 무제한적이며, 클릭 한 번으로 여기에 접근할 수 있는 지금의 소비사회를 선택과 기회가 제한된 러시아의 문화와 비교했다. "사람들은 그곳에서의 인생이 형편없을 것이라고 생각합니다. 하지만 러시아인들은 거기에서 더 나은 인생을 살려고 노력하며, 그 문제에 대한 책임이 자신에게 있다고 생각지 않습니다. 그들은 어려운 상황에서도 할 수 있는 한 최선을 다합니다. 그러나 우리가 사는 곳에서는 성공하지 못하고, 아름답지 않고, 박학다식하지 않다면, 그건 당신 자신의 잘못입니다. 그렇다면 공부를 하거나, 자기변화를 이룩해야 합니다." 또한 그녀는 인터넷이 위선을 벗겨낸다고 말한다. 이것 역시 축복이자 저주이다. "지금은 유명인일지라도 숨겨진 약점이 있다는 것이 만천하에 드러나 있습니다. 이는 좋은 역할모델의 부재를 의미합니다."

정보 기술 또한 우리의 선택권을 증가시킨다. 여가의 기쁨이든 장비 구매든 우리들 혁신 선호 종족을 위한 멋진 물건들은 때로 넘쳐흐르도록 많다. 슈바르츠는 의사결정에 관한 대규모 연구를 실시한 후 이렇게 말했다. "제가 알게 된 건 우리가 나쁜 쪽으로 선택을 제한한다는 겁니다." 예를 들어 우리는 소형 전자기기를 살 때 유용성이나 실제 중요한 부분을 우선시하기보다 그 기계 자체의 능력에 초점을 맞춘다. 그리하여 결국 우리는 새롭고 심원한 기능을 지닌 기계에 더 많은 돈을 지불하는데, 이는 우리를 짜증 나게 할 뿐만 아니라 결코 쓰지도 않을 기능들이다. 게다가 우리는 이런 실수에서 아무것도 배우지 못한다. "우리는 작동법을 이해하지도 못할 디지털 카메라를 삽니다. 그러고 나서 또 이해도 못할 스마트폰을 사지요."라고 슈바르츠는 말한다. 그는 전자 정보를 다루는 데 있어 지나치게 많은 선택의 부정적인 측면에 대해 이렇게 설명한다. "구글은 우리에게 세상의 모든 정보를 얻을 수 있게 해줍니다. 그리고 우리는 그중 어느 것 하나 좋은 게 없다는 걸 알고 있죠."

선택 가능성이 적은 인생은 일견 매력적으로 보이지 않지만, 슈바르츠는 "우리를 진짜 자유롭게 하는 건 제약 속에서 자유를 누리는 겁니다."라고 말한다. "사람들은 대개 기존의 규범들이 지나치게 제약이 많다고 생각합니다. 그러나 지나친 규제에 대한 대답은, 끝없는 선택을 만들어내는 것 역시 제약이 아니라고만은 할 수 없다는 것입니다."

● ○ ● ○ ●

개인만 아니라 집단 역시 정보화 시대와 혁신선호 본능 사이의 화학반응으로 일어난 접근-회피 갈등과 투쟁하고, 균형을 맞추려 분투한다. 2010년 사립학교 모임의 주요 주제는 '온라인 교육 과정이 미치는 영향'이었다. 교장들은 긴 겨울 눈 내리는 기간 동안 학생들이 성공적으로 가정에서 컴퓨터를 이용해 수업을 들었다는 사실에 놀라고도 기뻐했다. 이런 프로그램은 학교로서는 비용을 상당히 감축시킬 수 있으며, 또한 최신 학습자료를 열망하는 부모와 아이들에게도 매력적이었다.

그런 한편 이런 경쟁력 있는 최우수 교육기관의 교장들은 학습 외적인 부분, 즉 인성 교육이나 사회생활에 필요한 자질들, 아이들을 보살피는 일과 같은 필수적 부분이 흔들리리라는 데 큰 우려를 표했다. 그들은 눈이 그치고 길이 정비되었을 때 학급으로 되돌아온 아이들이 얼마나 기뻐했는지 이야기했다. 교육자들은 자신의 전문성과 아이들의 삶 모두에 대변혁을 일으킬 강력한 새 비즈니스 모델을 고려하는 한편, 그 결과에 대한 이해가 거의 전무한 상태에서 실험을 하는 것이 아닌지를 우려했다.

새로운 기술은 우리의 혁신선호 기질에 긍정적으로 작용하지만 그것이 행위에 구체적으로 어떤 영향을 끼칠지 확실하지 않아 교장들은 결정을 망설였다. 주의력 결핍장애, 멀티태스킹, 기타 인지적 주제를 다룬 일부 연구들을 차치하고, 이미 많은 부분에서 우리 삶의 중요한 측면들을 바꾸어 놓은 디지털 혁명의 영향에 대한 연구는 미미한 편이다. 그러나 지난 50여 년 동안 불안이나 우울증 등의 발생 빈도는 꾸준히 증가했다(생물학적 원인이 더 큰 조울증은 제외한다). 이런 음울한 통계 결과를 낳은 원인 중 하나는 아마도 늘어나는 정보들을 적절하게 다루는 데 대한 스트레스일 것이다.

생활의 질에 영향을 미치는 전자적 혁신추구 도구들에 대한 수많은 우려를 해결하는 길은, 각기 다른 목적들 사이에서 올바르게 균형을 찾는 일이다. 새로운 정보를 얻는 대신 다른 일을 하는 데 사용할 시간과 에너지를 포기한다. 효율성을 극대화하기 위해 시간과 공간, 관계에 대한 자신의 생각을 수정한다. 오락거리를 위해 고독을 감수하고, 편의를 위해 프라이버시를 희생하고, 전자 정보를 위해 망각을 포기한다. 그러나 몇 가지 문제들에는 개인적·문화적 수준에서 엄중한 잣대를 들이대야 한다.

지금도 우리는
생각하는 인간인가

   아리스토텔레스는 사회란 생산성, 즐거움, 사색에 관한 능력으로 판단해야 한다고 말한 바 있다. 우리의 흥미로운 기계들은 기업이나 대중오락 측면에는 엄청난 이익을 제공하지만, 깊이 있는 사고 측면에는 별 도움이 되지 않는다.

 전자 매체들은 특정 분야의 일에는 매우 적합하지만, 그것이 지닌 속도, 쌍방향성, 높은 자극 수준은 서서히 이루어지는 깊이 있는 사고의 과정에는 적합하지 않다. 이것들은 정보를 공급하지만 지식이 아니며 의미를 담고 있지도 않다. 그 자체로는 실질적인 이해를 구축하기 충분치 않으며, 여기에는 상황 문맥과 숙고가 필요하다. 과제로 내준 철학서의 빽빽하게 찬 몇 페이지의 어구를 분석하느라 두 시간 동안 사투를 벌여보면, 까다로운 작품은 시간을 들여야 할 뿐 아니라 쉽게 얻을 수 없는 비판적 사고 능력처럼 상당한 공부를 필요로 한다는 사실을 알 수 있을 것이다. 심리학자 베리 슈바르츠는 이렇게 설명한다. "한 가지 주제에 대해 한참동안 힘들게 생각해본 경험은 어떤 사람들에게는 더는 가능하지 않다. 그들은 그 지점에 도달할 만큼 가만히 한 군데에 앉아 뭔가를 하지 않기 때문이다. '헌신'이라는 단어는 일종의 금기가 되었다. 그러나 헌신은 피아노 연주처럼, 그 일을 하는 것만으로도 흥미와 재미를 느끼게 되는 수많은 일에 존재한다. 많은 일에 헌신이 담겨 있다. 즐거움을 느낄만큼 만족감을 얻으려면 지루한 조각들을 묵묵히 맞춰나가야 한다. 그러나 지금은 당장의 즐거움을 주는 새로운 것들이 너무 많다."

피상적인 새로움을 창출하는 인터넷의 능력은 '밈'(meme, 리처드 도킨스가 《이기적 유전자》에서 만들어낸 신조어로, 문화 요소를 복제하여 전달하는 중간 매개물을 통칭한다. 정보의 단위, 양식, 유형, 요소 등 모든 복제되어 전달되는 모든 문화현상이라 할 수 있다.-옮긴이)으로 전형화될 수 있다. 문화계 토막 뉴스, 기억하기 쉬운 일화부터 농담, 사진에 이르기까지 이는 사회 전반으로 급속하게 퍼져나가고, 인터넷을 잠식하고 있다. 이들 중에는 재미있고 독창적이고 정보적인 것들도 있다. 예를 들어 열풍을 불러일으킨 〈유나이티드 항공이 부순 내 기타United Breaks Guitars〉(포크송 가수 데이브 캐롤은 유나이티드 항공사를 이용했을 때 항공사 측이 자신의 기타를 함부로 다루어서 파손된 것을 변상해주지 않자, 이 사건을 노래로 만들어 유투브에 올렸고, 엄청난 인기를 얻었다.-옮긴이)이라는 노래는 단순하지만 유나이티드 항공의 주가를 급격히 추락시키는 요인이 된 것으로, 이 역시 일종의 밈이라 할 수 있다. 그러나 밈은 인종차별이나 여성혐오와 같은 위해를 유발할 수도 있으며 거짓말을 유포하고 시간을 낭비하게 할 수도 있다.

2010년 인터넷상에서 순식간에 유명세를 떨치며 그 주의 밈으로 등극한 데브라리 로렌자나Debrahlee Lorenzana에 대해 생각해보자. 매우 육감적인 몸매의 그녀는 자신이 지나치게 섹시하고 매력적이어서 시티그룹에서 해고를 당했다고 주장했고, 그 결과 미디어의 엄청난 주목을 받게 되었다. 그리고 곧 그녀의 멋진 외모는 성형수술로 만들어진 것임이 밝혀졌고, 그녀는 점차 리얼리티 TV쇼 출연을 목표로 삼았다. 이 일의 중요도나 진실성 여부와 상관없이, 이런 바보 같은 밈은 날조된 질 낮은 오락거리들의 조합일 뿐이다. 이 일은 완전히 새로운 일(너무 아름다워서 해고되다니!)이었지만, 그렇다 하더라고 결국 며칠 동안 수백만 명의 주목을 끌고, 집중력을 낭비하게 만들었다.

"모방 사회의 사고방식 중 하나는 퍼뜨릴 수 있기만 하다면 자신이 그 집단에 가져오는 게 무엇인지 신경 쓰지 않는다는 겁니다. 때문에 퍼져나가는 아이디어들은 기생충 같은 것일 수 있습니다."라고 세스 고딘은 말한다. "티파티(기성 정치권에 속하지 않는 일반 시민들의 주도로 이루어진 조세 저항 운동으로, 정치적으로 보수 성향을 띤다. 극우 반정부 운동을 의미하기도 한다.-옮긴이)든 공산당이든 이 역시 정치적 밈이라 할 수 있는데, 이들 역시 국가가 파괴되든 말든 신경 쓰지 않습니다. 그들이 하는 유일한 일은 '재생산'이기 때문입니다." 세스 고딘은 디지털 시대의 혁신선호가들에게 주어진 주요 도전에 대해 강조한다. "즉 요지는 새로움이 반드시 우리들에게 좋은 것일 필요는 없다는 겁니다. 밈들을 전파시키기만 하면 그만이기 때문이죠. 때문에 우리는 성공 기반을 약화시키는 새로움에 맞서 싸워야 합니다."

새로움 그 자체를 목적으로 한 새로운 것들의 원천이 개인적·집단적 지성을 약화시킬 수 있다. 이 주장을 입증하는 데는 온라인 여론만큼 쉬운 것도 없다. BP의 석유 유출 사건(2010년 4월 20일 루이지애나 주 멕시코만에서 일어난 BP의 석유 시추선 딥워터 호라이즌이 폭발하여 일어난 미국 최대의 석유 유출 사건-옮긴이)과 월드컵을 비롯해 2010년 인터넷 검색어 상위 10위는 마일리 사이러스, 킴 카다시안, 레이디 가가, 아이폰, 메간 폭스, 저스틴 비버, 어메리칸 아이돌, 브리트니 스피어스였다. 2011년 봄 임의적으로 하루를 선택하여, 상대적으로 수준이 조금 더 높은 위키미디어의 검색어 7위권을 살펴보자, 엘리자베스 테일러, 찰리 쉰, 레이디 가가, 저스틴 비버 등이 포진되어 있었다. 현재 8천만 개의 블로그들이 있고, 그중 고양이가 치즈버거를 먹고 있는 것 같은 사진들이 수백만 달러를 벌어들이고 있는 현상을 보며 세스 고딘은 "검색어 10위권 목록에 나에 관한 일을 아무거나 올리면, 내 블로그의 접속수는 두 배로 뛸 겁니다. 지저분한 것이나 누군가를 공격하는 것이라면 엄청나게 증가하겠지요."라고 덧붙인다. 이 모든 것들을 고려하든 아니든, 디지털 혁명이 우리에게 새로운 자극원들을 광범위하게 확산시킨 이래, 우리들은 더욱 잘 지내고 있다. 고딘은 이렇게 비꼰다. "나는 우리가 그것을 선택했다고는 생각하지 않습니다."

'새롭다'는 것 외에는 아무 가치도 없는 쓰레기 정보는 당신 자신, 저널리즘, 그리고 사회에도 좋지 않다. 마치 프리토(콘칩과 비슷한 스낵-옮긴이)나 치즈 두들스(치토스와 비슷한 스낵-옮긴이)처럼 짭짤하고 바삭하지만 영양가는 없는 인터넷 정보들은 당신을 불만족스럽게 만들고 더 새로운 자극을 찾게 만든다. 심지어 진지한 웹사이트조차 기사의 대중성(이제 막 게시된)과 그 중요성 사이에 관계가 거의 없다. 섹스, 유명인, 애완동물에 대한 게시물은 며칠 동안 검색어 순위 상단에 올라가 있으며, 이라크 내의 미국 통치와 관련한 주요 문건이나 어메리칸 뱅킹과 관련된 것들은 찾아보기 힘들다. 극소수의 출판업자들만이 마치 건국의 아버지들의 시대처럼 제공받은 정보를 철저하게 검증하고 조사하는 데 '돈을 낭비한다'는 것은 놀랍지도 않다.

자료들 대부분이 얄팍하고 사소한 것들이라는 데 더해 요점 정리식, 인상적인 한 마디식의 인터넷 자료 게시 방식은 중요한 주제들을 압축하고 지나치게 간략화하여 진지한 사고의 기회를 가로막는다. 셰익스피어는 "간결함은 기지wit의 요체다."라고 말했다지만, 오늘날 기지 넘치는 발언들은 지금 아니면 안 된다는 식의 인내심 부족에 밀려났다. 요약 정리의 대가들과 종래의 쌍방향적 웹사이트들의 선집들은 구획과 링크들로 가득 차 각기 다른 수준의 개입을 가능하게 하고, 초조함과 시간 민감성을 충족시키면서, 자신의 정보가 새롭고, 현재적이고, 꽉 짜여져 있길 바라는 독자들을 압도하고 있다. 얼마 전 미래학자 폴 사포는 흥미로운 책 한 권(혹은 최소한 한 페이지 분량의 기사 하나)을 찾아냈다. 그는 "내가 하이쿠(일본 고유의 단시 - 옮긴이)가 필요하다고 하면, 검색어나 트위터만 주어져도 충분해요."

그런데 우리는 정말 트위터가 필요한 것인가? 아니면 그래야만 하는 것인가? 보도가치가 있는 사건, 광고, 영화 예고편 같은 정보에 대한 접근은 우리를 흥분시키지만, 이는 복잡한 인생을 다룰 수 없을 뿐더러 인류의 수많은 경험들을 끔찍하리만큼 배제하고 있다. 말하자면 《안나 카레니나》의 '안나 카레니나'는 '젊은 남자와의 연애를 원하는 중년여성'이라거나 《폭풍의 언덕》의 이자벨 린턴의 문제는 '히드클리

프가 그녀에게 반하지 않은 것'이라는 식으로 이야기된다. 그러나 이렇듯 복잡한 인물들과 상황에 관해서는 결코 모든 걸 그런 식으로 말할 수가 없다. 그럼에도 불구하고 터프츠 대학의 아동발달론 교수로, '독서하는 뇌'를 연구하는 매리언 울프Maryanne Wolf는 이렇게 말한다. "헨리 제임스나 조지 엘리어트를 계속 읽을 수 있나요? 그렇게 인내심이 있어요?"

과학기술이 깊이 있는 사고를 약화시킨다는 의견은 〈뉴욕 타임즈〉의 1면에 많이 언급된다. 그중 〈우리의 적은 바로 파워포인트이다We have met the Enemy and He is PowerPoint〉라는 기사를 주목해보자. 군대에서 마이크로소프트 프로그램 사용이 증가한 결과, 불렛 포인트와 차트로 매우 명확하게 말하게 되면서 가장 복잡한 문제들이 마술적으로 축소되었다고 한다. 하급장교들은 엄청나게 많은 시간을 프레젠테이션 준비에 쏟아붓는데, 이런 형식에 연연하는 태도는 논쟁과 비판을 억압하고, 의사결정 과정을 헝클어뜨린다. 이라크 참전 군장교 H. R. 맥마스터H. R. McMaster는 파워포인트는 '위험'하다고 말했다. "그것이 이해와 통제라는 환상을 심어주기 때문이다. 세상의 어떤 문제들은 불렛 포인트로 정리할 수 없다."

인위적 사고의 위험성에 대한 맥마스터의 지적에 귀기울여야 할 사람들은, 정신과 뇌의 구조가 아직 자신의 경험으로 완전히 구축되지 않은 학생들이다. 교사들을 비롯해 사려 깊은 관찰자들은 공통적으로 이렇게 말하곤 한다. 우선 그들은 전자기기들을 다루는 아이들의 재능에 대해 찬사를 표한다. 그리고 인터넷이 아이들의 관심사(공룡, 시민전쟁 등)와 관련한 온갖 자료들을 제공한다는 것을 인정한다. 그러면서도 그들은 아이들이 온라인 친화적으로 자라게 되면, 정보를 평가하고, 최선의 것을 택하게 하는 배경지식, 비판적·조직적 능력을 계발하지 못하게 될 것이라고 말한다. 그들은 또한 온라인상의 번드드르한 인상적인 한 마디 방식이 비슷비슷한 사고방식을 지니게끔 조장한다고 우려한다. "진짜 걱정되는 건, 사소한 것들, 즉시적 만족감에 대한 욕구, 그것입니다."라고 에스더 다이슨은 말한다. "매우 영리하고 사려 깊은 젊은이들도 있지만, 훨씬 쉽게 인생을 살아가고 생각하기를 멈춘 젊은이들이 더 많습니다."

심지어 대학에서조차 우리 사회, 특히 젊은이들은 아리스토텔레스의 사색 기준을 만족시킬 수 없어 보인다. 전자적 새로운 자극 추구의 노예가 되어버렸기 때문이다. 독창적인 생각은 진지한 배움에 기반하는데, 교수들은 연구 과제를 내주면 학생들이 구글 검색을 통해 핵심만 요약해 온다고 불평한다. 괜찮은 학생들의 경우는 검색창의 4, 5페이지에 있는 내용을, 대부분의 학생들은 그마저도 첫 번째 페이지의 첫 번째나 두 번째 링크의 내용에 만족한다. 신경과학자 제인 조셉은 일부 학생들이 그것이 문제인 줄도 모른 채 아무 생각 없이 표절한 내용을 짜깁기하는 데 충격을 받았다. "그들은 시험문제에 대한 답을 온라인상의 내용을 복사해 갖다 붙일 뿐입니다. 그러고 나서 '뭐가 문제야?'라고 말하죠." 미디어 학자 로버트 톰슨은 지난 25년 학생들의 작문의 질이 급격히 떨어졌다는 데 주목하면서, 젊은이들은 구글이 정보와 지혜의 원천이라고 생각하고 있다고 말했다. "그러나 깊이 있는 인간이 가지고 있는 가장 가치 있는 지식(실용적이거나 평등한 것이 아닌)은 도서관에 가서 무언가에 대한 책을 읽고 오랜 시간 숙고하고 써

본 후에야 얻을 수 있는 것입니다."

사탕 가게에 간 아이들처럼 혁신선호가들은 전자적으로 생성된 새로운 먹을거리들이 무제한적으로 공급되는 상황에 직면했다. 이제 음식에 대해 생각하는 것처럼 우리의 데이터 소비에 대해서도 생각해 보아야 한다. 건강한 정보 다이어트 요법은 장기적으로 가치 있고 영양가 있는 새로운 정보에 집중하고, 정신적·감정적 건강을 위태롭게 하는 인스턴트 정보는 무시할 것을 요구한다. 다이슨의 말처럼 속 빈 인터넷 칼로리는 정보적 신진대사를 파괴시킬 수 있고, 생각하는 능력을 방해한다. 기름진 감자튀김과 맛있는 탄산음료처럼 "나쁜 것은 그것 자체로 우리들에게 힘을 발휘하지 못한다. 우리는 규범을 지키며 더 나은 미각을 길러야 한다."

● ○ ● ○ ● ●

디지털 기술이 개인적·집단적 사고능력에 미치는 영향에 대한 걱정스런 시선을 고려하면, 인스턴트 정보들이 유발하는 지적·감정적 투박성은 심각하게 취급해야 할 문제다. 먼저 당신이 집중하는 대상은 당신의 현실 세계라는 블록들을 쌓아나간다. 비유하자면 뇌는 특정한 주제와 대상을 사진으로 찍어 정신이라는 앨범(세계)에 저장한다. 이는 이 앨범이 당신의 행위에 영향을 미칠 수 있다는 걸 의미한다. 어떤 의미에서 당신이 주목하지 않은 대상은 존재하지 않는 셈이 된다. 적어도 당신에게 있어서는 그렇다. 당신의 현실을 (정신적) 벽돌로 구축할 것인지, 지푸라기로 구축할 것인지는 당신에게 달려 있다. 피아노 연주를 할 것인가, 할인 쇼핑 사이트를 들락거릴 것인가? 페이스북에서 옛날 고등학교 친구들이 뭘 하는지 알아볼 것인가, 친구를 만나러 갈 것인가? 선택이 전부다. 자신의 선택적 주목을 사용하지 않는다면, 원치 않아도 본능적인 주목이 목표 대상을 선택할 것이다. 이 경우 주목은 당신의 사회 환경에서 가장 자극적인 것으로 향한다. 그것은 종종 그게 뭐든지 새로운 대상이 될 것이다.

주목은 당신이 습득하는 것에도 영향을 미친다. 먼저 무언가를 받아들이고 기억하려 한다면, 당신은 먼저 그 대상에 초점을 맞출 것이다. 그렇지 않다면 제대로 기억할 수도 없다. 주목의 기본 메커니즘은 그 이유를 설명한다. 초점 맞추기는 선택의 과정이다. 특정한 장면이나 소리, 생각이나 감정에 초점을 맞출 때, 뇌는 목표 대상을 강화하고 그것과 경쟁하는 다른 자극들을 억제한다. 다시 말하면 주목은 당신이 X지점으로 갈지, Y지점으로 갈지 혹은 두 곳 다 가지 않을지와 같은 양자택일의 활동이다. 때문에 방금 들어온 문자 메시지를 읽는 일과 회의실에서 상대의 말을 듣는 일로 주목을 분산시키려고 하면, 상대가 방금 한 말이나 어깨너머로 만난 적 있는 누군가의 이름을 기억해내려고 할 때 완전한 기억을 불러오지 못하게 된다.

무언가를 습득할 때 집중 분산은 적이다. 컴퓨터에 연결된 삶은 뇌를 고도의 자극 상태로 길들여, 실제로 특정 대상에 집중하기보다 문자 메시지에서 트위터 메시지들 사이를 오가며 목표 대상들 사이를 스쳐지나도록 훈련시킨다. 때문에 분산은 습득된 행동(혹은 습관)이 될 가능성이 있다. 이런 가능성은 타당한 우려다. 여기에 가장 취약한 집단은 물론 아이들이다. 학습은 아이들의 의무이자 경험이기 때문에,

이는 말 그대로 아이들의 뇌를 주조한다. 그 증거로 아이들은 만성적으로 점점 더 집중을 분산시키는 데 많은 시간과 노력을 들이고 있다.

 16세부터 18세까지의 청소년들을 대상으로 한 연구에서, 청소년들은 여가시간에 문자, 채팅, 페이스북 탐색, 텔레비전 시청 등 평균적으로 7가지의 자극 추구 행위를 한다는 것이 밝혀졌다. 그리고 이를 위해 종종 운동이나 자연의 즐거움을 누릴 만한 활동, 현실 세계의 살아 있는 사람들과 대화를 나눌 시간을 포기했다. 텔레비전, 음악, 컴퓨터, 비디오 게임, 잡지, 영화 등 미디어 이용에 관한 광범위한 조사 결과 8세부터 18세까지 아이들이 평균 1일 8시간을 그곳에 투자하고 있으며, 학교에서조차 많은 시간, 눈을 미디어에서 떼지 못한다는 것이 밝혀졌다. 4천 명의 십대들 중 20퍼센트가 1일 최소한 120번 문자를 보내며, 10퍼센트가 소셜 네트워크 사이트에서 3시간 이상을 보냈다. 이 두 가지를 모두 하는 아이들 중 자살을 생각하거나 인터넷상에서 집단 괴롭힘을 당한 적이 있는 아이들도 4퍼센트나 되었는데, 이는 흡연, 음주, 결석률의 2배에 달하는 수치다. 연구 결과 우울한 성향의 사람들이 온라인상에서 더욱 많은 시간을 보내는 경향이 있다고 밝혀졌는데, 중국 십대들은 대상으로 한 광범위한 연구는 그 반대 역학이 적용된다는 것을 증명했다. 인터넷상에서 과도한 시간을 보내는 피험자들의 6퍼센트(광적으로 잠도 안 자고 게임을 하는 등)가 다른 사람들에 비해 심각한 우울증으로 발전하는 경우는 2배 이상에 달했다.

 대학에서조차 교수들은 강의 시간 동안 학생들의 휴대용기기 사용을 금지하고 처벌하는 데 의존할 수밖에 없다. HMI 프로젝트의 로저 본은 "이 시대의 아이들은 이전 세대들보다 훨씬 더 산만해지고 있습니다. 누군가와 함께 레스토랑에 앉아 있으면서도 문자를 보내지요. 즉각적으로 빠르게 문자를 주고받는 것을 매우 매력적으로 느끼고, 그에 끌려 더욱더 그렇게 합니다. 그걸 제제할 수 있는 게 무엇일지 모르겠어요."라고 말한다.

집중에 미치는 전자 정보의 영향력과 관계된 수많은 연구들은 아직 성장하고 있는 아이들에게 초점을 맞추고 있지만, 성인들 역시 이와 같은 문제에 직면하고 있다. 특히 직장에서 그렇다. 예를 들어 이메일을 생각해보라. 일부 기업들은 아예 다른 일은 하지 않고 이메일을 체크하고, 전달하고, 지우는 직원들만 따로 고용할 지경이다. 인텔의 IT 엔지니어인 네이던 젤다스Nathan Zeldes는 정보광이라 할 만한데, 그는 과도한 메시지들과 끊임없는 정보 전송으로 유발된 정신적 스트레스와 집중 분산 상태를 지속적으로 경험한다. 그의 사례는 이런 고통의 원인이 생산성과 삶의 질에 큰 대가를 치르게 한다는 것을 보여준다.

평균적인 지식노동자들은 이메일, 전화, 기타 방해물들로 인해 특정한 일에 집중하는 시간이 약 3분 정도에 불과하다고 한다. 이들은 방해물 대부분에 즉시 주의를 집중한다. 많은 기업에서, 특히 인텔의 직원들은 대개 매일 50개에서 100개 정도 업무 관련 이메일을 받는다. 그것을 읽고 회신하고, 잡무를 처리하면서, 이들은 진짜 일에 투자해야 할 시간과 에너지에 상당한 손실을 입는다. 젤다스는 SF작가 마이클 클라이튼의 말을 인용하여 정보광의 영향을 축약한다. "정보화 사회에서 사람들은 생각을 하지 않습니다. 우리는 종이가 없는 세상을 꿈꿨지만, 실제로는 '생각'이 없는 세상에 살게 되었습니다."

이렇게 노이즈들에게 방해받고 스트레스에 취약함에도 불구하고, 많은 지식노동자들은 아마 자신이 '멀티태스킹'을 함으로써 보다 효율성을 높이고 있다고 믿고 있을 것이다. 그러나 주목의 선택성에 대한 기본 개념을 알고 있다면, 왜 우리가 태생적으로 한 번에 두 가지 일, 특히 인지와 관련된 일을 수행하면 결국 실패할 수밖에 없는지 알게 될 것이다. 우리는 전화를 받으면서 설거지 기계에서 그릇을 꺼내거나, 텔레비전 뉴스를 들으면서 바닥 청소를 하는 등 기계적·기능적인 일들을 동시에 수행할 수 있다. 심리학자 울릭 나이서Ulric Neisser의 유명한 실험이 있다. 그는 피험자들이 받아쓰기와 읽기를 동시에 할 수 있으리라고 생각했다. 그러나 피험자들은 상당한 노력과 엄청난 집중 훈련으로 단지 그 기술을 습득하여, 그런 구체적인 활동에만 그 훈련을 적용할 수 있을 뿐이었다.

실제 삶에서 멀티태스킹의 문제는 당신이 두 가지 이상의 까다로운 일을 동시에 하려고 할 때 일어난다. 특히 읽기, 듣기, 생각하기, 말하기 같은 뇌의 언어 회로와 관련된 일에는 더욱 그렇다. 당신이 영화를 보거나 전화 통화를 하는 동안 누군가가 말을 건다면, 신경 회로망의 과부하로 인해 절망스런 결과를 경험하게 될 것이다. 같은 이유로 걸려온 내선 전화에 회답하거나 뉴스를 듣고 있는 동안 이메일을 읽으려는 당신의 노력은 문제를 일으키기 쉽다. 실제로는 동시에 두 가지 일을 해내는 게 아니라 그것들을 빠르게 번갈아가며 처리하고 있을 뿐으로, 결과적으로 더 오랜 시간을 투자하고, 더 많은 실수들을 저지르게 될 뿐이다. 제인 도우(Jane Doe, 신원 미상의 여성을 지칭하는 말로 우리나라 식으로는 이 모양 정도에 해당된다.-옮긴이)가 멀티태스킹에 능한 사람이라고 말하기보다는 빠르게 주의를 전환하는 사람이라고 부르는 편이 더욱 적절하다. 또한 최고의 멀티태스킹 능력을 자랑하는 사람도 몇 가지를 놓치거나 실수를 저지르곤 한다. 수십만 건의 교통사고를 비롯해 많은 연구들이 운전대를 잡고 전화 통화나 문자 메시지를 보내는 일이 비효율적임을 넘어서 치명적인 결과를 유발한다는 것을 보여준다.

연구 결과들은 멀티태스킹이 하나의 신화임을 명확하게 말해주지만, 많은 사람들은 여전히 그 사실을 받아들이려 하지 않는다. 그들은 마치 운동 선수들처럼 멀티태스킹도 반복 훈련을 하면 가능할 것이라고 믿고 싶어 한다. 뇌가 경험에 반응하여 지속적으로 그 자체의 배선을 바꾼다는 것은 사실이다. 실제로 이것이 '배우는 것'이기도 하다. 마치 인턴들이 훈련을 받듯 택시 운전사들은 런던의 미로 같은 길을 찾아다니는 경험을 하고 나면, 실제로 기억과 학습에 중요한 기능을 하는 해마의 크기가 커진다.

그러나 인지와 관련된 두 가지 이상의 일에 동시에 집중하도록 뇌를 훈련시킨다는 생각을 지지할 만한 증거는 없다. 스탠포드 대학의 사회학자인 클리포드 나스Clifford Nass는 기술과 우리의 관계에 대해 연구한다. 나스의 연구에서 동시에 각기 다른 미디어를 다루는 일이 빈번한 피험자들이 그렇지 않은 사람들에 비해 집중력이 떨어진다는 사실이 드러났다. 게다가 이렇듯 집중 분산적인 사람들은 새로운 정보에 대해 강한 선입견을 가지고 있었으며, 중요하지 않은 것들을 걸러내는 데도 어려움을 겪었다.

● ○ ● ○ ●

우리는 모두 이따금 정보화 도구들이 유발하는 어리석음과 집중 분산에 굴복하곤 한다. 그러나 더욱 심각한 문제와 씨름하는 사람들도 있다. 이런 사람들은 어디에서나 볼 수 있다. 비행기가 이륙하는 동안에도 문자 보내기를 포기하지 않고, 공공장소에서 부적절하게 큰 소리로 사적인 통화를 하거나 실제 세계에서의 활동을 포기하고 게임만 하는 사람들 말이다. 이들은 전자기기에 접근할 수 없게 되는 경우 충동이나 상황 악화를 의미하는 불안, 불편함, 산만함의 신호들을 여과없이 드러낸다.

트위터, 문자, 페이스북 업데이트에 대한 강박을 '중독'이라 할 수 있는지에 대해서는 최종 결론을 낼 만한 연구가 아직 시행되지 않았지만, 많은 과학자들이 신경과학자 켄트 베리지Kent Berridge의 '가짜에 대한 현실감rings true' 개념에 동의한다. 혁신추구 전문가이자 임상심리치료사로서 클로닝거는 '조절할 수 없는 전자기기 사용'을 '중독'이라고 단언한다. 그의 클리닉에는 스트레스를 완화할 방법을 습득하기 위해 젊은 초고도 성과주의자들이 방문한다. 그는 매년 이들을 만난다. 이와 관련해 그는 최근의 경험을 이야기해주었다. "우리는 일정 기간 동안 그들이 휴식 상태에 들어갈 수 있도록 돕습니다. 그런데 휴식시간이 되면, 이들은 구석으로 뿔뿔이 흩어져 휴대전화를 만지작대며, 과잉 자극 상태인 평소 모습으로 돌아가 버립니다. 실제로 기계를 끈 상태로 있을 수가 없는 거죠." 정보화 시대는 디지털 단계로 돌입한 지 십수년도 지나지 않아 "혁명을 경험하고 나서 곧바로 포화 지점에 도달해버렸다."

흥분에 취한 이런 달인들의 강박행위는 어떤 사람들에게는 정보가 마약 같은 대상이 된다는 것을 알려준다. 중독은 대부분 화학물질에 의한 것으로 정의되지만, 특정한 경험에 빠져 있는 상태에도 일부 적용이 가능하다. 대부분의 사람들처럼 당신에게도 삶을 도파민으로 흠뻑 적실 자극을 부여하는 무언가에 의존할 기회는 널려 있다. 신경과학자 데이비드 잘드는 쇼핑, 테니스, 두뇌 퍼즐 등 온건한 예를 든다. "저는 음악 중독이에요." 그는 자신의 채프먼 스틱(Chapman Stick, 몸 앞에 세우고 손가락과 활을 이용해 리듬과 선율을 동시에 연주하는 악기-옮긴이)을 연주하지 않을 때, 갑자기 울컥 한다거나 손가락 떨림 같은 미약한 금단 증상을 경험한다고 한다. "음악은 단지 내가 하고 싶은 무언가가 아니에요. 내가 해야 한다고 느끼는 것이지요. 때문에 전 이걸 중독이라고 봐요. 건전치 못한 것은 아니지만, 그 특징은 중독과 같다고 할 수 있으니까요."

연예주간지에서 알 수 있듯이 일부 경험적 강박들은 더욱 문제의 소지가 많다. 타이거 우즈나 마이클 더글라스는 섹스중독이라고 알려져 있으며, 엘리엇 스피처(Eliot Spitzer, 매춘 조직과의 관련성으로 논란이 된 전 뉴욕 주지사-옮긴이)나 찰리 쉰은 실제로 그렇지 않다 해도 대중들에게는 섹스중독으로 여겨지고 있다. 도덕주의자인 정치가 윌리엄 버넷William Bennett과 전 루이지애나 주지사인 에드윈 에드워즈Edwin Edwards 역시 도박과 관련된 추문에 휩싸인 바 있는데, 이 경우 역시 유사하다. (파킨슨씨병 환자들을 대상으로 한 대규모 연구에서 9명의 피험자들은 도파민 수용체를 활성화시키는 약물을 복용한 후 스스로 헤어날 수 없는 도박꾼이 되었는데, 약물의 양을 줄이자 이들의 위험 감수 능력은 형편없는 수준으로 떨어졌다.) 강박적으로 싸구려 물건을 찾아다니는 사람에서부터 생명을 위협하는 익스트림 스포츠를 추구하는 사람에 이르기까지 위험한 혁신애호적 행위의 극단에 선 사람들 역시 (연구로서 명확히 입증된 바는 없지만) 중독 상태에 빠져있다고 여기는 연구자들이 많다. 운전 중 문자 확인으로 인해 일어난 교통사고 빈도와 사망자 수에 대한 끔찍한 통계는 이런 '정보 중독' 개념을 강력히 지지하는 증거다. 〈2010년 미국 통계집Statistical Abstract of the U.S 2010〉에 따르면, 2007년과 2008년 사이에만 문자 메시지의 수가 약 1,100억 건으로 거의 2배나 증가했다.

  중독의 한 가지 신호는 자기 자신이나 다른 사람들이 심각한 위해를 입을 것을 예상하면서도 지속적으로 특정 대상(경험)과 관계를 맺는다는 것이다. 미국의 많은 주州가 운전 중 문자 메시지 이용을 생명을 위협하는 행위라고 보고 법률로 엄격하게 금지하고 있으며, 다른 사람들을 다치게 하는 경우에는 교도소 수감이라는 강력한 형법을 부과한다. 그럼에도 그 욕구는 매우 강력해서 30세 이하의 운전자들의 절반 정도가 어쨌든 그 욕구를 충실히 따르고 있다고 여겨진다. 한 십대 소녀는 처음 사고를 내고 심각한 부상을 입고 난 후 운전 중 휴대전화 사용을 멈추겠다고 다짐했으나 일 년이 되지 않아 또 다른 추돌 사고를 일으켰다고 말했다. "저도 잘 모르겠어요. 그냥 중독이 된 것 같아요. 휴대전화를 내려놓을 수가 없어요."

  중독적인 대상(경험)들은 모두 보상을 제공한다. 새롭게 공급되는 정보들은 흥분을 제공하며, 다른 자극원들이나 마약처럼 정신적 고통을 누그러뜨리고, 내밀한 정신을 수면 위로 떠오르게 한다. 게다가 대부분의 보상들은 무작위적으로 작용되는데, 다시 말하면 보상을 얻는 데 성공할 수도 있지만 그렇지 못할 수도 있다는 의미다. 도파민 회로는 특히 쇼핑, 스키 같은 즐거운 경험에 반응하는데, 이 경우 역시 새로운 자극 추구로 인한 짜릿함이 준다고는 완전히 예상하기 어렵다. (신경과학계의 위대한 선구자 중 한 사람인 폴 맥린Paul MacLean은 유기체는 부분적으로 뇌가 대표성을 부여하거나 기억에 없는 경험을 할 때 기쁨을 느낀다고 한다. 즉 개개의 사건들이 놀라움을 주는 요소가 될 때 기쁨이 일어난다고 생각하는 것이다.) 반대로 제아무리 좋은 일이라고 해도 이미 오랫동안 경험한 일에 대해서는 결과적으로 도파민 자극 효과가 무뎌진다. 일주일에 7일 24시간을 붙어 있는 연인들이나 무제한 먹을 수 있는 뷔페에서의 경험을 생각해보라.

카지노처럼 인터넷 역시 때로 큰 보상을 안겨준다. 단지 그 보상이 언제 주어질지 당신이 알지 못하기 때문이다. 좋은 대의명분에서 이루어지는 캠페인, 광고, 이웃의 휴가 사진들의 폭격 속에는 때로 몹시 흥분되거나 이익이 되는 새로운 정보가 다소 존재할 수 있다. 이런 주목하지 않을 수 없는 정보들과 달콤한 가십거리들은 도박용 슬롯머신에서 이따금 쏟아지는 동전들처럼 모니터 위에서 반짝이고 있다. 당신은 계속 동전을 넣듯 계속 전자기기를 들여다보는 것만으로 지금 이 순간 잭팟을 터뜨릴 수 있으리라고 희망한다. 심리학자 폴 실비아는 사람들을 전자적 자극 추구로 끌어들이는 보이지 않는 촉수들이 주는 지나친 자극을 경고하면서 블랙베리나 페이스북, 트위터에서 눈을 떼라고 말한다. "저 역시 강박상태에 있으며, 앞으로도 그럴 것이라는 걸 알고 있습니다. 저 또한 집에서 와이파이 존을 퇴출시켜야 해요."

일반적으로 사람들은 대부분 술을 마시거나 도박 경마를 할 때 어느 정도 합리적인 제약을 둔다. 그러나 완전히 헤어나오지 못하는 사람들도 있다. 우리들 대부분은 정보 기기들을 합리적인 방식으로 사용하지만, 강박적으로 거기에 매달려 있는 사람들도 있다. 마약 중독에 대한 연구는 우리가 도파민 시스템과 원하는 것wanting, 좋아하는 것liking에 있어 개인적인 큰 변이들을 가지고 있으며, 이로써 전자적 신호가 개인마다 다르게 영향을 미치는 이유를 설명할 수 있음을 시사한다. 이 전달 회로망은 단지 중독과 관계된 신경화학적 시스템뿐만 아니라 오피오이드(opioid, 아편, 모르핀, 헤로인과 같은 마약과 유사한 구조와 기능이 있는 물질-옮긴이)를 포함해 다른 부분에도 영향을 미친다.

코카인, 이메일, 〈그랜드 테프트 오토Grand Theft Auto〉 같은 비디오 게임에 대한 도파민을 활성화시키는 '욕구wanting'는 실질적인 '선호liking'로 인한 도파민 분출보다 더 중독적이다. 일부 마약 중독자들은 그들이 마약 선택을 매우 즐기고 있으며, 최소한 이성적인 이유에서 마약을 취한다고 베리지는 말한다. 그러나 다른 중독자들은 그것들이 못된 연인에게 향하는 스스로 어찌 못하는 열정이라는 걸 기억하고 있다. 마지못해 도둑질을 하는 좀도둑들, 죄책감을 느끼는 바람둥이들, 고통스러운 부상에도 연습량을 줄일 수 없는 마라톤 선수들처럼, 이 중독자들 역시 자신이 실제로는 좋아하지 않고 즐기지 않지만 해야만 한다고 느껴지는 대상으로 향하는 깊은 갈망을 가지고 있음을 안다. "그들은 자신이 얻게 될 기쁨이 그 대가를 치를 만한 가치가 없다고 말합니다."라고 베버리지는 말한다. "그러나 그들은 결국 자신을 구원하지 못하죠."

자신이 좋아하지 않음에도 원하게 되는 대상에 대한 관점은 일견 납

득이 잘 되지 않는다. "이 문제는 우리 연구실을 놀라게 했지요."라고 말하며 베버리지는 그것이 일어나는 방식을 설명했다." 만약 당신이 약간의 코카인이나 암페타민을 취했다면, 그 약물은 도파민 분출의 방아쇠를 당기게 된다. 그리고 20번 정도 반복해 그것을 복용한다면 마치 폭음한 듯이 멍한 상태가 되지만, 21번째에는 훨씬 더 큰 도파민 분출이 일어나게 될 것이다. 당신의 도파민 체계는 약물에 민감해지거나 엄청난 반응성을 갖게 될 것이며, 약물을 물리적으로 주입하지 않은 후에도 그런 방식이 계속 유지될 것이다. 6개월간 복용을 중지한 후 한 파티에 참석했는데, 그 약물에 대한 신호를 감지하게 된다면, 당신은 자신의 도파민 체계가 약물에 민감하게 반응하고 있음을 알게 될 것이다. "그러면 당신은 약을 끊을 수가 없습니다. 욕구를 느끼지 않음에도요. 하지만 그 약물을 결코 좋아하게 될 것 같지 않다 해도 당신은 그것을 매우 강력하게 원하게 될 것입니다."

활동 과잉, 새로움에 의한 과잉 흥분, 가능한 많은 약물을 취하는 경향이 있는 쥐들은 특히 도파민 체계가 활성화되어 있으며, 이 체계는 보상 신호에 의해 더욱 활발해진다. 베버리지의 시나리오에 따르면 유사하게 흥분된 도파민 네트워크를 지닌 정보 중독자들은 자신의 중독적 습관이 충족되었을 때 도파민이 급증하고 그와 관련된 반응들이 급격히 일어나는 경험을 할 것이다. '원하는 것' 메커니즘이 새로운 정보를 기쁜 것으로 반응하게끔 형성되어 있기 때문이다. 블랙베리의 깜빡이는 불빛, 메시지 도착 알림음과 같은 신호들은 즉각적이고 강력한 욕구를 신속하게 창출해내는데, 이는 특히 좋아하지 않지만 원하는 경우에 더욱 그렇다. 그 순간 인간의 뇌가 어떻게 작용하는가와 같은 신경과학적 연구들은 민감한 도파민 체계의 과잉 활성화에 대한 그의 견해를 입증한다고 할 수 있다.

마약 남용, 폭식 같이 문제적 행위를 유발하는 지점이 중독으로 발전하게 된 경우 유사한 역학이 새로운 정보를 좇는 행위와도 관련되어 일어날 수 있다. 베버지리는 "반드시 좋아하지 않는 것을 매우 강력하게 원하는, 도파민 민감성을 지닌 사람은 그 임계점을 지난 겁니다. 그렇다면 질문, '만약 당신이 컴퓨터 앞에 앉아 있는데, 계속해서 이메일 수신음이 들린다면, 당신은 거기에서 얼마나 즐거움을 느낄까요?' 실제로 그 전자적 자극을 좋아하지 않지만 원하는 사람은 중독 연구에 있어 최적의 대상이라 할 수 있습니다."

정보화 시대를 사는 혁신선호가들은 손가락 하나로 전례 없이 수많은 새로운 자극들을 취하고 있다. 이는 엄청난 기회이자 주의 결핍, 강박 행위와 같은 특정한 문제들에 대한 도전이기도 하다. 기회를 최대화하고 문제를 최소화하기 위한 첫걸음은 새롭고 색다른 대상과 관계 맺을 때 자신만의 고유한 특성을 이해하는 것이다.

주인과 손님의 위치 바로잡기

사교성, 성실함, 기타 다른 특질들처럼 혁신애호'기질이 표현되는 방식 역시 잠재적인 이득과 결함을 모두 내포하고 있다. 그 강점과 이득을 계발하려면 새로운 대상에 대한 당신의 기본 성향, 그것이 당신의 자기인식하에서 하는 역할, 목표, 선택에 미치는 영향 등을 이해해야 한다. 정신의학자 로버트 클로닝거에 따르면 "어떤 성격이든 장점 혹은 단점으로 작용할 수 있다. 우리는 자신의 충동이 좋은 기능을 할 수 있는 지점, 문제를 발생시키는 지점을 알아야만 한다. 여기에는 이성과 자제력이 요구된다."

모든 행위들이 그렇듯, 혁신애호 역시 모험심이든 위험에 대한 신중함이든 좋은 쪽으로 발현된다 해도 한계를 지니고 있으며, 이는 문제의 소지가 될 수 있다. 그 한쪽에서는 우울증이나 알츠하이머를 수반하는 심각한 문제가 있을 수 있는데, 제대로 활동할 수 없을 정도의 내향성, 무관심, 쾌감상실이 여기에 포함될 수 있다. 다른 한쪽에는 재앙을 초래할 정도의 높은 위험감수성, 조울증으로 이끄는 통제 불가능한 혁신추구 기질이 있다. "새로움에 대한 축복의 파도가 씻겨나가고 나면 광적인 사람들은 과격한 취미들을 취합니다. 말하자면 컴퓨터 언어에 대한 책을 14권 산다든지 하는 겁니다. 그냥 들으면 매우 매력적으로 들리지만, 실상 흥미가 진보성, 추진력, 집념을 내포하고 있다는 식의 과대 포장일 뿐입니다."라고 심리학자 폴 실비아는 말한다.

　방향에서 벗어난 혁신애호의 징후들은 제아무리 가볍다 해도 평범한 사람들과는 훨씬 동떨어져 있다. 장래의 중대한 일만 추구하며 살아가는 고도의 혁신추구자들은 안정적 직업, 인간관계, 때로 자기인식에 대해서조차 자꾸만 열정이 바뀌는 덕에 결국 남는 것이 아무것도 없게 될 것이다. 무언가 흥미로운 일이 일어나기만을 수동적으로 기다리는, 호기심 없는 혁신회피자들은 '지루한 인생'으로 향하게 될 것이다. 이렇게 말해도 새로움과 색다름에 대한 우리의 감정적 반응에 대해 오인하는 사람이 있을 것이다. 신경과학자이자 정신의학자인 대니얼 파인Daniel Pine은 대담한 혁신추구자라고 자청하는 사람들 일부가 실제로는 새로운 자극에 대해 불안감 많은 회피자들처럼 반응하고, 사교적인 일이나 대중 앞에서 말하는 것이 두렵다고 말하며, 또 스스로를 혁신회피자라고 인정하는 사람들 일부는 침착하게 새로운 자극에 대응하고, 불안에 대한 그 어떤 신체 반응도 보이지 않는다는 것을 관찰했다. 그럼에도 그들에게 "별로 두려워하는 것처럼 보이지 않는군요."라고 말하면 그들은 "아니오, 전 지금 완전히 겁에 질려 있는 걸요."라고 말했다. 이런 연구 결과를 토대로 그는 "우리는 자기 인생의 풍경을 제대로 찍고 있지 못합니다. 자신의 행동방식에 대한 그림은 이성적으로는 적절하다 할 수 있지만, 여기에도 선입견이 포함되어 있습니다."라고 결론 내렸다.

그러나 사람들 대부분은 자신이 아침에 침대에서 나오면서 변화를 열망하고 새롭고 색다른 일을 기대하는지 그렇지 않은지를 잘 알고 있다. 일부는 혁신애호 기질을 배양하여 더욱 흥미로운 삶을 즐기는 걸 할 수 없으며, 일부는 혁신애호 기질에 더욱 집중하는 법을 습득함으로써 이득을 얻을 수 있다.

● ○ ● ○ ●

당신이 혁신회피 군에 속한 사람이라면, 새로운 상황에 대해 걱정이라는 불편한 기분을 느끼거나 겁을 먹거나 때로 완전히 압도되는 기분을 경험한 적이 있을 것이다. 다른 한편으로 당신이 지닌 위험 민감성은 긴 인생에서 더 멋진 숏을 날릴 만한 명백한 이득이 되기도 한다. 당신의 조용하고 사려 깊은 본성은 타인에 대한 감정이입이 높고, 과학이나 예술의 세계에 적합하다. 오늘날의 세계에는 어울리지 않는다고 여겨지는 내향적인 토머스 에디슨이나 에거서 크리스티처럼 말이다. 이 내성적인 추리소설가는 극심한 무대 공포증으로 인해 촉망받던 피아니스트의 길을 버리고 조용한 작가의 삶을 살게 되었다. 또한 어린 엘리노어 루즈벨트처럼 내성적인 사람들도 적절한 도움을 받는다면 두려움을 관리하는 법을 배워 그것을 극복하기도 한다. 실제로 대담한 아이들 중에서도 불안감이 큰 어른으로 성장하는 사람도 있는데,

이는 숨 가쁜 삶에 대한 도전에 끌리기 때문이다. 혁신회피자들은 우주비행사보다는 회계사나 학자가 되는 경향이 높다. 성격 심리학자 마빈 주커먼은 "그들은 대상을 안정적이고 질서 있게 유지합니다."라고 말한다. "그들은 지루한 일상을 싫어하지 않습니다. 이혼하는 경우도 훨씬 적습니다. 사회를 이루는 건 이런 유형입니다."

우리 모두가 활동적이고 탐색적으로 인생에 접근하는 성향을 타고나지는 않는다. 그러나 혁신선호 자질은 계발될 수 있다. 내성적인 유아들조차 아무 사전지식 없이 세계를 이해하는 창조적인 사고가 될 수 있다. 그러나 초등학교 고학년이 되면서부터 관습에 순응하라는 사회적 압력이 증가함에 따라 아이들의 호기심과 독창적인 관점 또한 억제당한다. 토드 카시단Todd Kashdan은 "만약 내가 당신에게 '한 사람으로 성장하는 것이 좋은가?'라고 물으면 당신은 '그렇다'고 대답할 겁니다. 그러나 진짜 질문은 '당신의 일상에서, 이미 알고 있고 하고 있는 것 너머로 손을 뻗칠 수 있느냐? 아니면 안정적인 곳으로 물러날 것이냐?'입니다."라고 말한다.

경험의 경계를 확장하는 첫 번째 단계는 평소 업무를 처리하기 위해 에너지 보존 경향을 강하게 띠게 된 뇌의 상태를 무시하는 것이다. 뇌는 엉성하지만 익숙하고 효율적이라는 경제적인 이유에서 대상을 분류하고 유형화하려는 경향이 있다. 이를테면 "나는 스포츠(예술, 여행)에는 젬병이야."라든가 "저 사람(활동, 장소)은 내게 줄 것이 아무것도 없어."라고 말하는 것과 같다. 카시단은 '현재를 즐기는 것'으로 이런 게으른 습관을 물리쳐야 한다고 제안한다. 현재에 집중하는 단순한 행위는 이미 준비된 판단 과정을 간략히 하기 때문이다. 그는 한 가지 예를 든다. "다음에 누군가와 대화를 할 때 상대의 말을 그저 듣고만 있어보세요. 그리고 실제로 배우려는 열린 마음을 가져보세요. 매우 어려울 겁니다."

당신에게 지속적으로 기쁨을 주는 일들은 혁신애호 기질을 계발하는 데 주요한 장애물이 된다. 좋아하는 아침식사, 저녁식사와 영화로 이어지는 데이트, 명절 풍습 같은 예측 가능한 보상들은 당신을 판에 박힌 일상의 함정에 빠뜨린다. 레스토랑이나 휴가지 호텔을 고를 때 처음 드는 생각은 "내가 좋아하는 곳이 어디였더라?"이다. 그러나 확실한 것을 선택하는 행위는 늘 같은 경험을 하게 만들고 새로운 가능성의 문을 닫는다. "안정적인 보상은 대부분의 사람들이 보지 않는, 매우 감지하기 어려운 덫입니다. 그것들 자체가 즐거움이라는 보상을 예상하게 하기 때문입니다."

즐겁지만 인생의 막다른 골목에 정착하는 대신 앞으로 휴가, 텔레비전 시청, 외식 등을 계획할 때 새로운 장소, 공연, 레스토랑을 택하기로 다짐해보라. 최소한 "익숙한 메뉴가 아니라 새로운 음식을 주문해보라."고 실비아는 말한다. 같은 이유에서 뉴욕주립대학의 영향력 있는 결혼 전문가 아서 아론Arthur Aron은 오래된 연인들이 서로에 대한 흥미를 지속하려면 데이트 계획을 세울 때 즐거운 것뿐만 아니라 새로운 것을 집어넣어야 한다고 제안한다. 연극을 보는 대신 볼륨 댄싱을 배우고, 케이프 코드 대신 첼리케니언 협곡을 여행하는 것이다. 그와 동료들은 서로를 성장시키고, 변화시키고, 새로운 것을 시도하도록 돕는 부부가 행복한 결혼생활을 누린다는 것을 발견했는데, 이는 우연이 아니다.

● ○ ● ○ ●

일반적으로 호기심을 배양하고, 특별히 새로운 관심을 계발하는 것은 삶의 질을 증진시키는 보증수표다. 그러나 우선 당신을 자극하고 당신이 추구하고 싶은 것이 무엇인지 알아야 한다. 이는 생각보다 훨씬 어려울 수 있다. 미하이 칙센트미하이의 '몰입' 연구에서 도출된 가장 놀라운 발견 중 하나는 많은 사람들이 어떤 활동이 최적의 상태, 즉 절정 경험을 만드는지를 모른다는 단순한 이유로 이런 경험을 즐기지 못한다는 것이다.

윌리엄 제임스는 완전히 새로운 것은 외계인, 혹은 불가해한 대상으로 여겨지지만 완전히 익숙한 것은 지루하다고 말했다. 당신을 흥분시키는 대상으로 향하는 시도들은 익숙함과 새로움 간에 올바른 균형을 맞춘다. 제물낚시든 프랑스 가구의 역사든 당신이 끌리는 활동은 자동적으로 얻을 수 있는 것은 아니다. 실비아는 "그러나 결국 그것을 해낼 수 있으리라고 생각해야 합니다. 흥미는 '아! 새로워! 좀 힘들기는 하지만 잘 될거야!'라는 이런 실질적인 보상 감각으로 우리를 이끕니다."라고 말한다.

일단 새롭게 추구할 만한 대상을 선택했다면, 그에 대한 어색함을 극복하고 시간을 투자하고, 전문지식을 습득하기 위한 학습에 직면하게 될 것이다. 열정적으로 수련에 임했다 해도 앎의 황홀경을 경험할 때까지는 추상화와 유치원생의 그림을 구별하고, 모던주의 인테리어와 신발 상자, 어항을 구별해야만 한다. 초보자들은 그 주제에 대해 충분히 알지 못하기 때문에 그것을 얻어내는 방법을 알기 위해 몸부림칠 수밖에 없다.

　새로운 것을 배울 때 동반되곤 하는 접근-회피 갈등으로 인한 좌절을 극복하는 한 가지 방법은 작은 것에서 시작하고, 단순함을 유지하라는 것이다. "우리는 흔히 추구하고 있는 대상에 대한 흥미를 계속 유지하려면, 그것을 있는 그대로 어렵고 복잡한 것으로 대해야 한다고 생각합니다. 그러지 말고 그것을 더 쉽고, 이해할 수 있게 만들어보세요."라고 실비아는 말한다. 목공예든 수석壽石이든 서둘러 수많은 새 장비를 사기 전에 먼저 기초 교본 몇 권을 들여다보고, 이미 가지고 있는 장비들로 시도해보라. 많은 지역 대학에서 운영하는 평생교육원은 집에서 가깝고, 다니기 쉬우며, 큰 노력이 들지 않는 훌륭한 자원이라 할 수 있다. "평생교육원에서는 에세이 작문, 스크랩 방법, 역사 등 온갖 것에 대한 열정을 불태울 수 있게 해줍니다. 좋은 교사는 거의 어떤 대상에 대해서든 우리가 이해할 수 있는 방식으로 그것에 내포된 새로움, 즉 신비를 보여줌으로써 거기에 몰두하게 합니다."

● ○ ● ○ ●

　독창적 사고에 대한 연구는 혁신애호 기질이 어떻게 삶을 더욱 흥미롭게 만드는지 알려준다. 언뜻 '독창적 사고'란 용어는 엘리트주의적 혹은 비현실적으로 들리곤 하지만, 거실의 가구 배치를 바꿀 때든, 요리법을 살짝 바꿔 요리를 하든, 좋은 관계를 더 좋아지게 만드는 방법을 찾든, 정치적 논쟁에 새로운 관점을 이끌어내든, 우리는 창조성을 현실로 끌어들일 수 있다. 연구자 마크 런코는 "당신의 충동이 이끄는 곳이 그곳이라면 순응주의자가 되는 것도 괜찮다. 그러나 자기 자신을 표현하고 싶을 때, 무언가에 의문이 들 때는 그렇지 않다."라고 말한다. 단어에서 그림으로 바꾸어본다든가 그것을 비유할 만한 대상을 찾는 등 문제 해결 기술을 증진시키기 위해 약간의 속임수를 사용해보는 것도 독창적인 사고 능력을 강화한다.

관심 분야에서 독창적인 방식으로 일하는 것은 그 이상의 성과를 도출하게 만든다. 이 '전문성 공백professional marginality'은 대니얼 카너먼에게 근시안적인 경제학자들이 볼 수 없는 '의사결정에 있어 행위적 결함'을 발견하게 함으로써 노벨 경제학상을 수상하게 해주었다. 생물학자이자 과학역사가인 로버트 루트-번스타인Robert Root-Bernstein은 자신을 포함하여 맥아더 상 수상자들을 인터뷰한 결과 그들이 특정 분야 국한된 전문가라기보다는 폭넓은 흥미를 가지고 있었고, 그로써 신선한 시각으로 해당 분야를 바라볼 수 있었다는 결론에 도달했다. 지평 확장, 경계를 넘나드는 이성, 해외 거주 경험, 새로운 언어 습득 같은 것들도 당신이 기존의 세계를 새롭게 볼 수 있게 해준다.

창조성은 고독하고 이해받지 못한 천재와 관계있다고 낭만적으로 포장된다. 그러나 현실 세계에서 독창적인 사고는 종종 협력적 노력에 의해 촉발된다. 음악, 특히 재즈는 고전적인 예이지만, 컴퓨터 프로그래밍, 영화, 상품 디자인, 기타 수많은 다른 분야들은 협력적 브레인스토밍(brainstoming, 회의 방식으로 구성원들의 아이디어를 최대한 많이 도출함으로써 창조적 아이디어를 이끌어내는 발상 과정-옮긴이)의 결과이다. 〈세러데이 나이트 라이브Saturday Night Live〉의 코미디는 6일간의 고된 회의로 사람들을 녹초로 만든 결과 탄생한다. 매주 월요일에 시작되는 아이디어 회의에는 일반적인 회의용 원탁이 존재하지 않는다. "사탕 포장지들이 널린 바닥에 드러눕곤 한달까요."라고 작가 사이먼 리치Simon Rich는 말한다. 그는 이 창조적 집단의 노력에 대해 "간신히 하나가 살아남길 바라며 천 개의 끔찍한 아이디어들을 만들어내는 과정"이라고 표현했다.

일단 그 주의 콘셉트를 찾으면, 〈세러데이 나이트 라이브〉의 각 파트 제작진들이 약 45개의 씬을 구성할 방안을 제시하고, 최고의 아이디어를 도출해내고, 그것들을 방송 시간에 적합하게끔 조정한다. 무대 디자이너부터 음악감독까지 모두가 참여하는데, 리치의 말에 따르면 "배우들이 작가보다 더 잘 써서 곤혹스러울 때도 있다."고 한다. 그는 한편으로 또 다른 소명, 즉 소설을 쓰는 일을 즐긴다고 한다. "전 일 년에 열두 달을 그렇게 할 수 있을 거라고는 생각지 않습니다. 혼자 있을 시간도 필요해요."

호기심, 흥미, 독창성을 이끌어내는 방법에 대해 수많은 전문가들이 단순히 "하면 된다Just do it."라고 조언한다. 카시단은 낭만적인 예를 제공한다. "당신이 열여덟 살에 좋아했던 밴드가 그려진 티셔츠를 입고 지나가는 아름다운 여성을 보게 되면, 당신은 그녀에게 흥미를 느끼게 될 것입니다. 그러나 그 경험은 당신이 행동을 취하지 않으면 당신의 인생에 아무런 영향을 미치지 않지요." 이와 유사하게 창조성 연구가 로버트 와이스버그Robert Weisburg는 자신에게 특별한 재능이 없다는 데 불안해하고, 졸업을 하기 위해 어쩔 수 없이 스튜디오 아트 수업을 들어야 했던 한 젊은 여성에 대해 이야기했다. "교사들은 그녀를 비롯해 아이들에게 무엇을 해야 하는지를 보여주었다. 그리고 연말 작품 전시회에서 믿을 수 없는 일이 벌어졌다. 그녀가 해야 했던 모든 것이 바로

하고 싶어 했던 그것이었기 때문이다!"

● ○ ● ○ ●

새로움과 변화에 대한 당신의 태도가 혁신애호 군에 속한다면 당신은 신중한 지인들과 함께하는 것보다 색다른 행위들에서 더 큰 만족을 느낄 것이다. '새롭고 흥미로운'으로 분류되는 많은 활동들은 비록 위험이 전혀 없다 해도 미심쩍어 보일 수 있다. 마약, 불륜, 익스트림 스포츠, 도박, 범죄…… 목록은 끝없이 늘어날 수 있다. 새로움에 대한 강한 끌림은 "탱고를 배워볼까?" 뿐만 아니라 "각성제를 맞으면 어떤 기분이 들까?"라는 데까지 이를 수 있다.

혁신애호가의 삶은 위험할 수 있지만 여러 면에서 매우 생산적일 수도 있다. 사회에는 시작점을 만드는 대담한 기업가들, 불타는 건물로 달려 나가는 소방관, 피가 튀는 위기 상황에서도 침착함을 유지하는 응급실 의사들이 필요하다. 또한 진화적 견지에서 성공이란 생존하여 번식하는 데 달려 있는데, 혁신애호가들은 이런 집단을 대표한다고 할 수 있다. 그들의 자극 추구 감각이 침실에까지 미치기 때문이라고 주커먼은 말한다. "그들은 더 많은 유전자를 남긴다. (혹은 그래왔다고 할 수 있다.) 산아 제한 이전에 말이다!" 이런 진화적 관점에서 우주비행사 스토리 머스그레이브는 그가 달에 발을 디디지 않았다고 해도 위대한 승리자라고 할 수 있다. 5세부터 50세에 이르기까지 7명의 아이들을 남겼으니 말이다!

혁신애호가들의 성향이 긍정적인 결과를 낳게 하려면 장기간의 이득을 보장하는 새로운 대상에 대해서만 레이저를 쏘듯 집중력을 쏟아부어야 한다. 이런 가치 있는 집중 대상들은 대개 우리가 실제로 관심을 가지고 있는 것과 관계 있다. 불교든 항해든 노쇠하여 연약해진 부모님이든 말이다. 사소한 잡일이 아닌 우리가 집중해야 할 중요한 일들은 우리가 알지 못하는 종류의 것이 아니다. 문제는 바쁘고 흥미로운 일상생활이 보다 근본적인 목표와 가치를 흐리게 만들고, 주의를 분산시킨다는 데 있다. 흥미롭지만 궁극적으로 가치 없는 자극에 이끌려 곤란을 겪기는 쉽다. 때문에 우선순위와 한정된 관심을 투자할 만한 가치가 있는 주제를 재정립하는 것만으로도 그 자체가 생산적인 활동이 된다. 카시단은 "'오늘, 이번 주, 인생에서 내가 하고 싶은 건 무엇인가?'라는 큰 그림을 볼 수 있게 되면, 순식간에 어떤 순간이든 시간을 어디에 투자할지에 대한 갈등을 해결하는 일이 훨씬 쉬워집니다."라고 말한다.

새로운 자극을 향한 강력한 끌림을 관리하기 위해서는 또한 새로움과 변화 그 자체가 내포하는 가치에 대해 비판적인 태도를 견지해야 한다. 위대한 종교에서부터 보다 세속적인 미국적 검약정신, 개척정신, 청교도 윤리에 이르기까지 오랫동안 내려온 문화적 전통들은 목표와 장기적 의미에 집중할 것을 강조했다. 이런 관습과 영향력이 약화되면서 많은 사람들이 "새롭고 더 나은 것(혹은 사람)이 나타났는데 왜 X를 끌어안고 있어야 하는가?"라는 의문을 갖게 되었다. 예컨대 관계와 관련된 두 가지 주요한 생물학적 자극은 새로움에 대해 매우 다른 메시지들을 보낸다. 배우자 간 혹은 부모와 아이 간의 유대는 친숙함에 달려 있다. 그러나 쿨리지 효과가 명백하게 보여주듯이 육체적 끌림은 새로움과 색다름에 의해 점화된다. 혼외정사에 관한 전통적인 제약이 약화되면서 결혼율과 출산율이 급락했고, 개인적으로뿐만 아니라 사회적으로도 심각한 영향을 미치고 있다. 특히 편모 가정이 급격하게 증가하고 있다는 사실을 생각해보라.

폴 사포에게 전자기기의 스타일에 관한 최고의 측정 도구는 그것을 껐다 켰을 때 소유자에게 유용한지 여부이다. "스티브 잡스 아래에서 애플은 패션 디자이너였고, 아이폰과 아이패드는 패션이 되었습니다. 일단 제조업체들이 우리를 스타일적인 측면에서 생각하게 만들자, 그들은 우리가 기존의 것이 아닌 색다른 것을 원하며, 새로움에 대해 더욱 개방적이 될 수 있다는 걸 알게 되었죠." 그는 미래학자지만 여전히 구식 종이달력과 1970년대의 HP-41 계산기를 사용하고 있다. 그것들이 복잡하고 비싼 현대의 기계들보다 훨씬 유용하기 때문이다. 그는 고대 로마, 혁명기 프랑스, 18세기 포르투갈에 대해 언급하면서 "모든 문명이 모든 것을 유흥과 패션으로 치환함으로써 멸망했다."고 경고한다. "새로운 것을 창출하기로 결심할 때 단지 그것이 새롭다는 이유 하나만으로가 아니라 보다 분명하고 의식적으로 그것을 해명해야 합니다."

● ● ○ ● ●

혁신회피자와 혁신애호가는 자신들이 특히 선호하는 대상을 가지고 있지만, 대부분의 사람들은 혁신애호 기질과 관련된 가장 최근의 도전들, 즉 새로운 정보의 홍수와 씨름해야만 한다. 어떤 집단에게 말하든 카시단은 자신이 늘 같은 의문에 봉착한다는 사실을 발견했다. "내가 일하는 동안 위키피디아, 〈뉴욕타임즈〉, 〈허핑턴포스트〉, 기타 다른 책들 없이는 아무 것도 해낼 수 없다면, 그래도 당신은 호기심이 좋은 것이라고 말할 수 있을까요?"

디지털 데이터에 익사할 지경이라는 불만들은 부분적으로는 우리가 새로운 방식으로 지식을 습득했던 관례를 여전히 되풀이하고 있다는 사실을 반영한다. 소크라테스는 글을 읽고 쓰는 능력이 미친 듯이 유행하면서 지적 나태함이 촉진되고, 우리를 진정한 지식으로 이끌어주는 기억의 실행, 질문, 논쟁이 위기에 처했음을 한탄했다. 후대의 철학자들 역시 인쇄 기술의 발달로 대량 출판이 가능해지면서 책이 범람하게 되었고, 모든 책을 읽기에는 책이 늘어나는 속도가 너무 빨라졌다고 투덜댔다. 역사적 선례들에도 불구하고 우리는 전례없는 자료의 홍수에 대처하는 것을 도와줄 더 나은 기술과 도구들을 요구하고 있다. 미디어 학자인 로버트 톰슨에 따르면 "21세기의 전환점에서, 인류의 이야기는 필사적으로 자극과 새로움을 추구하는 종족에서 가장 흥미로운 것을 얻기 위해 무한한 자료더미를 걸러내야 하는 종족으로 이동했다. 우리는 정보 수집가이자 사냥꾼에서 정보 편집가로 전환해야 한다."

우리의 선조들은 복잡한 대상을 분류하고 간략화하기 위해 그래프와 도표를 고안했다. 그리고 우리는 특정 정보를 검색하고, 가장 적절한 가격을 알려주고, 자신이 좋아하는 대상을 선별하는 멋진 컴퓨터 프로그램들처럼 이와 유사한 전자적 도구들을 만들어내고 있다. 그러나 추수된 데이터들은 지나치게 방대하여 곡식에서 밀을 산출하듯 더욱 정교한 여과 기술이 필요해졌다. 텔레비전 속에는 아무것도 없다고 불평하지만 가정의 평균 케이블 채널 수는 120개에 달한다. "이는 검색 기능이 더욱 어려워졌음을 말합니다."라고 정보 분석가 로저 본은 말한다. "볼 것이 없다는 주장은 터무니없는 겁니다. 왜 뭘 보고 싶은지 모를 뿐이라고 말하지 않는 걸까요?"

정보 여과 기술이 더욱 필요해졌다는 데 더해 그것을 다루는 사회적·개인적 전략들도 개발해야 한다. 젊은 세대들에게 수학과 과학을 가르치듯 뉴미디어와 기계들을 더욱 현명하게 사용하는 방법을 가르쳐야 한다. 이 수업의 첫 번째 주제어는 '절제'가 되어야 할 것이라고 톰슨은 말한다. "무언가를 지나치게 많이 한다는 건, 그것이 독서일지라도 좋은 생각은 아닙니다. 이런 기계들은 사람들의 혼을 빨아먹는 유령이 될 수도 있습니다. 그러나 그것을 깨닫기도 전에 당신은 이미 세 시간째 온라인상에서 시간을 보내고 있을 겁니다. 그 시간은 당신이 다른 일에 몰두할 시간, 자기 숙고를 위해 홀로 있어야 할 시간입니다."

또한 기계들이 선택한 주목대상에 끌려다니지 않도록 특정한 규범을 세워가야 한다. 집에 있을 때 사람들이 독서를 하는 데 보내는 시간과 정보의 질 사이의 비율을 살펴보는 고전 연구에서 결정인자는 텔레비전 채널의 수였다. 즉 방송 채널수가 많을수록 독서 시간은 줄어들었다. 1960년대 가정의 평균 채널수는 12개였다. 기술이 당신을 움직이는 것이 아니라 당신이 기술을 통제하는 방법에 대한 간단한 예로 어도비 사의 CEO인 샌타누 나라얀Shantanu Narayan을 들 수 있다. 그는 단 하나의 주소로 이메일을 주고받으며, 최대한 빨리 회신을 보내고 즉시 그것을 지운다고 한다.

가치 없는 정보는 쓸데없는 칼로리와 같다. 새로운 것을 습득하는 일이 그 자체로 좋은 일이라는 뿌리 깊은 생각 역시 마찬가지다. MSNBC, 이베이, 거커닷컴, 기타 수천의 다른 웹사이트와 블로그에 접속해본다면, 호기심을 불러일으킬 만한 무언가를 발견할 기회가 널려 있을 것이다. 그러나 일단 충동적으로 클릭을 하기 시작하면, 당신이 안젤리나 졸리나 힐러리 클린턴에 대한 최신 기사를 보고 싶든 그렇지 않든, 그것은 보여주는 것도 거의 없으면서(혹은 아예 없다!) 당신에게 시간과 비용을 대가로 치르게 할 것이다. 실비아는 이런 사소한 뉴스들로 가득 찬 거대한 창고를 '흥미를 느끼는 우리의 능력을 이용하는 잔인한 덫'이라고 표현한다. 당신을 급습한 전자적 정보들 대부분은 어느 곳으로도 당신을 이끌지 못하기 때문이다.

효율적인 다이어트 방법을 빌려 쓰레기 정보들에 대한 식욕을 통제하도록 해보자. 자신이 먹은 모든 것을 공책에 간단하게 적어보는 것으로 매일 소비하는 칼로리의 3분의 1정도를 줄일 수 있다고 한다. 같은 방식으로 온라인상에서 보내는 시간(과 질)을 계산하여 식탐을 억제할 수 있을 것이다. 자신의 온라인 접속 상태를 기록한 것을 보면 놀라지 않을 수 없을 것이다. 키보드의 키를 누르고, 링크를 클릭하고, 모니터상의 장면이 변화하는 것을 바라볼 때, 당신은 어떤 종류의 성취감을 느낄 것이다. 그러나 돌이켜보면 종종 한 일이 없다는 걸 깨닫게 될 것이다. 또한 당신이 최우선으로 삼는, 사랑하는 사람들과 함께 보내거나 고급 사무실을 지키기 위한 노력에 더 많은 시간을 바쳐야 함에도, 왜 소셜 네트워크를 들락거리거나 문자를 보내는 데 하루에 몇 시간씩 바치는지에 대해 놀라지 않을 수 없을 것이다.

지속적인 정보 다이어트와 온라인 생활의 질을 관찰하는 훈련은 그것이 늘 생산적이라는 전제뿐만 아니라 재미있거나 근사한 일이라는 생각에 대해서도 의문을 품게 만들 것이다. 온라인 생활 일지는 실제 경험이 즐겁지도 생산적이지도 않은데다, '주말을 잃은' 기분을 느끼게 하며 후유증만 남기며 끝난다는 것을 드러내준다. 카시단은 목적 없는 인터넷 서핑에 동반되곤 하는 불쾌감은 무작위적인 정보를 지나치게 많이 대한 나머지 유레카의 순간에서 맞이하는 만족감을 창출하지 못하는 좌절을 반영한다고 여긴다. 바꿔 말하면 놀라운 깨달음의 순간은 온라인상에서 벗어난 이후에야 알아차릴 수 있다는 것이다. "실제로 250개의 텔레비전 채널을 살펴보거나 밤늦게까지 2시간 동안 인터넷 서핑을 하면서 아무도 알아차리지 못하는 멋진 정보들을 살펴보는 게 그리 즐겁지 않을 겁니다. 전 그렇지 않으리라고 생각하지만, 아마 저 역시 그럴 겁니다."

음식의 경우에서처럼 새로운 정보를 적당히 소비하는 태도가 누군가에는 훨씬 어려운 일일 수 있다. 정보에 접근할 수 없을 때 우리는 모두 약간의 분노를 느끼는데, 이것이 늘 중독의 신호를 의미하는 것은 아니라고 신경과학자 켄트 베리지는 말한다. "그런 반응에 대해서는 더욱 인지적이고 합리적인 충동이 존재할 수 있습니다. 즉 우리 모두가 다른 사람들을 따라가지 못한다는 것 자체에 대한 불안을 공유하고 있다고 할 수 있죠." 그러나 정보에 집착하는 사람들은 스스로를 통제할 수 없는데, 이에 대해 중독 연구는 몇 가지 실용적인 방법을 제안한다. '원한다'는 것은 대개 일시적인 것이기 때문에, 베리지는 갑작스런 도파민 분출이 일어난다면 그것이 시들해질 때까지 대상에서 거리를 두라는 간단한 전략을 추천한다. 가령 이메일을 열어보거나 링크를 클릭하기 전에 잠시 뒤로 물러나 10까지 세거나 심호흡을 몇 번 할 수도 있다. 이런 중단 상태는 날카롭고 강렬하며 즉각적인 욕구를 완화하고, 자동반사적 반응을 미연에 방지할 수 있다. 그럼으로써 당신은 정보를 좇을지 그러지 않을지를 차분히 결정할 수 있게 된다.

이런 시도로도 행동을 수정하는 데 실패하고 불만족스러운 정보를 계속 좇고 있다면, 다음 단계는 정보 이용과 관련해 엄격한 스케줄을 짜는 것이다. 이런 제약을 설정하고 온라인상의 자극 추구를 잠시 중단하는 것이 꺼려지거나 무용지물이라고 생각된다면, 이는 그 자체로 심리적 중독의 특징이자 문제가 더욱 악화될 것이라는 조짐이다. 새로운 정보는 그 하나하나가 당신의 욕구를 더욱더 부채질하기 때문이다. 전문적 도움을 받기 전에 마지막 의지로 특정 시간 동안 인터넷 접근을 차단하거나 운전 중 휴대전화 사용을 방해하는 앱 같은 수단을 사용해볼 수도 있다.

● ○ ● ○ ●

빠르게 급변하는 21세기에 가치 있는 새로운 대상들을 식별하는 방법은 다소 어울리지 않는 곳에서부터 도출되었다. 바로 검소한 복장을 한 케케묵은 아미시-메노파 공동체의 사람들이다. 그들은 수많은 재침례파 집단들 사이에서 가장 눈에 띄는 집단이다. 18세기 이들의 선조들은 영아세례보다 성인의 교화를 선호하여 잔혹한 박해 대상이 되었고, 이에 유럽에서 미국으로 도망쳐왔다. 16세기 종교개혁기에 분화된 이 가톨릭 종파는 "심령이 가난한 자는 복이 있나니……"로 시작되는 예수의 산상설교가 묘사하는 단순하고 검소한 삶을 실천하는 데 헌신한다.

아미시 문화는 초대 기독교인들에게 행한 세인트 폴(사도 바울)의 엄격한 조언("이 세상을 본받지 말고……")에 대한 글자 그대로의 경구 해석을 토대로 움직여나갔다. 이에 부응해 그들은 대규모 사회에서 떨어져나와 자신들만의 공동체에서 살아가고, '펜실베이니아식 독일어'를 사용해 대화했다. 이들의 이상은 농부로서 땅과 가까운 생활을 하는 것이었다. 자녀들 또한 8학년이 지나면 학교에 다니지 않았다. 외부인들에게 매우 이색적으로 보이는 이 농업 의존적 사회는 19세기 말 20세기 초 미국의 시골을 닮아 있다.

현대 사회의 일반적인 관행을 따르지 않는 아미시 집단의 가장 두드러진 특징은, 그들이 일반적으로 새로움에 대해 고도로 통제되고 선별적인 접근 방식을 취한다는 것이다. 이는 특히 기술 측면에서 두드러진다. 아미시 집단은 자동차에서 설거지 기계에 이르기까지 기술을 그 자체로 죄악이나 부도덕한 것으로 여긴다. 그런 대상들은 아미시 집단의 깊이 있고 영적인 문화, 즉 그 존재 이유를 위태롭게 하기 때문에 금지된다. 단순하고, 평화롭고, 자연친화적이며, 자족적인 삶의 방식은 개인보다는 집단의 건강한 삶에 초점을 맞추고 있다.

'이 기술이 공동체에 무슨 일을 하게 될 것인가', '어떻게 우리를 바꿀까 혹은 형성할까?'라는 게 근본적인 질문이라고 도널드 B. 크레이빌Donald B. Kraybill은 말한다. 크레이빌은 펜실베니아 랭카스터 카운티에 위치한 엘리자베스타운 칼리지의 사회학자로, 이 지역은 아미시 집단들이 많이 거주하는 곳이다. 또한 그 역시 메노파 농장에서 성장했다. "그들은 사람들의 결속을 중요하게 여깁니다. 때문에 이들은 빠르고, 기동성 있고, 독립성 있는 자동차 대신 하루에 몇 마일밖에 이동할 수 없는 말을 데리고 다닙니다. 자동차의 특징이 사람의 존재를 빼버림으로써 공동체를 무너뜨릴 수 있다고 여기기 때문이지요."

새로움과 변화와 관련해서도 이들의 가치 우선적 정신세계는 왜 일부 아미시 사람들이 전자도구나 4륜 경마차의 안전등에 배터리를 이용하고, 공공 전기 공급을 거부하는지를 설명해준다. 그들은 스위치 한 번만 누르면 되는 편의성이 몸을 움직여 사는 단순한 삶을 약화시키리라고 여긴다. 이와 유사한 이유에서 텔레비전, 라디오, 컴퓨터 역시 허용되지 않는다. 이는 특히 가정에서 그러하며, 일부 공동체에서는 비즈니스 목적으로 비디오 게임이나 인터넷 사용을 하지 못하게 특별히 개조한 컴퓨터들을 이용하는 것을 허용한다. 크레이빌은 이들의 생활에 대해 "왜 우리가 할리우드라는 오물구덩이에 빠져야 합니까? 그리고 왜 그것을 가정에까지 끌고 옵니까? 그건 어리석은 짓이에요."라고 말한다. 그는 아미시 공동체를 트위터 세계와 정반대의 극점에 있다고 묘사하면서 "환경을 '유기적 관계맺기'로 보는 이 사람들은 토지, 유기농, 면대면 커뮤니케이션을 좋아합니다. 그들은 이웃을 볼 때 그 사람의 조부모, 증조부모까지, 즉 그의 전 역사를 알고 있지요."라고 말한다.

고도로 기계화된 21세기 미국에서 아미시 집단은 그림같이 아름다우며 예스럽지만 젊은이들이 무리를 떠나면서 점점 규모가 줄어드는 소수자 집단으로 생각될 것이다. 그러나 이는 잘못된 생각이다. 실제로 이 살아있는 사회는 8년마다 2배의 규모로 증가하고 있으며, 그 뿌리라 할 수 있는 랭카스터 카운티에서 점차 확산되어 지금은 28개 주에 걸쳐 4백여 개의 집단을 형성하고 있다. 이 집단에서 자란 아이들 (한 가구당 대개 6명에서 8명의 자녀를 두고 있다)의 약 90퍼센트가 자발적으로 침례교를 추구하며, 18세에서 22세 사이에 교단에 합류한다. 오늘날 더 큰 세계에 노출되어 있음에도 교단에 머무는 젊은이들의 비율은 실제로 과거 20, 30여 년간 꾸준히 증가해왔다. 주류 젊은이들의 대다수가 자기 자신을 찾으려고 노력하는 것과 대조적으로 "이 아이들은 20세에 이르면 자신이 누구인지를 안다. 이들은 19세에서 20세 무렵 결혼을 하고 아이를 낳고 가족 안에서 위대한 의미를 발견한다. 이는 그들에게 고도의 만족감을 창출해준다."

과거의 방식이 계속 유지되지는 않는다. 다양한 후손들은 아미시 집단들이 삶의 방식을 상당히 수정하게끔 만들었다. 농업은 여전히 이상적인 직업으로 여겨지지만, 현재 랭카스터 카운티에서 1백 에이커 규모의 농장은 1,500만 달러에 달한다. 때문에 대가족의 수많은 자녀들이 모두 이 소명을 지속하는 것은 거의 불가능하다. 이들에게는 철물점이나 3만 달러에서 4만 달러 정도로 시작할 수 있는 일들이 가능할 뿐이다. 때문에 가구 제작, 용접, 농기구 제조, 건축과 같은 소규모 자영업에 종사하는 노동자들이 약 60퍼센트에 달한다. 오늘날 "아미시 목수 집단은 10만 달러짜리 주방을 설치해주러 프린스턴까지 오고 있습니다."라고 크레이빌은 말한다.

최근 수십 년간 아미시 집단에서는 경제생활뿐만 아니라 가정에도 엄청난 변화가 불어닥쳤다. 많은 가장들이 일자리를 위해 집을 떠나 있으며, 처음에 이는 여성들이 산업시대의 주부 역할을 경험한다는 것을 의미했다. 산업화 이전의 전통적인 아미시 가정에서 남자는 일을 분담했는데, 크레이빌은 "그러나 지금 여성은 아이들과 함께 집에 남겨져 꼼짝하지 못한다. 이는 논의할 만한 큰 주제이다."라고 말한다. 온실, 퀼트, 드라이플라워 가게 같은 랭카스터 지역 소규모 자영업의 20퍼센트가 아이를 다 키운 여성들의 소유로 운영되고 있다.

그러나 이런 변화에도 불구하고 아미시 집단은 자신들의 까다로운 생활 방식의 핵심은 여전히 고수하고 있다. 그들에게 그것은 아주 기본적인 인간의 의문, 즉 삶의 의미, 소유, 정체성을 성공적으로 수행하는 것을 의미하기 때문이다. 크레이빌의 말에 따르면 "만족감, 뿌리의식, 가족, 공동체는 그들의 내면에 뿌리 깊게 박힌 감각입니다." 헛간 준공식과 같은 활동에서 느끼는 감정만큼 이를 잘 묘사하는 것도 없다. "당신의 헛간이 불타 없어졌다면, 남자들과 여자들은 말할 것도 없이 아이들까지 재난의 현장으로 모두 몰려들어 단 이틀이면 새로운 헛간을 짓습니다." 힘겹지만 매우 민주적인 이런 노력은 농담과 웃음을 나누는 창조적이고 재미있는 일이기도 하다. "그들 모두가 자신들의 헛간이 타버리면, 친구와 이웃들이 달려와 줄 것을 압니다. 이런 의례에서 볼 수 있는 공동체에 대한 깊은 애착은 아미시 정체성의 근간입니다."

아미시 집단의 농업 생활방식이 모든 사람에게 맞지는 않는다. 그러나 새로움과 변화의 가치를 장기적인 관점에서 바라보려는 그들의 조심스럽고 사려 깊은 접근은 주류 사회에 중요한 교훈을 안겨준다. "그들은 '진보'에 대해, 그리고 새로운 것이 실제로 삶을 증진시켜주는지에 대해 매우 회의적입니다."라고 크레이빌은 말한다. "그들은 전체를 바라보고 관찰하며, 검토하고, 배터리가 그렇듯 필요하다면 그것을 취합니다. 이들은 대부분의 미국인들처럼 새로운 것이 더 낫다는 단순한 추측은 하지 않습니다."

● ○ ● ○ ●

 진주만 기습이 있고 난 직후의 어느 날, 훗날 긍정심리학의 아버지가 되는 젊은 에이브러햄 매슬로Abraham Maslow는 전쟁의 파괴성과 소모성에 좌절해 아무것도 하지 못하고 있었다. 절망감을 덜어내기 위해 그는 자신이 찾을 수 있는 '정신적으로 가장 건강한 사람들'을 연구하기로 했다. 그는 잠재력을 완전히 끌어내어 자기실현을 이룬 사람들이 공통적으로 특정한 자질들을 지니고 있음을 발견했다. 그들은 외부 지향적이며, 자발성이 높고, 창조성을 가지고 있었으며, 도전을 기꺼이 받아들이고, 새로운 생각·사람·대상에 개방적이었다. 즉 그들은 활력 있고 균형 잡힌 혁신선호가들이었다.
 행동과학자, 인류학자, 과학기술 전문가들이 모여 실용적 측면에서부터 가상의 측면까지 우리가 점점 증가하는 새로움과 변화에 어떻게 대응할 것인지에 대해 광범위한 논쟁을 벌였다. 일부 관찰자들은 우리가 진화론적 관점에서 새로운 종류의 발달(육체와 기계의 결합과 관계있는)을 받아들이는 것이 단지 시간문제라고 생각한다. 뇌 내장형 생체 칩은 마치 SF 소설 속에나 등장하는 것처럼 들리지만, MIT의 로봇

공학의 대가 로드니 브룩스Rodney Brooks와 동료들의 연구는 이런 생각이 그렇게 부자연스러운 것은 아님을 알려준다. 사람들이 귀에 생체칩을 이식하지는 않았지만, 이미 걸어 다니는 동안에도 스마트 기기들에 코를 박고 있는 것을 생각해보라. 인류학자 릭 포츠Rick Potts는 이렇게 말한다. "정보를 거의 즉각적으로 받아들이고, 처리하고, 분류하는 뇌의 능력은 한층 진화했습니다. 그러나 오늘날 전자적 정보들을 모두 걸러내기란 어렵습니다. 우리의 신경·인지 네트워크와 기계들의 네트워크 사이에 공생은 이미 시작되었습니다."

멀티태스킹을 꿈꾸는 사람들의 희망은 말할 것도 없이 새로운 자극의 파도에 대한 우리의 반응이 단계적으로 증대되고 있다는 사실은, 이것이 인간의 뇌를 조직하는 방식에 있어 유전적 변화를 일으킬 것이라는 예측을 그럴싸하게 여기게 만든다. 그러나 인류학자 이안 태터샐은 "유전자나 진화가 우리를 구원해줄 백마탄 왕자님이라고는 생각할 수 없습니다."라고 말한다. 다른 한편으로 우리는 이미 증가하는 정보들에 적응하는 방법을 배우는 혁신애호 과정을 시작했다. "인간의 뇌는 당신이 그것을 어떻게 사용하느냐에 따라 발달되는, 고도로 유연한 유기체입니다."라고 태터셀은 말한다. "우리는 매우 오랫동안 그래왔듯이 아직까지도 이 유기체의 능력을 알아보고 있는 중입니다."

예컨대 우리의 뇌는 미증유의 전자적 자극에 노출되어 있다. 모니터 상에서 시시때때로 바뀌는 자극과 그 모든 조각들은 이전 세대들에게는 성가신 것이었다. 그러나 오늘날의 젊은이들에게는 주목을 사로잡는 대상으로, 실제로 자극을 유발하며, 자극 한계점을 계속 높여왔다. 실제로 우리들이 더 많은 정보를 처리하는 경험을 할수록 이런 경향은 더 증가하며, 이는 전체 문화를 요동치게 만든다. 브리지는 이렇게 말한다. "뇌는 새로운 자극에 접촉하고, 자신에게 매력적인 보상을 안겨주는 일에 따라 달라집니다. 우리가 컴퓨터로 발전하지는 않는다 하더라도, 이것이 뇌가 우리를 흥분시킬 수도, 우리들에게서 어떤 대상에 대한 관심을 떼어낼 수도 있는 이유입니다."

즉, 최소한 당분간 새로움을 다루는 능력을 강화할 최고의 방법은 혁신애호 기질에 다시 접촉하는 것이다. 이는 우리가 변화에 적응하고, 새롭고 중요한 것을 창출하는 법을 배우고, 그것을 만들어내고, 나머지는 묵살하도록 돕는다. 실제로 많은 전문가들이 무제한적인 쓰레기 자극들로 가득 찬 세상에서 살아갈 최고의 방법은 바로 '선택과 균형'이라고 조언하고 있다. 텔레비전 광고는 우리의 뇌를 자극하고 주목을 이끌어내기 위해 5초마다 새로운 자극을 사용한다. 그러나 이는 사실상 우리들을, 특히 젊은 세대들에게는 집중을 분산시키는 훈련이나 다름없다. 클로닝거에 따르면 "우리는 주목을 끌고, 중독을 유발하기 위해 고안된 수많은 자극들을 대면하고 있습니다. 때문에 나 자신은 물론 아이들이 노출되고 있는 것에 극도로 주의를 기울여야 할 겁니다. 누구에게나 조용하게 사색하고 쉴 시간이 필요합니다. 그리고 이런 욕구와 다른 자극들 사이에서 평형을 유지해야 합니다. 그렇지 않으면 문제가 발생할 겁니다."

《마담 보바리》를 쓴 작가 구스타프 플로베르는 1세기도 더 전에 새로움과 변화에 대해 균형과 안목을 배양해야 할 훌륭한 이유를 제시한 바 있다. "중산 계급의 시민들처럼 삶을 규칙적이고 질서 있게 살아라. 그러면 당신의 작품에 더욱 매진하고, 독창적으로 일할 수 있게 될 것이다." 창조성 연구가 오신 바르태니언Oshin Vartanian의 말은 이 말을 경제적 관점으로 표현한 듯 보인다. "내가 매일 따르는 이 시나리오가 내게 좋은 것이라면, 내가 왜 저 시나리오를 취해야 하는가?" 특히 기술에 대해 그는 이렇게 묻는다. "내가 또 다른 스마트 기기를 필요로 하는 건 정확히 무엇 때문인가? 거기에는 또 다른 정신적 비용이 들 텐데, 이 기계를 산다면 그 에너지는 어디에서 가져오는 것일까?"

새로운 아이디어(혹은 대상)를 기억하기 전에 뇌의 저장능력은 유한하며, 활발하게 새로운 대상을 추구하는 데 높은 비용이 따른다는 것을 생각해보라. 여기에서 일어나는 의문을 숙고해본다면, 더욱 효율적으로 살아갈 수 있을 것이다.

● ○ ● ○ ●

혁신애호가의 역할에 대한 기록은 우리에게 귀중한 관점을 제공해준다. 우리가 변화하는 세계에서 살아남고 번창하려고 노력해 온, 그 오랜 작업을 계속하고 있다는 것이다. 오래전 아프리카에서 우리를 거의 절멸시켰던 진화적 사건들, 즉 지속적으로 치명적인 사상자를 냈던 파괴적인 지진, 가뭄, 허리케인이 있었다. 오늘날에는 전 세계적 기온 상승과 화석연료 고갈이 초래한 변화가 우리를 위협하고 있다.

중요하지만 거의 주목받지 못하고 있는 모순이 있다. 예측할 수 없는 지구에서 살아갈 최고의 방법에 대해 철학적 접근과 역사적으로 입증된 기록이 충돌한다는 것이다. 즉 우리는 자연과의 대립, 환경을 지배하고 극복해야 한다는 관점을 지니고 있지만 실제로 그렇지 않다는 것이다. 우리가 불안정한 행성에서 살고 있다는 것은 명백하다. 인류학자 포츠는 이렇게 말한다. "때문에 우리들이 세계를 지배하고, 모든 장애물을 극복할 수 있다고 말하는 '지배'에 관한 성서적 관점은 이치에 맞지 않습니다. 같은 이유에서 소위 보존 문화, 즉 우리들이 파괴하고 있는 지구의 본래 환경을 유지하려는 시도들 역시 마찬가지입니다. 이런 잘못된 이론들을 따르는 대신 변화하는 세계에서 우리가 진화해 온 방식에 대해 새로운 이해가 필요합니다. 그래야만 우리는 미래에 그것을 올바르게 적용할 수 있을 테니까요."

이 행성의 변화에 적응하는 인류의 오랜 흥망성쇠는 호모 노부스(Homo Novus, 신인류)의 특이성과 자발성의 조합으로 그 영역을 이동하고 있다. "하나의 종족으로서 지구상에서 우리의 존재는 주목할 만한 새로운 신화입니다."라고 포츠는 말한다. "인간에게 내재되어 있는 수많은 다른 분파들과 실험들은 더는 일어나지 않고 있으며, 우리 역시 위태로운 순간을 맞이했던 적이 있습니다."

문화적 진화의 표식들과 성서의 이야기들을 비교하는 일이 점점 증가하고 있다. 즉 에덴동산에서의 추방과 새롭고 금지된 지식을 추구하기 위해 아프리카를 떠난 인류, 노아의 방주와 선조들에게 대재앙이 된 긴 우기를 비교하는 것이다. "나는 성서를 들먹이고 싶지는 않습니다. 성서는 그 자체로 신화적인 이야기로 존재해야 한다고 생각하기 때문입니다. 그러나 거기에는 분명 특정한 수렴 지점이 있습니다."라고 포츠는 말한다.

구약 성서의 전도서의 말처럼 "지금 있는 것은 언젠가 있었던 것이요, 지금 생긴 일은 언젠가 있었던 일이다. 하늘 아래 새로운 것은 없다." 그러나 전도서의 저자는 항공우주박물관에 와본 적도, 밤낮을 잊고 컴퓨터 게임에만 몰두해본 적도 없다.

참고문헌

*저자가 직접 인터뷰한 자료는 명시하지 않았습니다.

들어가는 글
1. Alexander Pope, *Essay on Criticism* (1711) (London: British Library, Historical Print Editions, 2011)

1장
1. "Aerospace: Mr. Mac and His Team," *Time*, March 31, 1967.
2. Richard Potts and Christopher Sloan, *What Does It Mean to Be Human?* (Washington, DC: National Geographic Society, 2010).
3. Ian Tattersall, *Paleontology: A Brief History of Life* (West Conshohocken, PA: Templeton, 2010).
4. *John Dryden: The Major Works*, ed. Keith Walker (Oxford: Oxford University Press, 1987)

2장
1. D. E. Berlyne, *Conflict, Arousal, and Curiosity* (New York: McGraw-Hill, 1960); D. E. Berlyne and W. J. Boudewijns, "Hedonic Effects of Uniformity in Variety," *Canadian Journal of Psychology* 25 (1971): 195–206; R. W. White, "Motivation Reconsidered: The Concept of Competence," *Psychological Review* 66 (1959): 297–333; E. L. Deci and R. M. Ryan, "Human Autonomy; The Basis for True Self-Esteem," *Efficacy, Agency, and Self-Esteem*, ed. M. Kemis (New York: Plenum, 1995)
2. Karen Mitchell, Marilyn Livosky, and Mara Mather, "The Weapon Focus Effect Revisited," *Legal and Criminological Psychology* 3 (1988): 287–303.
3. L. Itti, P. F. Baldi, "Bayesian Surprise Attracts Human Attention," *Vision Research*, Vol. 49, NO. 10 (May 2009): 1295–1306.
4. L. Itti, C. Koch, "Computational Modelling of Visual Attention," *Nature Reviews Neuroscience*, Vol. 2, No. 3 (March 2001): 194–203.
5. R. A. Butler, "Curiosity in Monkeys," *Scientific American* (February 1954): 70–75.
6. Alan Slater, et al., "Orientation Discrimination and Cortical Function in the Human Newborn," *Perception* 17 (1988): 597–602.
7. R. E. Clark and B. M. Sugrue, "Research on Instructional Media," *Educational Media Yearbook* 1987–88, ed. D. Ely (Littletown, CO: Libraries Unlimited, 1988).
8. Dean Simonton, *Genius 101* (New York: Springer, 2009).
9. Jonathan Shaw, "Leaves That Lunch," *Harvard Magazine* (May–June 2005).
10. Tibor Scitovsky, *The Joyless Economy* (New York: Oxford, 1992).
11. M. Inzlicht, C. R. Kaiser, and B. Major, "The Face of Chauvinism: How Prejudice Expectations Shape Perceptions of Facial Affect," *Journal of Experimental Social Psychology* 44 (2008): 758–66.
12. Randy Frost and Gail Steketee, *Stuff: Compulsive Hoarding and the Meaning of Things* (New York: Houghton Mifflin Harcourt, 2010).
13. Cory Hatch, "Griz Victim Knew of Trap," *Jackson Hole News & Guide*, June 23, 2010.
14. Grant McCracken, *Culture and Consumption II: Markets, Meaning, and Brand Management* (Bloomington: Indiana University Press, 2005); Grant McCracken, *Chief Culture Officer:*

How to Create a Living, Breathing Corporation (New York: Basic Books, 2009).
15. Fernand Braudel, *Capitalism and Material Life, 1400-1800* (New York: Harper and Row, 1973).
16. William Grmes, "Ari Kiev, a Psychiatrist, Dies at 75," *New York Times*, November 30, 2009.

3장

1. Paul Silvia, *Exploring the Psychology of Interest* (New York: Oxford University Press, 2006); Paul Silvia, "Interest—The Curious Emotion," *Current Directions in Psychological Science* 17 (2008): 57–60; Paul Silvia, "Curiosity and Motivation," *Oxford Handbook of Motivation*, ed. R. M. Ryan (New York: Oxford University Press, 2011).
2. Albert Einstein, "On the Moral Obligation of the Scientist" (1952) *The Bulletin* (March 1979).
3. Daniel Pink, *A Whole New Mind: Why Right Brainers Will Rule the Future* (New York: Riverhead, 2006).
4. Roy Baumeister, et al., "Bad Is Stronger Than Good," *Review of General Psychology*, Vol. 5, No. 4 (2001): 323–70.
5. J. B. Hirsh and M. Inzlicht, "The Devil You Know: Neuroticism Predicts Neural Response to Uncertainty," *Psychological Science* 19 (2008): 962–67.
6. Daniel Pink, *Drive: The Surprising Truth About What Motivates Us* (New York: Riverhead, 2009).
7. A. V. Kalueff and P.-G. Zimbardo, "Behavioral Neuroscience, Exploration, and K. C. Montgomery's Legacy," *Brain Research Review* 53 (2007): 328–31.

4장

1. David Sloan Wilson, *Evolution for Everyone: How Darwin's Theory Can Change the Way We Think About Our Lives* (New York: Delacorte Press, 2007).
2. B. J. Roder, E. W. Bushnell, and A. M. Sasseville, "Infants' Preferences for Familiarity and Novelty During the Course of Processing," *Infancy* 1 (2000): 491–507.
3. Winifred Gallagher, *Just the Way You Are* (New York: Random House, 1996).
4. P. T. Costa and R. R. McCrae, *NEO Personality Inventory Professional Manual* (Odessa, FL: Psychological Assessment Resources, 1992).
5. S. B. Martin, et al., "The Human Right Anterior Hippocampus Is Larger in Experience-Seekers," *Neuropsychologia* 45 (2007): 2874–81.
6. S. Gosling, Snoop: *What Your Stuff Says About You* (New York: Basic Books, 2008).
7. C. G. DeYoung, et al., "Intellect as Distinct from Openness," *Journal of Personality and Social Psychology* 97 (2009): 883–92.
8. Mark Runco, *Creativity: Theories and Themes* (Salt Lake City: Academic Press, 2006).
9. Robert Sternberg, *Wisdom, Intelligence, and Creativity Synthesized* (New York: Cambridge University Press, 2007).
10. James Gleick, *Genius* (New York: Vintage, 1993).
11. C. Robert Cloninger, *Feeling Good: the Science of Well-Being* (New York: Oxford University Press, 2004).

12. Jerome Kagan, *The Temperamental Thread* (New York: Dana Foundation, 2010).
13. Jerome Kagan and Nancy Snidman, *The Long Shadow of Temperament* (Cambridge, MA: Harvard University Press, 2004); Carl Schwartz, et al., "Structural Differences in Adult Orbital and Ventromedial Prefrontal Cortex Predicted by Infant Temperament at 4 Months of Age," *Archives of General Psychiatry* 67 (2010): 78–84.
14. Stephen Suomi, "Uptight and Laid-Back Monkeys: Individual Differences in Response to Social Challenges," *Plasticity of Development*, ed. S. Brauth, et al. (Cambridge, MA: MIT Press, 1991).
15. Joseph Lash, *Eleanor Roosevelt* (New York: Doubleday, 1964).
16. W. F. McCourt, R. J. Gurrera, and H. S. Cutter, "Sensation Seeking and Novelty Seeking, Are They the Same?" *Journal of Nervous and Mental Disease* 5 (1993): 309–12.
17. Marvin Zuckerman, *Sensation Seeking and Risky Behavior* (Washington, DC: American Psychological Association, 2011); Marvin Zuckerman, *Behavioral Expressions and Biosocial Bases of Sensation Seeking* (New York: Cambridge University Press, 1994).
18. C. R. Cloninger, R. Adolfsson, and N. M. Svrakic, "Mapping Genes for Human Personality," *Nature Genetics* 12 (1996): 3–4; R. P. Ebstein, et al., "Dopamine D4 Receptor (D4DR) Exon III Polymorphism Associated with the Human Personality Trait of Novelty Seeking," *Nature Genetics* 12 (1996): 78–80.
19. Inbal Kivenson Bar-On, "Fearlessness in Preschoolers: An Extreme End of the Approach and Withdrawal Temperamental Dimension," sponsored by the University of Haifa Faculty of Education, November 2010.
20. F. M. Siem and M. W. Murray, "Personality Factors Affecting Pilot Combat Performance: A Preliminary Investigation," *Aviation Space Environmental Medicine* 65 (1994): 45–48.

5장

1. Elspeth Huxley, *Scott of the Antarctic* (London: Weidenfeld and Nicolson, 1977).
2. J. W. Buckholtz, et al., "Dopaminergic Differences in Human Impulsivity," *Science* 329 (2010): 532; D. H. Zald, et al., "Midbrain Dopamine Receptor Availability Is Inversely Associated with Novelty-seeking Traits in Humans," *Journal of Neuroscience* 28 (2008): 14372–78.
3. Morten L. Kringelbach and Kent C. Berridge, eds., *Pleasures of the Brain* (New York: Oxford University Press, 2009).
4. Daniel Gopher, et al., "Enhancing Flight Performance Through an Attentional Trainer Based on a Complex Computer Game" (technical report, Technion Research Center for Work Safety and Human Engineering, HEIS, May 1989).
5. Dan Ariely and Geroge Loewenstein, "The Hear of the Moment," *Journal of Behavioral Decision Making*, 19 (2006): 87–98.
6. Edwin Legrand Sabin, Kit Carson Days (Memphis, TN: General Books LLC, 2010).
7. James Swanson, et al., "Dopamine Genes and ADHD," *Neuroscience & Biobehavioral Review* 24 (2000): 21–25; Yuan-Chun Ding, et al., "Evidence of Positive Selection Acting at the Human Dopamine Receptor D4 Gene Locus," *Proceedings of the National Academy of Science* (January 2002); http://pnas.org/content/99/1/309.abstract—aff–1.
8. J. E. Joseph, et al., "fMRI in Alert, Behaving Monkeys: An Adaptation of the Human Infant Familiarization Novelty Preference Procedure," *Journal of Neuroscience Methods* 157 (2006): 10–24.

9. J. E. Joseph, et al., "Neural Correlates of Emotional Reactivity in Sensation Seeking," *Psychological Science* 20 (2009): 215–23.
10. Oshin Vartanian, "Brain and Neuropsychology," *Encyclopedia of Creativity* (2nd ed.), eds. M. Runco and S. Pritzker, (San Diego, CA: Academic Press, 2011); Oshin Vartanian, "Nature and Nurture," *Encyclopedia of Creativity*.
11. Daniel S. Pine, et al., "Anxiety and Anxiety Disorders in Children and Adolescents: Developmental Issues and Implications for DSM–V," *Anxiety Disorders*, Vol. 32, Iss. 3, (September 2009): 483–524; Daniel S. Pine, et al., "Amygdala and Ventrolateral Prefrontal Cortex Function During Anticipated Peer Evaluation in Pediatric Social Anxiety," *Archives of General Psychiatry*, Vol. 65, Iss. 11 (2008).
12. John Conway, "The Female Hunter of Long Eddy," Sullivan County Democrat, November 20, 2009.

6장

1. Stephen Suomi, "Uptight and Laid–Back Monkeys: Individual Differences in Response to Social Challenges," *Plasticity of Development*, ed. S. Brauth, et al. (Cambridge, MA: MIT Press, 1991).
2. Liisa Keltikangas–Järvinen, et al., "Nature and Nurture in Novelty Seeking," *Molecular Psychiatry* 9 (2004): 308–11.
3. Jaime E. Settle, et al., "Friendships Moderate an Association Between a Dopamine Gene Variant and Political Ideology," *Journal of Politics*, Vol. 72, No. 4, (2010): 1189–98.
4. S. L. Willis, et al., "Long–Term Effects of Cognitive Training on Everyday Functional Outcomes in Older Adults," *Journal of the American Medical Association* 296 (2006): 2805–14; Stanley Colcombe and Arthur F. Kramer, "Fitness Effects on the Cognitive Function of Older Adults: A Meta–Analytic Study," *Psychological Science*, Vol. 14, No. 2 (2001): 125–30; Charles H. Hillman, Kirk I. Erickson, and Arthur F. Kramer, "Be Smart, Exercise Your Heart," *Nature Reviews Neuroscience* 9 (2008): 58–65.
5. Bella Kotik–Friedgut, "Development of the Lurian Approach: A Cultural Neurolinguistic Perspective," *Neuropsychology Review*, Vol. 16, No. 1 (2006).
6. Robert Weisberg, "On 'Out–of–the–Box' Thinking in Creativity," *Tools for Innovation*, ed. A. Markman (New York: Oxford University Press, 2009).
7. Dan T. A. Eisenberg, et al., "Dopamine Receptor Genetic Polymorphisms and Body Composition in Undernourished Pastoralists: An Exploration of Nutrition Indices Among Nomadic and Recently Settled Ariaal Men of Northern Kenya," *BMC Evolutionary Biology*, 8 (June 2008).
8. Chuansheng Chen, et al., "Population Migration and the Variation of Dopamine D4 Receptor(DRD4) Allele Frequencies Around the Globe," *Evolution and Human Behavior*, Vol. 20, No. 5 (1999): 309–24.
9. Yuan–Chun Ding, et al., "Evidence of Positive Selection Acting at the Human Dopamine Receptor D4 Gene Locus," *Proceedings of the National Academy of Sciences*, Vol. 99, No. 1 (January 2002): 309–14; http://pnas.org/content/99/1/309.abstract—aff–1.
10. Henry Harpending and Gregory Cochran, "In Our Genes," *Proceedings of the National Academy of Sciences*, Vol. 99, No. 1 (2002):10–12; Henry Harpending and Gregory Cochran, *The 10,000 Year Explosion: How Civilization Accelerated Human Evolution* (New York: Basic Books, 2010).

11. Steve Lohr, "When Innovation, Too, Is Made in China," *New York Times*, January 2, 2011.

7장

1. Roger Shattuck, *Forbidden Knowledge: From Prometheus to Pornography* (New York: St. Martin's Press, 1996).
2. Barbara M. Benedict, *Curiosity: A Cultural History of Early Modern Inquiry* (Chicago: University of Chicago Press, 2001).
3. Patricia Meyer Spacks, *Boredom: The Literary History of a State of Mind* (Chicago: University of Chicago Press, 1995).
4. Martin Heidegger, *The Fundamental Concepts of Metaphysics* (Bloomington: Indiana University Press, 2001).
5. Oscar Wilde, *The Picture of Dorian Gray* (New York: Tribeca, 2011).

8장

1. Mark Twain, *Life on the Mississippi* (New York: Library of America, 2009).
2. Maira Kalman, *The Principles of Uncertainty* (New York: Penguin Press, 2007).
3. David Hurst Thomas, "Engineering Alta Toquima: Social Investments and Dividends at 11,000 Feet," *Engineering Mountain Landscapes: An Archaeology of Social Investment*, eds. Maria N. Zedeño and Laura L. Scheiber (Salt Lake City: University of Utah Press, in press).
4. Robert Kozinets and Jay M. Handelman, "Adversaries of Consumption: Consumer Movements, Activism, and Ideology," *Journal of Consumer Research* 31 (2004): 691–704.
5. Robert Kozinets, "Technology/Ideology: How Ideological Fields Influence Consumers' Technology Narratives," *Journal of Consumer Research* 34 (2008): 864–81.
6. B. Joseph Pine and James Gilmore, *The Experience Economy* (Boston: Harvard Business Press, 1999).
7. Douglas Atkin, *The Culting of Brands* (New York: Portfolio, 2004).
8. Hubert Wellington, *Journal of Delacroix* (New York: Phaidon Press, 1995).
9. Robert Kozinets, "Can Consumers Escape the Market? Emancipatory Illuminations from Burning Man," *Journal of Consumer Research* 29 (2002): 20–38.
10. Barry Schwartz, *The Paradox of Choice: Why More Is Less* (New York: Ecco Press, 2004); Barry Schwartz, "Self-Determination: The Tyranny of Freedom," *American Psychologist* 55 (2000): 79–88; Barry Schwartz, H. R. Markus, and A. C. Snibbe, "Is Freedom Just Another World for Many Things to Buy?" *New York Times Magazine*, February 26, 2006.

9장

1. http://hmi.ucsd.edu/howmuchinfo_research_report_consum.php.
2. National Endowment for the Arts, "How Technology Influences Arts Participation," June 2010; http://nea.gov/research/new-media-report/index.html.
3. Eric von Hippel, et al., "Comparing Business and Household Sector Innovation in Consumer Products"; http://ssrn.com/abstract=1683503.
4. Daniel Pink, *A Whole New Mind: Why Right Brainers Will Rule the Future* (New York: Riverhead, 2006).
5. Robert Kozinets, et al., eds. "Social Media for Social Change," *Transformative Consumer Research to Benefit Global Welfare*. (In press.)
6. Henry Jenkins, *Fans, Bloggers, and Gamers: Media Consumers in a Digital Age* (New York:

NYU Press, 2006).
7. Grant McCracken, *Chief Culture Officer: How to Create a Living, Breathing Corporation* (New York: Basic Books, 2009).
8. Robert Kozinets, "Articulating the Meanings of *Star Trek*'s Culture of Consumption," *Journal of Consumer Research* 28 (2001): 67–88.
9. Robert Thompson, *Television's Second Golden Age* (New York: Continuum, 1996).

10장

1. Daniel Simons and Christopher Chabris, "Gorillas in Our Midst," *Perception* 28 (1999): 1059–74.
2. Rand Richards Cooper, "It's My Party, and You Have to Answer," *New York Times*, March 14, 2010.
3. Taxi TVs Annoy Some, but Riders Can't Be Bothered with Off Switch," *Wall Street Journal*, April 27, 2010.
4. Todd Kashdan, *Curious? Discover the Missing Ingredient to a Fulfilling Life* (New York: William Morrow, 2009).
5. Viktor Mayer-Schönberger, *Delete: The Virtue of Forgetting in the Digital Age* (Princeton, NJ: Princeton University Press, 2009).
6. Gordon Bell and Jim Gemmell, *Total Recall: How the E-Memory Revolution Will Change Everything* (New York: Dutton, 2009).
7. Feremy Peters, "In a World of Online News, Burnout Starts Younger," *New York Times*, July 18, 2010.

11장

1. Seth Godin, *Poke and Box* (Amazon: Domino Project, 2011).
2. Yahoo.com, "2010 Year in Review: Top 10 Searches"; http://yearinreview.yahoo.com/2010/us_top_10_searches#Top%2010%Searches.
3. "Curling Up with Hybrid Books, Videos Included," *New York Times*, September 30, 2009; Maryanne Wolf, *Proust and the Squid; The Story and Science of the Reading Brain* (New York: Harper Perennial, 2008).
4. Elisabeth Bumiller, "We Have Met the Enemy and He Is PowerPoint," *New York Times*, April 27, 2010.
5. Winifred Gallagher, *Rapt: Attention and the Focused Life* (New York: Penguin Press, 2009).
6. Larry Rosen, et al., "Multitasking Across Generations Multitasking Choices and Difficulty Ratings in Three Generations of Americans," *Computers in Human Behavior*, Vol. 25, No. 2 (2009): 483–89.
7. Victoria J. Rideout, Ulla G. Foehr, and Donald F. Roberts, "Generation M 2: Media in the Lives of 8-to 18-Year-Olds," Kaiser Family Foundation Study; http://kff.org/entmedia/upload/8010.pdf, 2010.
8. Scott Frank, et al., "Hyper-texting and Hyer-networking: A New Health Risk Category for Teens?" *Proceedings of the American Public Health Association*, (November 2010).
9. Lawrence T. Lam and Zi-Wen Peng, "Effect of Pathological Use of the Internet of Adolescent Mental Health: A Prospective Study," *Archives of Pediatrics and Adolescent Medicine*, Vol. 164, No. 10 (2010): 901–6.
10. Nathan Zeldes, et al., "Infomania: Why We Can't Afford to Ignore It Any Longer," *First*

Monday, Vol. 12, No. 8 (2007).
11. Gloria Mark, et al., "No Task Left Behind? Examining the Nature of Fragmented Work," *Proceedings of the Association for Computing Machinery CHI,* Portland, OR (2005).
12. Ulric Neisser, *Cognition and Reality* (San Francisco: Freeman, 1976).
13. E. A. Maguire, et al., "Navigation−Related Structural Changes in the Hippocampi of Taxi Drives," *Proceedings of the National Academy of Sciences* 97 (2000).
14. Eyal Ophir, Clifford Nass, and Anthony D. Wagner, "Cognitive Control in Media Multitaskers," *Proceedings of the National Academy of Sciences,* Vol. 106, No. 33 (2009): 15583−87.
15. Mark Stacy, et al., "Pathological Gambling Associated with Dopamine Agonist Therapy in Parkinson's Disease," *Neurology* 61 (2003): 422−23.
16. Robert Siegel, *All Things Considered,* September 23, 2009.

12장

1. M. F. Steger, et al., "Understanding the Search for Meaning in Life: Personality, Cognitive Style, and the Dynamic Between Seeking and Experiencing Meaning," *Journal of Personality* 76 (2008): 199−228; T. B. Kashdan, et al., "The Curiosity and Exploration Inventory−Ⅱ," *Journal of Research in Personality* 43 (2009): 987−98; T. B. Kashdan and J. Rottenberg, "Psychological Flexibility as a Fundamental Aspect of Health," *Clinical Psychology Review* 30 (2010): 865−78; Todd B. Kashdan and Paul J. Silvia, "Curiosity and Interest: The Benefits of Thriving on Novelty and Challenge," *Handbook of Positive Psychology,* eds. C. R. Snyder and S. J. Lopez (New York: Oxford University Press, 2009).
2. Debra Mashek and Arthur Aron, eds., *Handbook of Closeness and Intimacy* (London: Psychology Press, 2004.
3. Mihaly Csikszentmihalyi, *Flow: The Psychology of Optimal Experience* (New York: Harper, 1991).
4. William James, "Attention," in *The Principles of Psychology* (Cambridge, MA: Harvard University Press, 1981), chapt. 11.
5. Simon Rich, *Elliot Allagash* (New York: Random House, 2010).
6. Ithiel De Sola Pool, Hiroshi Inose, and N. Takasaki, *Communication Flows: A Census in the United States and Japan* (New York: Elsevier, 1984).
7. D. B. Kraybill, *The Riddle of Amish Culture* (Baltimore, MD: Johns Hopkins University Press, 2001); D. B. Kraybill and C. Bowman, *On the Backroad to Heaven: Old Order Hutterites, Mennonites, Amish, and Brethren* (Baltimore, MD: Johns Hopkins University Press, 2001).
8. Gustave Flaubert, Francis Steegmuller, *The Letters of Gustave Flaubert* (Cambridge, MA: Harvard University Press, 1980).